CONTRIBUIÇÕES SINDICAIS

Sergio Pinto Martins

CONTRIBUIÇÕES SINDICAIS

6ª edição

saraiva jur

saraiva EDUCAÇÃO | saraiva jur

Av. Paulista, 901, 3º andar
Bela Vista – São Paulo – SP – CEP: 01311-100

SAC | sac.sets@somoseducacao.com.br

Direção executiva	Flávia Alves Bravin
Direção editorial	Renata Pascual Müller
Gerência de projetos e produção editorial	Fernando Penteado
Planejamento	Josiane de Araujo Rodrigues
Novos projetos	Sérgio Lopes de Carvalho Dalila Costa de Oliveira
Edição	Clarissa Boraschi Maria (coord.) Daniel Pavani Naveira
Produção editorial	Daniele Debora de Souza (coord.) Luciana Cordeiro Shirakawa
Arte e digital	Mônica Landi (coord.) Camilla Felix Cianelli Chaves Claudirene de Moura Santos Silva Deborah Mattos Guilherme H. M. Salvador Tiago Dela Rosa
Projetos e serviços editoriais	Daniela Maria Chaves Carvalho Kelli Priscila Pinto Laura Paraíso Buldrini Filogônio Marília Cordeiro Nicoly Wasconcelos Razuk
Diagramação	Mônica Landi
Revisão	Estela Janiski Zumbano Ivani Aparecida Martins Cazarim Luciana Cordeiro Shirakawa
Capa	Deborah Mattos
Produção gráfica	Marli Rampim Sergio Luiz Pereira Lopes
Impressão e acabamento	

DADOS INTERNACIONAIS DE CATALOGAÇÃO NA PUBLICAÇÃO (CIP)
ANGÉLICA ILACQUA CRB-8/7057

Martins, Sergio Pinto
Contribuições sindicais / Sergio Pinto Martins. – 6. ed. – São Paulo: Saraiva Educação, 2020.
262 p.

Bibliografia
ISBN 978-65-5559-084-5 (impresso)

1. Contribuições profissionais. 2. Direito do trabalho. I. Título.

CDD 346.5
20-0414 CDU 34:331.88

Índice para catálogo sistemático:

1. Contribuições sindicais : Direito sindical : Direito do trabalho

Data de fechamento da edição: 20-8-2020

Dúvidas? Acesse www.editorasaraiva.com.br/direito

CL 606706 CAE 734226

TRABALHOS DO AUTOR

LIVROS

1. *Imposto sobre serviços – ISS*. São Paulo: Atlas, 1992.
2. *Direito da seguridade social*. 39. ed. São Paulo: Saraiva, 2020.
3. *Direito do trabalho*. 36. ed. São Paulo: Saraiva, 2020.
4. *Terceirização e o direito do trabalho*. 15. ed. São Paulo: Saraiva, 2018.
5. *Manual do ISS*. 10. ed. São Paulo: Saraiva, 2017.
6. *Participação dos empregados nos lucros das empresas*. 3. ed. São Paulo: Atlas, 2009.
7. *Práticas discriminatórias contra a mulher e outros estudos*. São Paulo: LTr, 1996.
8. *Contribuição confederativa*. São Paulo: LTr, 1996.
9. *Medidas cautelares*. São Paulo: Malheiros, 1996.
10. *Manual do trabalho doméstico*. 14. ed. São Paulo: Saraiva, 2018.
11. *Tutela antecipada e tutela específica no processo do trabalho*. 4. ed. São Paulo: Atlas, 2013.
12. *Manual do FGTS*. 5. ed. São Paulo: Saraiva, 2017.
13. *Comentários à CLT*. 23. ed. São Paulo: Saraiva, 2020.
14. *Manual de direito do trabalho*. 13. ed. São Paulo: Saraiva, 2020.
15. *Direito processual do trabalho*. 42. ed. São Paulo: Saraiva, 2020.
16. *Contribuições sindicais*. 6. ed. São Paulo: Saraiva, 2020.
17. *Contrato de trabalho de prazo determinado e banco de horas*. 4. ed. São Paulo: Atlas, 2002.
18. *Estudos de direito*. São Paulo: LTr, 1998.
19. *Legislação previdenciária*. 23. ed. São Paulo: Saraiva, 2020.
20. *Síntese de direito do trabalho*. Curitiba: JM, 1999.
21. *A continuidade do contrato de trabalho*. 2. ed. São Paulo: Saraiva, 2019.
22. *Flexibilização das condições de trabalho*. 5. ed. São Paulo: Atlas, 2015.
23. *Legislação sindical*. São Paulo: Atlas, 2000.
24. *Comissões de conciliação prévia*. 3. ed. São Paulo: Atlas, 2008.
25. *Coleção Fundamentos: direito processual do trabalho*. 22. ed. São Paulo: Saraiva, 2020.
26. *Coleção Fundamentos: direito do trabalho*. 21. ed. São Paulo: Saraiva, 2020.
27. *Coleção Fundamentos: direito da seguridade social*. 17. ed. São Paulo: Saraiva, 2016.
28. *Instituições de direito público e privado*. 18. ed. São Paulo: Saraiva, 2018.
29. *Pluralismo do direito do trabalho*. 2. ed. São Paulo: Saraiva, 2016.
30. *Greve no serviço público*. 2. ed. São Paulo: Saraiva, 2017.
31. *A execução da contribuição previdenciária na justiça do trabalho*. 5. ed. São Paulo: Saraiva, 2019.
32. *Manual de direito tributário*. 18. ed. São Paulo: Saraiva, 2019.
33. *CLT Universitária*. 26. ed. São Paulo: Saraiva, 2020.
34. *Cooperativas de trabalho*. 6. ed. São Paulo: Atlas, 2015.
35. *Reforma previdenciária*. 3. ed. São Paulo: Atlas, 2020.
36. *Manual da justa causa*. 7. ed. São Paulo: Saraiva, 2018.
37. *Comentários às súmulas do TST*. 16. ed. São Paulo: Saraiva, 2016.
38. *Constituição. CLT. Legislação previdenciária e legislação complementar*. 3. ed. São Paulo: Atlas, 2012.
39. *Dano moral decorrente do contrato de trabalho*. 5. ed. São Paulo: Saraiva, 2018.
40. *Profissões regulamentadas*. 2. ed. São Paulo: Atlas, 2013.
41. *Direitos fundamentais trabalhistas*. 3. ed. São Paulo: Atlas, 2020.
42. *Convenções da OIT*. 3. ed. São Paulo: Saraiva, 2016.
43. *Estágio e relação de emprego*. 5. ed. São Paulo: Saraiva, 2019.
44. *Comentários às Orientações Jurisprudenciais da SDDI-1 e 2 do TST*. 7. ed. São Paulo: Saraiva, 2016.
45. *Direitos trabalhistas do atleta profissional de futebol*. 2. ed. São Paulo: Saraiva, 2016.
46. *Prática trabalhista*. 9. ed. São Paulo: Saraiva, 2019.
47. *Assédio moral*. 5. ed. São Paulo: Saraiva, 2017.
48. Comentários à Lei n. 8.212/91. *Custeio da Seguridade Social*. São Paulo: Atlas, 2013.
49. Comentários à Lei n. 8.213/91. *Benefícios da Previdência Social*. São Paulo: Atlas, 2013.
50. *Prática previdenciária*. 5. ed. São Paulo: Saraiva, 2019.
51. *Teoria geral do processo*. 5. ed. São Paulo: Saraiva, 2020.
52. *Teoria geral do Estado*. 2. ed. São Paulo: Saraiva, 2018.
53. *Introdução ao Estudo do Direito*. São Paulo: Saraiva, 2018.

54. *Reforma trabalhista*. São Paulo: Saraiva, 2018.

ARTIGOS

1. A dupla ilegalidade do IPVA. *Folha de S. Paulo*, São Paulo, 12 mar. 1990. Caderno C., p. 3.
2. Descumprimento da convenção coletiva de trabalho. *LTr*, São Paulo, n. 54-7/854, jul. 1990.
3. Franchising ou contrato de trabalho? *Repertório IOB de Jurisprudência*, n. 9, texto 2/4990, p. 161, 1991.
4. A multa do FGTS e o levantamento dos depósitos para aquisição de moradia. *Orientador Trabalhista – Suplemento de Jurisprudência e Pareceres*, n. 7, p. 265, jul. 1991.
5. O precatório e o pagamento da dívida trabalhista da fazenda pública. *Jornal do II Congresso de Direito Processual do Trabalho*, jul. 1991, p. 42. (Promovido pela LTr Editora.)
6. As férias indenizadas e o terço constitucional. *Orientador Trabalhista Mapa Fiscal – Suplemento de Jurisprudência e Pareceres*, n. 8, p. 314, ago. 1991.
7. O guarda de rua contratado por moradores. Há relação de emprego? *Folha Metropolitana*, Guarulhos, 12 set. 1991. p. 3.
8. O trabalhador temporário e os direitos sociais. *Informativo Dinâmico* IOB, n. 76, p. 1164, set. 1991.
9. O serviço prestado após as cinco horas em sequência ao horário noturno. *Orientador Trabalhista Mapa Fiscal – Suplemento de Jurisprudência e Pareceres*, n. 10, p. 414, out. 1991.
10. Incorporação das cláusulas normativas nos contratos individuais do trabalho. *Jornal do VI Congresso Brasileiro de Direito Coletivo do Trabalho e V Seminário sobre Direito Constitucional do Trabalho*, nov. 1991, p. 43. (Promovido pela LTr Editora.)
11. Adicional de periculosidade no setor de energia elétrica: algumas considerações. *Orientador Trabalhista Mapa Fiscal – Suplemento de Jurisprudência e Pareceres*, n. 12, p. 544, dez. 1991.
12. Salário-maternidade da empregada doméstica. *Folha Metropolitana*, Guarulhos, 2-3 fev. 1992. p. 7.
13. Multa pelo atraso no pagamento de verbas rescisórias. *Repertório IOB de Jurisprudência*, n. 1, texto 2/5839, p. 19, 1992.
14. Base de cálculo dos adicionais. *Orientador Trabalhista Mapa Fiscal – Suplemento de Legislação, Jurisprudência e Doutrina*, n. 2, p. 130, fev. 1992.vc
15. Base de cálculo do adicional de insalubridade. *Orientador Trabalhista Mapa Fiscal – Suplemento de Legislação, Jurisprudência e Doutrina*, n. 4, p. 230, abr. 1992.
16. Limitação da multa prevista em norma coletiva. *Repertório IOB de Jurisprudência*, n. 10, texto 2/6320, p. 192, 1992.
17. Estabilidade provisória e aviso prévio. *Orientador Trabalhista Mapa Fiscal – Suplemento de Legislação, Jurisprudência e Doutrina*, n. 5, p. 279, maio 1992.
18. Contribuição confederativa. *Orientador Trabalhista Mapa Fiscal – Suplemento de Legislação, Jurisprudência e Doutrina*, n. 6, p. 320, jun. 1992.
19. O problema da aplicação da norma coletiva de categoria diferenciada à empresa que dela não participou. *Orientador Trabalhista Mapa Fiscal – Suplemento de Legislação, Jurisprudência e Doutrina*, n. 7, p. 395, jul. 1992.
20. Intervenção de terceiros no processo de trabalho: cabimento. *Jornal do IV Congresso Brasileiro de Direito Processual do Trabalho*, jul. 1992. p. 4. (Promovido pela LTr Editora.)
21. Relação de emprego: dono de obra e prestador de serviços. *Folha Metropolitana*, Guarulhos, 21 jul. 1992. p. 5.
22. Estabilidade provisória do cipeiro. *Orientador Trabalhista Mapa Fiscal – Suplemento de Legislação, Jurisprudência e Doutrina*, n. 8, p. 438, ago. 1992.
23. O ISS e a autonomia municipal. *Suplemento Tributário LTr*, n. 54, p. 337, 1992.
24. Valor da causa no processo do trabalho. *Suplemento Trabalhista LTr*, n. 94, p. 601, 1992.
25. Estabilidade provisória do dirigente sindical. *Orientador Trabalhista Mapa Fiscal – Suplemento de Legislação, Jurisprudência e Doutrina*, n. 9, p. 479, set. 1992.
26. Estabilidade no emprego do aidético. *Folha Metropolitana, Guarulhos*, 20-21 set. 1992. p. 16.
27. Remuneração do engenheiro. *Orientador Trabalhista Mapa Fiscal – Suplemento de Legislação, Jurisprudência e Doutrina*, n. 10, p. 524, out. 1992.
28. Estabilidade do acidentado. *Repertório IOB de Jurisprudência*, n. 22, texto 2/6933, p. 416, 1992.
29. A terceirização e suas implicações no direito do trabalho. *Orientador Trabalhista Mapa Fiscal – Suplemento de Legislação, Jurisprudência e Doutrina*, n. 11, p. 583, nov. 1992.
30. Contribuição assistencial. *Jornal do VII Congresso Brasileiro de Direito Coletivo do Trabalho e VI Seminário sobre Direito Constitucional do Trabalho*, nov. 1992. p. 5.
31. Descontos do salário do empregado. *Orien-*

tador Trabalhista Mapa Fiscal – Suplemento de Legislação, Jurisprudência e Doutrina, n. 12, p. 646, dez. 1992.

32. Transferência de empregados. *Orientador Trabalhista Mapa Fiscal – Suplemento de Legislação, Jurisprudência e Doutrina*, n. 1, p. 57, jan. 1993.
33. A greve e o pagamento dos dias parados. *Orientador Trabalhista Mapa Fiscal – Suplemento de Legislação, Jurisprudência e Doutrina*, n. 2, p. 138, fev. 1993.
34. Auxílio-doença. *Folha Metropolitana*, Guarulhos, 30 jan. 1993. p. 5.
35. Salário-família. *Folha Metropolitana*, Guarulhos, 16 fev. 1993. p. 5.
36. Depósito recursal. *Repertório IOB de Jurisprudência*, n. 4, texto 2/7239, p. 74, fev. 1993.
37. Terceirização. *Jornal Magistratura & Trabalho*, n. 5, p. 12, jan. e fev. 1993.
38. Auxílio-natalidade. *Folha Metropolitana*, Guarulhos, 9 mar. 1993. p. 4.
39. A diarista pode ser considerada empregada doméstica? *Orientador Trabalhista Mapa Fiscal – Suplemento de Legislação, Jurisprudência e Doutrina*, n. 3/93, p. 207.
40. Renda mensal vitalícia. *Folha Metropolitana*, Guarulhos, 17 mar. 1993. p. 6.
41. Aposentadoria espontânea com a continuidade do aposentado na empresa. *Jornal do Primeiro Congresso Brasileiro de Direito Individual do Trabalho*, 29 e 30 mar. 1993. p. 46-47. (Promovido pela LTr Editora.)
42. Relação de emprego e atividades ilícitas. *Orientador Trabalhista Mapa Fiscal – Suplemento de Legislação, Jurisprudência e Doutrina*, n. 5/93. p. 345.
43. Conflito entre norma coletiva do trabalho e legislação salarial superveniente. *Revista do Advogado*, n. 39, p. 69, maio 1993.
44. Condição jurídica do diretor de sociedade em face do direito do trabalho. *Orientador Trabalhista Mapa Fiscal – Suplemento de Legislação, Jurisprudência e Doutrina*, n. 6/93, p. 394.
45. Equiparação salarial. *Orientador Trabalhista Mapa Fiscal – Suplemento de Legislação, Jurisprudência e Doutrina*, n. 7/93, p. 467.
46. Dissídios coletivos de funcionários públicos. *Jornal do 5º Congresso Brasileiro de Direito Processual do Trabalho*, jul. 1993. p. 15. (Promovido pela LTr Editora.)
47. Contrato coletivo de trabalho. *Orientador Trabalhista Mapa Fiscal – Suplemento de Legislação, Jurisprudência e Doutrina*, n. 8/93, p. 536.
48. Reintegração no emprego do empregado aidético. *Suplemento Trabalhista LTr*, n. 102/93, p. 641.
49. Incidência da contribuição previdenciária nos pagamentos feitos na Justiça do Trabalho. *Orientador Trabalhista Mapa Fiscal – Suplemento de Legislação, Jurisprudência e Doutrina*, n. 9/93, p. 611.
50. Contrato de trabalho por obra certa. *Orientador Trabalhista Mapa Fiscal – Suplemento de Legislação, Jurisprudência e Doutrina*, n. 10/93. p. 674.
51. Auto-aplicabilidade das novas prestações previdenciárias da Constituição. *Revista de Previdência Social*, n. 154, p. 697, set. 1993.
52. Substituição processual e o Enunciado 310 do TST. *Orientador Trabalhista Mapa Fiscal – Suplemento de Legislação, Jurisprudência e Doutrina*, n. 11/93, p. 719.
53. Litigância de má-fé no processo do trabalho. *Repertório IOB de Jurisprudência*, n. 22/93, texto 2/8207, p. 398.
54. Constituição e custeio do sistema confederativo. *Jornal do 8º Congresso Brasileiro de Direito Coletivo do Trabalho e 7º Seminário sobre Direito Coletivo do Trabalho*, nov. 1993. p. 68. (Promovido pela LTr Editora.)
55. Participação nos lucros. *Orientador Trabalhista Mapa Fiscal – Suplemento de Legislação, Jurisprudência e Doutrina*, n. 12/93. p. 778.
56. Auxílio-funeral. *Folha Metropolitana*, Guarulhos, 22-12-1993. p. 5.
57. Regulamento de empresa. *Orientador Trabalhista Mapa Fiscal – Suplemento de Legislação, Jurisprudência e Doutrina*, n. 1/94. p. 93.
58. Aviso prévio. *Orientador Trabalhista Mapa Fiscal – Suplemento de Legislação, Jurisprudência e Doutrina*, n. 2/94. p. 170.
59. Compensação de horários. *Orientador Trabalhista Mapa Fiscal – Suplemento de Legislação, Jurisprudência e Doutrina*, n. 3/94. p. 237.
60. Controle externo do judiciário. *Folha Metropolitana*, Guarulhos, 10-3-1994. p. 2; *Folha da Tarde*, São Paulo, 26-3-1994. p. A2.
61. Aposentadoria dos juízes. *Folha Metropolitana*, Guarulhos, 11-3-1994. p. 2; *Folha da Tarde*, São Paulo, 23-3-1994. p. A2.
62. Base de cálculo da multa de 40% do FGTS. *Jornal do Segundo Congresso Brasileiro de Direito Individual do Trabalho*, promovido pela *LTr*, 21 a 23-3-1994. p. 52.
63. Denunciação da lide no processo do trabalho. *Repertório IOB de Jurisprudência*, n. 7/94, abr. de 1994. p. 117, texto 2/8702.
64. A quitação trabalhista e o Enunciado n. 330 do TST. *Orientador Trabalhista Mapa Fiscal – Suplemento de Legislação, Jurisprudência e Doutrina*, n. 4/94. p. 294.

65. A indenização de despedida prevista na Medida Provisória n. 457/94. *Repertório IOB de Jurisprudência*, n. 9/94. p. 149, texto 2/8817.

66. A terceirização e o Enunciado n. 331 do TST. *Orientador Trabalhista Mapa Fiscal – Suplemento de Legislação, Jurisprudência e Doutrina*, n. 5/94. p. 353.

Sumário

Trabalhos do Autor 5

Apresentação 15

Nota 17

Introdução 19

Parte I – Regras Gerais

1 **Histórico** 23

2 **A Denominação Contribuição** 37

2.1 Introdução 37

2.2 Contribuição 37

3 **Receitas Sindicais** 43

3.1 Introdução 43

3.2 Orçamento sindical 43

3.3 Classificação das receitas sindicais 45

3.3.1 Classificação 45

3.3.2 Receitas sindicais 46

4 **Direito Internacional e Estrangeiro** 49

4.1 Direito internacional 49
4.1.1 OIT 49
4.2 Direito estrangeiro 50
4.2.1 Notas introdutórias 50
4.2.2 Alemanha 52
4.2.3 Argentina 53
4.2.4 Áustria 56
4.2.5 Canadá 57
4.2.6 Colômbia 57
4.2.7 Cuba 58
4.2.8 Espanha 58
4.2.9 Estados Unidos 62
4.2.10 França 63
4.2.11 Itália 65
4.2.12 México 69
4.2.13 Nova Zelândia 70
4.2.14 Portugal 70
4.2.15 Reino Unido 72
4.2.16 Suíça 73

Parte II – Contribuição Sindical

5 Contribuição Sindical 77
5.1 Denominação 77
5.2 Conceito 78
5.3 Distinção 78
5.4 Natureza jurídica 79
5.4.1 Antes da Lei n. 13.467/2017 79
5.4.2 Depois da Lei n. 13.467/2017 83
5.5 Necessidade de lei complementar 90

5.6 Desconto obrigatório 93
5.7 Contribuição dos servidores públicos 94
5.8 Contribuição dos trabalhadores 95
5.9 Contribuição sindical dos empregadores 100
5.9.1 Contribuição das empresas 100
5.9.2 Microempresa 101
5.9.3 Contribuição sindical dos condomínios 107
5.10 Recolhimento 111
5.11 Repartição da arrecadação 111
5.12 Aplicação da contribuição sindical 116
5.13 Atraso no pagamento 117
5.14 Contribuição dos empregadores e trabalhadores rurais 118
5.15 Necessidade de lançamento e inscrição em dívida ativa 132
5.15.1 Antes da Lei n. 13.467/2017 132
5.15.2 Depois da Lei n. 13.467/2017 135
5.16 Editais 135
5.17 Prestação de contas 136
5.18 Decadência e prescrição 138
5.18.1 Antes da Lei n. 13.467/2017 138
5.18.2 Depois da Lei n. 13.467/2017 139
5.19 Competência 139

Parte III – Contribuição Confederativa

6 Denominação 143
6.1 Introdução 143
6.2 Contribuição assistencial 143
6.3 Taxa de reversão ou contribuição de solidariedade 144

6.4 Taxa confederativa 144
6.5 Contribuição corporativa 144
6.6 Contribuição classista 145
6.7 Contribuição federativa 146
6.8 Contribuição de assembleia 146
6.9 Contribuição confederativa 146

7 Conceito 149
7.1 Conceito 149
7.2 Distinções de outras contribuições 149
7.2.1 Contribuição de solidariedade 150
7.2.2 Contribuição assistencial 150
7.2.3 Cânon de negociação 153
7.2.4 Contribuição sindical 153
7.2.5 Mensalidade dos sócios 153
7.2.6 Contribuição social 154

8 Natureza Jurídica 155
8.1 O art. 149 da Constituição 155
8.2 Natureza jurídica da contribuição confederativa 158

9 Autoaplicabilidade do Inciso IV do Art. 8º da Constituição 169

10 Objeto 185
10.1 Objeto 185
10.2 Sujeito ativo da contribuição confederativa 186

11 Fixação 189

12 Contribuintes 197
12.1 Contribuintes 197

12.2 Exigência de não associados 199
12.3 Direito de oposição do não filiado 204
12.4 Desconto da contribuição 212

13 Prescrição 215
13.1 Considerações iniciais 215
13.2 Desenvolvimento do tema 215

Parte IV – Contribuição Assistencial

14 Contribuição Assistencial 221
14.1 Denominação 221
14.2 Conceito 221
14.3 Distinção 221
14.4 Natureza jurídica 223
14.5 Fonte 224
14.6 Fundamento da exigência 224
14.7 Constitucionalidade 227
14.8 Oposição 229
14.9 Igualdade 234
14.10 Competência 235
14.11 Prescrição 236

Parte V – Mensalidade Sindical

15 Mensalidade Sindical 239

Conclusões 243

Referências 249

Índice Remissivo 261

Apresentação

Jovem e intrépido magistrado, já Livre-Docente de Direito do Trabalho da nossa tradicional Faculdade de Direito do Largo de São Francisco, em boa hora deliberou atualizar e enfeixar em volume os diversos estudos que realizou sobre a contribuição sindical, confederativa e assistencial. Não conhecêssemos a capacidade de pesquisa e o tirocínio do autor, revelados nos seus livros anteriores, que por sinal têm sido publicados em sequência quase contínua, e esses estudos constituiriam motivo sobejo para nos inteirarmos dessa capacidade e tirocínio.

O volume que temos a honra de apresentar ao público brasileiro tem o sabor da atualidade, versando temas candentes na vida do Direito Social. No torvelino das arrebatadas discussões sobre as modificações da profusa legislação do trabalho reclamadas pela conjuntura, ocupa o tema plural, escolhido pelo autor, lugar proeminente, sendo mesmo objeto de um projeto governamental, produto do consenso das centrais sindicais sobre a extinção da contribuição sindical.

O caráter específico dos estudos elaborados em torno das questões concretas que se elevam ao nível mais alto da ciência e da técnica jurídicas, mostra que não se trata de problemas acadêmicos concebidos pela imaginação do teórico, mas de problemas palpitantes da vida trabalhista dos nossos dias. Problemas que tocam de perto a realidade das discussões nos pretórios trabalhistas e na clínica das consultorias jurídicas.

O autor não se detém somente nas questiúnculas de fato. Mostra saber distinguir as orientações fundamentais e apreciar com independência de espírito e coragem intelectual os problemas de exegese, as posições de doutrina e da jurisprudência, e sem deixar de identificálos claramente, sabe defender os seus pontos de vista.

À medida que se avança na leitura das páginas do livro, entrecortadas de citações jurisprudenciais, assistimos ao desenrolar da origem e dos fundamentos das exigências, os conceitos e a natureza jurídica das diversas contribuições sindicais. Não faltam referências à legislação estrangeira e aos procedimentos de desconto, arrecadação e cobrança. Nem mesmo a prescrição escapou ao exame do autor.

O trabalho, do início ao fim é, pois, suculento, revelando paciente pesquisa e perspicácia na apresentação dos argumentos.

A leitura deste livro ou a sua consulta oferecem indubitavelmente, subsídios preciosos não só ao teórico como também ao prático do direito. Constitui, pois, contribuição relevante ao desenvolvimento da literatura jurídica específica que está a exigir, na fase de transformações profundas que estamos vivendo, contribuições de valia.

Cássio Mesquita Barros

Advogado. Professor Titular aposentado de Direito do Trabalho da Faculdade Direito da Universidade São Paulo. Ex-membro da Comissão de peritos na interpretação e aplicação das normas internacionais da OIT.

Nota

Esta obra é fruto de vários artigos que escrevi sobre a contribuição sindical, a assistencial e a mensalidade sindical, além de minha tese de doutorado sobre contribuição confederativa. Os trabalhos foram atualizados e ampliados, dando origem ao volume ora lançado. A análise das contribuições foi posta de forma sistemática e didática, de forma que o leitor possa consultar a que lhe interessar.

Nesta edição foram feitas as alterações decorrentes da Lei n. 13.467/2017 e do CPC de 2015.

Introdução

Vou tratar nesta obra das contribuições sindicais. A expressão realmente é no plural, pois diz respeito às contribuições devidas ao sindicato, compreendendo a contribuição sindical, a confederativa, a assistencial e a mensalidade dos sócios. Trata-se de gênero, que engloba as quatro espécies citadas.

Na primeira parte será apresentada uma teoria geral sobre as contribuições sindicais, seu histórico, compreendendo desde o antigo imposto sindical até a contribuição confederativa; a denominação *contribuição* e a posição das contribuições sindicais no direito internacional e comparado. O exame do direito comparado mostra-se fundamental, a partir do momento em que devemos verificar como outros sistemas sindicais exigem suas contribuições ou se são ou não impostas e seu impacto na análise da liberdade sindical, tanto verificando a própria legislação, como a doutrina e a posição da jurisprudência.

Na segunda parte, far-se-á um estudo da contribuição sindical e sua problemática, passando por sua natureza jurídica, prazo de prescrição, contribuição do empregado e empregador e demais peculiaridades.

Na terceira parte analisar-se-á a contribuição confederativa contida no inciso IV do art. 8° da Lei Magna, distinguindo-a das demais contribuições sindicais. Havia dúvida se a contribuição confederativa tinha eficácia plena, para adotarmos a nomenclatura utilizada pelo professor José Afonso da Silva[1]. Poder-se-ia argumentar que a referida norma seria autoaplicável, já podendo ser observada de imediato, desde que a assem-

---

1 SILVA, José Afonso da. *Aplicabilidade das normas constitucionais*. São Paulo: Revista dos Tribunais, 1968, p. 76.

bleia geral do sindicato fixe a contribuição. De outro lado, seria possível asseverar que a norma constitucional citada teria eficácia limitada, não sendo autoaplicável e somente a partir da edição da lei ordinária sobre o tema é que poderia ser exigida a contribuição confederativa. É preciso, ainda, estudar o objetivo da contribuição confederativa, sua fixação e quais serão seus contribuintes, assim como qual será seu prazo de prescrição. É mister verificar se a contribuição confederativa é compatível com o princípio da liberdade sindical e se pode ser exigida do não associado ao sindicato.

Também serão examinadas a contribuição assistencial e a mensalidade sindical, principalmente sob o ponto de vista da continuidade das referidas exigências, de se cobrar não associados e da prescrição para a exigência da contribuição.

Com tais considerações introdutórias, passemos ao exame da matéria que se pretende analisar.

PARTE I

Regras Gerais

1 Histórico

Para o exame das contribuições sindicais é preciso estudá-las no curso do tempo.

À luz da história podemos compreender com mais acuidade os problemas atuais e, analisando seu processo, iremos conjecturar mais concretamente sobre previsões futuras. A concepção histórica mostra como foi o desenvolvimento de certa disciplina, além das projeções que podem ser alinhadas com base no que se fez no passado, inclusive no que diz respeito à compreensão dos problemas atuais. Não se pode, portanto, prescindir de seu exame.

Ao se pretender estudar o passado é possível compreender o desenvolvimento da ciência no decorrer dos anos, o que se mostra uma necessidade premente. Segundo as lições de Waldemar Ferreira: "nenhum jurista pode dispensar o contingente do passado a fim de bem compreender as instituições jurídicas dos dias atuais"[1].

Para a análise da referida contribuição é preciso compreender a evolução das exigências pecuniárias feitas pelo sindicato. Assim, é necessário verificar, inicialmente, como foram surgindo as contribuições sindicais para chegarmos às atuais contribuições exigidas pelo sindicato, mormente com a Constituição de 1988.

O art. 5º do Decreto n. 19.770, de 19-3-1931, do Chefe do Governo Provisório da República, atribuía às entidades sindicais a função peculiar de "órgãos consultivos e técnicos no estudo e solução, pelo Governo Federal, dos problemas que, econômica e socialmente, se relacionarem com

[1] FERREIRA, Waldemar. *História do direito brasileiro*. São Paulo: Saraiva, 1962, v. 1, p. 1.

seus interesses de classe". As letras *a* e *b* do art. 8º da mesma norma permitiam aos sindicatos pleitear ao Ministro do Trabalho "medidas de proteção, auxílios, subvenções para seus institutos de assistência e de educação" ou "criação (...) de serviços de assistência social que, por falta de recursos, não puderem ser instituídos ou mantidos pelo sindicato". Já havia, portanto, a previsão de uma receita estabelecida por intermédio do Estado, embora ainda não houvesse a referida contribuição. O § 1º do art. 2º do Decreto n. 24.694, de 12-7-1934, praticamente repete a mesma orientação do Decreto n. 19.770/31:

> como órgão de defesa profissional, é facultado aos sindicatos: (...)
>
> *c)* pleitear junto aos poderes públicos, para seus serviços de previdência social, auxílios, subvenções e outros favores, ou a criação desses mesmos serviços, quando por falta de recursos, não os puderem instituir ou manter.

A Constituição de 1934 não tratava especificamente de exigências pecuniárias relativas ao sindicato, apenas mencionava no art. 120 que os sindicatos e as associações profissionais seriam reconhecidos de conformidade com a lei. O parágrafo único do mesmo artigo determinava que a lei asseguraria a pluralidade sindical e a completa autonomia dos sindicatos. Como se observa, não havia nenhuma determinação quanto às contribuições sindicais, pois tudo era direcionado para a previsão estabelecida pela lei ordinária.

A possibilidade da imposição de contribuição pelo sindicato surge na Constituição de 1937. Tinha o art. 138 da citada norma a seguinte redação:

> A associação profissional ou sindical é livre. Somente, porém, o sindicato regularmente reconhecido pelo Estado tem o direito de representação legal dos que participarem da categoria de produção para que foi constituído, e de defender-lhes os direitos perante o Estado e as outras associações profissionais, estipular contratos coletivos de trabalho obrigatórios para todos seus associados, impor-lhes contribuições e exercer em relação a eles funções delegadas de poder público.

Assim, verificava-se que o sindicato exercia função delegada de poder público, sendo que as pessoas pagavam contribuições aos sindicatos apenas por pertencer à categoria profissional ou econômica. Embora a Constituição não fosse expressa quanto ao tipo de contribuição que poderia ser exigida, podia-se entender que a referida obrigação era tanto dos associados, como também dos membros da categoria, pois a Lei Maior referia-se à categoria. Esclarecia, ainda, Oliveira Viana que a origem da contribuição sindical tinha dois fundamentos: o poder regulamentar e o poder tributário.

> Ora, o sindicato, tal como aparece na Constituição de 1937, possui estes dois poderes: o de taxar todos os membros da categoria por ele representada, mesmo que não sejam seus sócios; o de estabelecer, por meio de convenções coletivas, regras gerais sobre contrato de trabalho, obrigatórias mesmo para os que, pertencendo à categoria, não sejam, entretanto, seus associados[2].

O Decreto-Lei n. 1.402, de 5-7-1939, não tratava do imposto sindical. Por iniciativa de Francisco Campos é que se introduziu a alínea *f* do art. 3º, regulando a possibilidade de o sindicato "impor contribuições a todos aqueles que participam das profissões ou categorias representadas" (alínea *f*), que posteriormente passou a ser a alínea *e* do art. 513 da CLT. O art. 35 determinava que "os empregadores ficam obrigados a descontar na folha de pagamento dos seus empregados as contribuições por estes devidas ao sindicato". O art. 38 discriminava como era a constituição do patrimônio dos sindicatos, prevendo "as contribuições dos que participarem da profissão ou categorias, nos termos da alínea *f* do art. 3º" (letra *a*) e "as contribuições dos associados, na forma estabelecida nos estatutos ou pelas assembleias gerais" (letra *b*), que posteriormente passaram a ser, respectivamente, as alíneas *a* e *b* do art. 548 da CLT, com pequenas alterações. O parágrafo único do mesmo artigo rezava que:

> o modo da determinação da taxa das contribuições a que se refere a alínea *a*, bem como o processo de pagamento e cobrança destas contribuições e de organização das listas dos contribuintes serão estabelecidos em regulamento especial.

2 VIANA, Oliveira. *Problemas de direito sindical*. Rio de Janeiro: Max Limonad, s. d., p. 16.

Com o Decreto-Lei n. 2.377, de 8-7-1940, é que efetivamente o sindicato passou a ter uma exigência pecuniária, já denominada de imposto sindical:

> devido por todos aqueles que participem de uma determinada categoria econômica ou profissional em favor da associação profissional legalmente reconhecida como sindicato representativo da mesma categoria (art. 2º).

Seria pago de uma só vez, anualmente (art. 3º). O empregado recolhia o imposto sindical sobre a importância correspondente a um dia de trabalho; os empregadores o saldavam numa importância fixa calculada sobre o capital social. Foram fixados seus valores e suas épocas de pagamento. O citado decreto-lei regulava, assim, praticamente todas as disposições relativas ao chamado imposto sindical. O Decreto-Lei n. 3.035, de 19-2-1941, versou sobre a cobrança do imposto sindical no ano de 1941 (art. 2º). O Decreto-Lei n. 4.298, de 14-5-1942, regulou o recolhimento do imposto sindical, sua aplicação (*v. g.*, assistência médica, judiciária etc.) e fiscalização, instituindo a Comissão do Imposto Sindical (art. 10) e o Fundo Social Sindical (arts. 5º e 6º), passando o Estado a participar da aplicação da contribuição sindical.

A CLT reuniu sistematicamente as disposições dos Decretos-Leis n. 1.402/39, 2.377/40, 3.035/41, 4.298/42, quanto à exigência de contribuições pelo sindicato. A alínea *e* do art. 513 da CLT menciona a prerrogativa do sindicato de "impor contribuições a todos aqueles que participam das categorias econômicas ou profissionais ou das profissões liberais representadas", dando respaldo à exigência da contribuição assistencial, que é a fixada em normas coletivas. O art. 548 da CLT estabelece que constituem patrimônio das associações sindicais "as contribuições devidas aos Sindicatos pelos que participem das categorias econômicas ou profissionais ou das profissões liberais representadas pelas referidas entidades, sob a denominação de contribuição sindical" (alínea *a*); "as contribuições dos associados, na forma estabelecida nos estatutos ou pelas Assembleias Gerais" (alínea *b*), que dá respaldo à exigência da mensalidade sindical ou contribuição associativa. Os arts. 578 a 610 da CLT versaram de maneira sistematizada sobre a contribuição sindical. Foram criadas a Comissão do Imposto Sindical (CIS) e o Fundo Social Sindical (arts. 588 e s.), em que o Estado também passou a participar da aplicação da contribuição sindical, mais tarde chamada de Conta de Emprego e Salário.

Não versou a Constituição de 1946 expressamente sobre contribuições sindicais, porém não vedou a cobrança de contribuições por parte do sindicato, mesmo porque este continuava a exercer função delegada de poder público (art. 159)[3]. Isso quer dizer que recepcionou as regras da CLT a respeito da exigência de contribuições pelo sindicato.

Em 21-9-1962, a Lei n. 4.140 modificou o art. 580 da CLT e seus parágrafos, alterando os porcentuais e a forma de cálculo do imposto sindical devido pelos trabalhadores autônomos, profissionais liberais e empregadores.

O imposto sindical na área rural foi criado pela Lei n. 4.214, de 2-3-1963 (Estatuto do Trabalhador Rural), conforme seu art. 135, devendo respeitar as normas previstas na CLT.

A Lei n. 4.589, de 11-12-1964, extinguiu a Comissão do Imposto Sindical, revogando os arts. 595 a 597 da CLT, e o Fundo Social Sindical (art. 1º). Hugo Gueiros Bernardes assevera que isso se deu em razão dos abusos e desvios de fins que ocorreram na época[4]. O art. 16 da Lei n. 4.589/64 previa que o Poder Executivo, por intermédio do Ministro do Trabalho e da Previdência Social, designará uma comissão composta de representantes do Governo e de todas as entidades sindicais de grau superior para realizar os necessários estudos e apresentar relatório circunstanciado ao titular da Pasta do Trabalho, propondo a extinção ou não do Imposto Sindical, para efeito no primeiro caso, de envio de mensagem ao Congresso Nacional.

Acrescentou o Decreto-Lei n. 27, de 14-11-1966, o art. 217 à Lei n. 5.172, de 25-10-1966[5], especificando que:

---

3 O art. 159 da Constituição de 1946 estava assim redigido: "É livre a associação profissional ou sindical, sendo reguladas por lei a forma de sua constituição, sua representação legal nas convenções coletivas de trabalho e o exercício de funções delegadas pelo poder público".

4 BERNARDES, Hugo Gueiros. Contribuição sindical. In: *Sindicalismo*. São Paulo: LTr, 1986, p. 137.

5 A Lei n. 5.172, de 25-10-1966, foi denominada Código Tributário Na-

> as disposições desta Lei (...) não excluem a incidência e a exigibilidade: I – da "contribuição sindical", denominação que passa a ter o Imposto Sindical de que tratam os artigos 578 e segs. da Consolidação das Leis do Trabalho.

Assim, mudou-se apenas o *nomem juris* da exação, que antigamente era o imposto sindical, passando a se chamar contribuição sindical. Na verdade, o imposto sindical sempre teve característica de contribuição, pois tinha um destino específico: o interesse da categoria profissional e econômica. O CTN apenas veio colocar o instituto em seu devido lugar. O Decreto-Lei n. 229, de 28-2-1967, faz a devida adaptação na CLT da denominação *imposto sindical* para *contribuição sindical*. O Fundo Social Sindical muda de nome para *Conta de Emprego e Salário*.

Voltou a Constituição de 1967 a tratar de contribuições sindicais, especificando que era livre a associação profissional ou sindical. O sindicato continuava a exercer funções delegadas de poder público (art. 159). O § 1º do art. 159 esclareceu que:

> entre as funções delegadas a que se refere este artigo, compreende-se a de arrecadar, na forma da lei, contribuições para o custeio da atividade dos órgãos sindicais e profissionais e para a execução de programas de interesse das categorias por eles representadas.

Continuava-se a dar respaldo à contribuição sindical prevista nos arts. 578 a 610 da CLT, que era a contribuição prevista em lei.

A primeira modificação verificada no texto constitucional consiste no fato de o sindicato passar a arrecadar as contribuições previstas em lei, deixando de impor contribuições. Desse modo, ainda havia necessidade de lei determinando as contribuições sindicais, para que o sindicato pudesse arrecadá-las.

O art. 166 da Emenda Constitucional n. 1, de 1969, praticamente repetiu o art. 159 da Constituição de 1967, especificando que a associação sindical ou profissional continuava livre e que o sindicato exercia função delegada de poder público. O § 1º do art. 166 estabeleceu que:

---

cional por força do art. 7º do Ato Complementar n. 36, de 13-3-1967. Na prática, é utilizada a abreviatura CTN.

> entre as funções delegadas a que se refere este artigo, compreende-se a de arrecadar, na forma da lei, contribuições para o custeio da atividade dos órgãos sindicais e profissionais e para a execução de programas de interesse das categorias por eles representadas.

O citado parágrafo repetia o § 1º do art. 159 da Constituição de 1967, demonstrando que a contribuição continuava dependendo de lei para ser cobrada e que a norma que tratava do assunto continuava a ser a CLT, a qual havia sido recepcionada pela Lei Maior. A Emenda Constitucional n. 8, de 14-4-1977, acrescentou o inciso X ao art. 43, explicitando que cabia ao Congresso Nacional, com a sanção do Presidente da República, dispor sobre contribuições sociais para custear os encargos previstos, entre outros, no § 1º do art. 166. Assim, a Constituição delegava competência para o sindicato arrecadar as contribuições que lhe eram pertinentes, porém não para legislar sobre contribuições, o que continuava na competência da União.

A contribuição prevista em lei é a sindical, disciplinada nos arts. 578 a 610 da CLT, correspondente: a um dia de trabalho para os empregados (inciso I do art. 580 da CLT); a importância proporcional ao capital social da firma ou da empresa, para os empregadores (inciso III do art. 580 da CLT); a um porcentual fixo para os trabalhadores autônomos e profissionais liberais (inciso II do art. 580 da CLT). Tal contribuição tem natureza tributária, ficando a receita da referida exigência sujeita à apreciação pelo Tribunal de Contas da União, pois na época o sindicato exercia função delegada de poder público e tal receita era aplicada em diversos campos sociais e assistenciais do sindicato, como se verifica do art. 592 da CLT. Muitos dos artigos que tratam da contribuição sindical foram modificados pela Lei n. 6.386, de 9-12-1976, principalmente quanto à contribuição dos trabalhadores autônomos e empregadores, porém a estrutura da cobrança da referida exigência continua praticamente a mesma. A Lei n. 7.047, de 1º-12-1982, alterou as contribuições dos autônomos, profissionais liberais e fixou a contribuição mínima para os empregadores.

Estabeleceu o Decreto-Lei n. 1.166, de 15-4-1971, regras para a contribuição sindical em relação aos empregadores e trabalhadores rurais. A citada norma teve por objetivo regular a contribuição sindical dos empregadores e trabalhadores rurais, pois os produtores agrícolas muitas vezes não se organizavam sob a forma de empresa, não possuindo, portanto, capital social. Se o produtor rural tem sua atividade organizada sob a forma de empresa, a contribuição sindical é devida sobre o capital social. A arrecadação e cobrança é feita por meio do Instituto Nacional de Colonização e Reforma Agrária (Incra), ficando este com 15% das importâncias arrecadadas "em pagamento dos serviços e reembolso de despesas relativas aos encargos" de lançamento e cobrança (art. 4º e parágrafos). A contribuição sindical da categoria profissional será calculada à base "de um dia de salário mínimo regional, pelo número máximo de assalariados que trabalhem nas épocas de maiores serviços, conforme declarado no cadastramento do imóvel" (§ 2º do art. 4º). O art. 5º determina que a contribuição sindical rural será paga juntamente com o imposto territorial rural do imóvel a que se referir.

O sindicato dos trabalhadores arrecadava, praticamente sem qualquer esforço, a contribuição dos operários, correspondente a um dia de serviço por ano, em relação a todos os integrantes da categoria. Não precisava angariar novos sócios ou prestar bons serviços, perpetuando também os dirigentes "pelegos" na diretoria dos sindicatos, pois as assembleias normalmente eram vazias e não havia interesse em que novos associados viessem reivindicar cargos na diretoria. Com isso, mantinha-se a mesma diretoria por vários anos a fio. Eram os chamados *pelegos*, expressão que se refere à pele de carneiro ou manta que fica cuidadosamente esticada no lombo do animal, amaciando o cavalgar do senhorio, correspondendo na linguagem figurada ao falso líder sindical, dócil às manobras governamentais. Na verdade, o que ocorria era a existência de sindicatos de assembleias vazias e cofres cheios, em virtude da arrecadação das contribuições sindicais.

De acordo com relato feito pela Organização Internacional do Trabalho (OIT), em 1985, o imposto sindical era obrigatório na Colômbia, no Equador, em Honduras e no Panamá e em países em desenvolvimento da África e Ásia[6].

Combatia-se a contribuição sindical, dizendo-se que era um instrumento de corrupção, que permitia a manutenção de sindicatos inautênticos

---

6 ORGANIZAÇÃO INTERNACIONAL DO TRABALHO, El trabajo en el mundo (II). Genebra: OIT, 1985, p. 20.

e pelegos, os quais ficavam na dependência do Poder Executivo e a ele obedeciam, em razão da tranquila receita financeira assegurada pela referida contribuição. Pode-se dizer que o Brasil ainda é um dos poucos países que manteve o antigo imposto sindical, atual contribuição sindical, depois de o ter copiado da Itália, que o suprimiu. Tal contribuição deve ser paga não só pelos sindicalizados, mas também pelos não sindicalizados, mostrando sua falta de autenticidade e de democracia na sua manutenção.

A contribuição confederativa constitui-se em nova modalidade de fonte de receita das associações sindicais, inovação essa introduzida pela Constituição de 1988. Pretendia o constituinte dar respaldo constitucional à cobrança da contribuição assistencial prevista em normas coletivas, extinguindo a contribuição sindical, que é manifestamente incompatível com a liberdade sindical. Um dos objetivos da Assembleia Nacional Constituinte foi o de acabar com a contribuição sindical, porque era meio de corrupção, perpetuação de dirigentes sindicais na cúpula das agremiações, que estão completamente desvinculados das bases e desinteressados de estimular filiações, além da possibilidade de imposição de contribuições decorrentes da atividade delegada de poder público que o sindicato exercia. Havia necessidade, porém, de se instituir uma contribuição destinada ao custeio da atividade sindical, tendo por objetivo garantir seu funcionamento e sua independência financeira.

Mencionava o Projeto da Comissão de Ordem Social (art. 6º, I) que a assembleia sindical iria "fixar a contribuição da categoria, descontada em folha, para o custeio das atividades da entidade". No projeto da Comissão de Sistematização estava consignada a seguinte redação:

> A Assembleia Geral é o órgão deliberativo supremo da entidade sindical, competindo-lhe deliberar sobre sua constituição, organização, dissolução, eleições para os órgãos diretivos e de representação; aprovar seu estatuto e fixar a contribuição da categoria, que deverá ser descontada em folha para custeio das atividades da entidade[7].

O substitutivo do Relator da Comissão de Sistematização rezava: "a assembleia geral fixará a contribuição da categoria que, se profissional,

[7] *Jornal da Constituinte*, n. 38, p. 11, 7 a 13-3-1988.

será descontada em folha, para custeio do sistema confederativo de sua representação sindical" (§ 4º do art. 9º). Foi este o texto aprovado pela Comissão de Sistematização (§ 4º do art. 10). Posteriormente, foi aprovada a Emenda n. 31.327 do Deputado Geraldo Campos, que estava assim redigida: "a assembleia geral do sindicato fixará a contribuição da categoria, que será descontada em folha para custeio das atividades da entidade sindical, independentemente da estabelecida em lei". A expressão *independentemente da contribuição prevista em lei* foi acrescentada em razão das emendas apresentadas ao Plenário no primeiro turno de votação da constituinte. Com a fusão das várias emendas temos a atual redação do inciso IV do art. 8º da Constituição. Decidiu-se por uma situação intermediária, qual seja a manutenção do desconto compulsório da contribuição sindical, transferindo para a assembleia geral a possibilidade de fixar a contribuição para o custeio do sistema confederativo, fazendo com que não houvesse qualquer ingerência ou interferência governamental em relação à última contribuição. Como havia interesses de certos grupos na manutenção da contribuição sindical, utilizou-se a expressão *independentemente da contribuição prevista em lei* para ressalvá-la, em troca da supressão da estabilidade no emprego, conforme a redação ofertada ao inciso I do art. 7º da Constituição, prevendo apenas que a lei complementar estabeleceria uma indenização compensatória pela despedida arbitrária ou sem justa causa[8].

As confederações temiam também ficar fora da estrutura sindical, inclusive em decorrência da existência das centrais sindicais. Assim, houve o interesse em se falar em contribuição para o custeio do "sistema confederativo", que não seria, portanto, para o custeio da entidade sindical, mas "do sistema confederativo da representação sindical respectiva".

O texto do inciso IV do art. 8º da Constituição está assim consubstanciado:

[8] O art. 7º, I, da Constituição está assim redigido: "Art. 7º. São direitos dos trabalhadores urbanos e rurais, além de outros que visem à melhoria de sua condição social: I – relação de emprego protegida contra despedida arbitrária ou sem justa causa, nos termos de lei complementar, que preverá indenização compensatória, dentre outros direitos".

> a assembleia geral fixará a contribuição que, em se tratando de categoria profissional, será descontada em folha, para custeio do sistema confederativo da representação sindical respectiva, independentemente da contribuição prevista em lei.

Nosso sistema de receita sindical ainda é, portanto, daqueles em que as contribuições sindicais são asseguradas pelo Estado[9], principalmente no que diz respeito à contribuição prevista em lei, que é a sindical, pois no regime corporativista era necessário que o Estado assegurasse as receitas sindicais, justamente porque o sindicato era a *longa manus* daquele.

A contribuição confederativa não eliminou, todavia, a contribuição sindical[10]. A Constituição, para o caso vertente, prevê duas contribuições. Ao utilizar a expressão *independentemente da contribuição prevista em lei*, o constituinte ressalvou a existência da contribuição sindical, que é a prevista em lei, tornando, porém, explícita a existência de uma outra contribuição destinada ao custeio do sistema confederativo: a contribuição confederativa. Assim, a Constituição de 1988 prevê uma nova contribuição que passa a ser devida ao sindicato para o custeio do sistema confederativo.

Nas discussões da Assembleia Nacional Constituinte que deu origem à Constituição de 1988 verifica-se que havia interesse de certos grupos em extinguir a contribuição sindical. No entanto, o inciso IV do art. 8º da Lei Maior acabou tratando de uma contribuição prevista em lei, que vem a ser justamente a contribuição sindical. O exame do citado preceito constitucional revela que o legislador constituinte pretendia manter a contribuição sindical. Esclarece Celso Bastos que:

> uma interpretação otimista poderia vislumbrar aí uma tímida tentativa de preparar o terreno para uma supressão futura do próprio imposto sindical. Na medida em que funcione a contento o sistema voluntário de financiamento, ficará muito difícil às lideranças sindi-

---

9 PERA, Giuseppe. *Dallo stato corporativo alla libertà sindacale*. Roma: Franco Angeli, s. d., p. 15.

10 A jurisprudência também entendeu da mesma forma: Ac. da SDC do TST, RO DC 71.540/93.5, j. 15-12-1993, Rel. Min. Marcelo Pimentel, *DJU* I 18-2-1994, p. 1.882-1.883; TJ DFT, 3ª T Civ., Ac. 28.201, j. 13-12-1993, Rel. Des. Estevam Maia, *DJU* 3 13-4-1994, p. 3.759.

> cais tentarem legitimar a atual cobrança compulsória. Parece ser, pois, uma solução intermediária, com propósitos de ganhar tempo, inclusive de molde a propiciar ao sindicalismo ocasião para adaptar-se à nova sistemática[11].

Isso mostra que foi interesse do constituinte prever a existência de duas contribuições no inciso IV do art. 8º da Constituição: uma, a sindical e a outra, a confederativa[12]. O § 2º do art. 10 do Ato das Disposições Constitucionais Transitórias (ADCT) determinou que: "até ulterior disposição legal, a cobrança das contribuições para o custeio das atividades dos sindicatos rurais será feita juntamente com o imposto territorial rural, pelo mesmo órgão arrecadador".

A contribuição sindical, entretanto, é um resquício do corporativismo de Getúlio Vargas[13]. Permite a organização e a manutenção de sindicatos sem a menor autenticidade, que não prestam e não têm interesse em prestar serviços aos associados, apenas na manutenção da direção por certas pessoas com o objetivo de obter estabilidade no emprego. Não há necessidade de prestar serviços ou de conseguir associados para o sindicato, pois a contribuição sindical já custeia todas suas despesas, ainda havendo sobras. É desnecessário aumentar o quadro de associados da agremiação, porque caso contrário haverá outras pessoas tentando participar da diretoria, o que não interessa aos pelegos e àqueles que pretendem perpetuar-se no poder sindical. Enquanto existir a contribuição sindical compulsória, decorrente de lei, que independe da vontade da pessoa de pagá-la ou não, não se estará falando em liberdade sindical, já que até mesmo os não sindicalizados são obrigados a pagar tal exação. O Projeto

---

11 BASTOS, Celso; MARTINS, Ives Gandra da Silva. *Comentários à constituição do Brasil*. São Paulo: Saraiva, 1989, v. 2, p. 520.

12 Octavio Bueno Magano também entende que o constituinte cuidou de duas contribuições no inciso IV do art. 8º da Constituição (Contribuição confederativa. In: *Política do trabalho*, São Paulo: LTr, 1992, p. 91).

13 Certos autores criticam nosso sistema sindical, por ainda ser um sistema corporativo, em que o Estado tudo prevê, inclusive impondo contribuições, razão pela qual Guido Zangari coloca em dúvida a condição do Brasil como país democrático (*Diritto sindacale comparato del paesi ibero-americani*. Milão: Giuffrè, 1990, p. 189).

de Lei n. 3.669/89 pretendeu extinguir a contribuição sindical, sendo aprovado na Câmara dos Deputados, tendo por base que, a partir do primeiro dia do exercício seguinte ao da publicação da lei, seria feita uma redução progressiva da citada exigência, da seguinte forma: (a) 30% no primeiro ano; (b) 60% no segundo ano; (c) extinção total no terceiro ano. A ideia era de que a contribuição sindical fosse completamente extinta em 1996. O governo do Presidente Fernando Collor também pretendeu extinguir a contribuição sindical por meio das Medidas Provisórias n.: 215, de 30-8-1990; reeditada sob n. 236, de 28-9-1990; 258, de 31-10-1990; e 275, de 30-11-1990, que não foram convertidas em lei. A Medida Provisória n. 275 foi apreciada pelo Congresso Nacional. O relator, Deputado Mario Lima, ponderou que "a contribuição sindical compulsória é inteiramente incompatível com o conceito de liberdade sindical consagrado pelo texto constitucional brasileiro"[14]. O referido relator, após mencionar a crise financeira do país, concluiu ser o caso da extinção progressiva da contribuição sindical, acolhendo emenda aditiva apresentada pelo Deputado Euclides Scalco[15]. O Congresso Nacional aprovou, então, o Projeto de Lei de Conversão n. 58/90, estabelecendo a extinção gradativa da contribuição em comentário, em cinco anos. Este projeto de lei foi, porém, vetado pelo Presidente da República. A Mensagem n. 22[16], de 1991, que apresenta as razões do veto presidencial, esclarece que:

> a contribuição sindical obrigatória onera indiscriminadamente os trabalhadores, bem como as empresas; conspira para a modernização das relações de trabalho no País; vulnera o princípio da liberdade sindical, derroga a vedação do Poder Público de interferir na organização sindical[17].

Finalizando, a mensagem expressa que "o adiamento da extinção da contribuição sindical justifica o veto por contrariedade do interesse

---

[14] *Informativo Dinâmico IOB*, n. 7, p. 108, jan. 1991.

[15] Idem. p. 107.

[16] Publicada no *Diário Oficial da União* de 10 de janeiro de 1991, p. 595.

[17] *Informativo Dinâmico IOB*, n. 7, p. 107, jan. 1991.

público"[18]. O veto presidencial ainda está, contudo, pendente de apreciação pelo Congresso, estando em vigor os arts. 578 a 610 da CLT.

Os arts. 578 a 610 da CLT vigorarão até que a lei venha a disciplinar a contribuição negocial, vinculada ao exercício efetivo da negociação coletiva e à aprovação em assembleia geral da categoria (art. 7º da Lei n. 11.648/2008).

A Lei n. 13.467/2017 alterou a redação de vários artigos da CLT especialmente os arts. 545, 578, 579, 582, 583, 587 e 602, tornando a contribuição sindical facultativa, pois depende da vontade de cada um de contribuir.

---

[18] Idem. p. 107.

2

A Denominação Contribuição

2.1 Introdução

Mister se faz agora analisar as contribuições sindicais sob o prisma da denominação, pois *initium doctrinae sit consideratio nominis*, isto é, a doutrina deve iniciar seu estudo pela análise do nome, ou pelo estudo da denominação.

2.2 Contribuição

Inexiste, porém, um perfeccionismo quanto ao uso do termo *contribuição*, que foi se modificando no decorrer dos tempos.

A palavra *contribuição* tem uma acepção antiga, no sentido de receita tributária (imposto), como se observa no direito português. Nesse sistema, existiram contribuições para a jornada d'El Rei, conforme Provisão de 13-12-1612; a contribuição destinada a compor o dote da rainha da Grã-Bretanha, instituída pelo Alvará de 12-7-1966[1]. Leciona Joaquim José Caetano Pereira e Sousa que, "em matéria de finanças, esta palavra (contribuição) se entende todo o gênero de imposição". Enumerava contribuições decretadas pelo Rei: contribuição sobre a carne e o vinho,

[1] THOMAZ, Manoel Fernandes. *Repertório geral das leis extravagantes do Reino de Portugal*. Verbete contribuição. Coimbra: [s.n.], 1815, t. 1.

criada pela Carta Régia de 29-11-1674; contribuição do tabaco, instituída pela Provisão de 13-11-1680; contribuição para o casamento de D. Isabel, estabelecida pela Provisão de 15-3-1681; contribuição para a construção das estradas do Alto Douro, criada pelo Alvará de 23-3-1802, entre outras[2]. Foi também usada a palavra *contribuição* pelo Alvará de 9-5-1654[3]. Ainda em Portugal, o Decreto de 31-12-1852 criou a contribuição predial; a Lei de 30-7-1860 instituiu a contribuição industrial; e o Decreto de 19-4-1832 estabeleceu a contribuição de registro. Hoje o sistema português ainda tem uma contribuição predial: o imposto de renda sobre aluguéis; e uma contribuição industrial: o imposto de renda sobre o lucro das indústrias[4].

No Direito espanhol o termo *contribución* é empregado com o significado de "imposto". A Constituição de Cádiz, de 1813, outorgava, no art. 131, às Cortes a faculdade de estabelecer *contribuciones directas ou indirectas*. A Constituição monárquica de 1876, no seu art. 3º, também previa o mesmo. Antigamente, o imposto de renda na Espanha era chamado de *contribución general sobre la renta*. Ainda hoje existem impostos nesse país com o nome de *contribución territorial rústica y pecuaria* e *contribución territorial urbana*. Atualmente, na Espanha, há distinção entre *contribuciones especiales* e *exacciones parafiscales*, sendo que essas últimas corresponderiam às nossas contribuições tributárias ou sociais. A primeira é o gênero em que se enquadraria a espécie contribuição de melhoria, sendo que outras contribuições especiais podem ser cobradas excepcionalmente, como a contribuição para o custeio do serviço de extinção de incêndio[5]. As exações parafiscais não estão adstritas às regras que tratam de impostos, como aos princípios gerais da tributação, da reserva da lei, do caráter orçamentário etc.

---

2 SOUSA, Joaquim José Caetano Pereira e. *Esboço de um dicionário jurídico*. Verbete contribuição. Lisboa: [s.n.], 1827, t. 1.

3 Coleção de legislação fiscal. Coimbra: [s.n.], 1878, p. 251.

4 TAVARES, Assis. *Curso de fiscalidade da empresa*. Lisboa: [s.n.], 1982, p. 287.

5 VEGA HERRERO, Manuela. *Las contribuciones especiales*. Madri: Tecnos, 1975, p. 29.

Na França, *contribution* significava um pagamento voluntário. Posteriormente, passou a ser sinônimo de *impôt*. Mirabeau entendia que imposto era natural e contribuição era casual e voluntária, distinguindo-se aquele em relação a esta pela essência e pelos efeitos[6]. Na Revolução Francesa, o termo *imposto* foi repudiado e substituído por *contribution*, com a seguinte justificativa: "l'impôt est le terme chéri du despotisme; tandis que celui de contribution appartient à une société libre". Du Pont de Nemours, citado por René Stourm[7], dizia em 1790 que o vocábulo imposto deveria ser banido, pois traduzia a ideia de autoridade superior à própria nação. A Declaração dos Direitos do Homem e do Cidadão, da Constituição francesa de 1791, mencionava a expressão *contribuição comum* (art. 1º, item 13). No mesmo item 2 da Constituição, ainda se empregava o termo *contribution* como imposto: "todas as contribuições serão partilhadas entre todos os cidadãos de modo igual em proporção com suas faculdades". Os financistas franceses dividiam os impostos em contribuições diretas e indiretas. Gaston Jèze confirma a sinonímia que era empregada entre "impôts, taxes, contributions, redevances, cotisations etc."[8]. O Código Geral dos Impostos (*Code Général des Impôts*), na edição da Dalloz de 1977, emprega a expressão *contribuições indiretas* para se referir a certos impostos (título III). O imposto do selo e de registro é denominado de contribuição indireta[9]. Edwin R. A. Seligman já dizia que "in France contribution is even today commonly used as synonymous with tax"[10].

Os impostos especiais na Itália também são denominados de *contributi*, mas algumas vezes também trazem em seu bojo a ideia de taxa. Há autores que classificam os tributos como *contributo* (contribuição), *imposta* e *tassa*, sendo a causa da contribuição o benefício resultante da atividade do Estado, havendo contribuições para o custeio de serviço de

---

6 MIRABEAU. *Théorie de l'impôt*. Haia: Aale, 1972, p. 67-68.

7 STOURM, René. *Systèmes généraux d'impôts*. 3. ed. Paris: M. Giard & Brieère, 1912, p. 23.

8 JÈZE, Gaston. *Cours élementaire de science des finances et de législation financière française*. 5. ed. Paris: M. Giard & Brière, 1912, p. 609.

9 BAMBIER, Claude. *Les impôts en France*. Paris: Dalloz, 1983, p. 329.

10 SELIGMAN, Edwin R. A. *Essays in taxation*. New York: [s.n.], 1969, p. 5.

esgoto, saneamento, uso de estrada etc. Esse tipo de contribuição seria um misto de taxa, contribuição de melhoria e preço público. Ensina Giovanni Ingrosso que a doutrina dominante admite a contribuição como um terceiro gênero de tributo, embora inexista conceito pacífico sobre o assunto[11].

A palavra contribuição na Alemanha também se confundia com imposto. Nas cidades ao norte da Bavária existia uma *Kontribution* de guerra cobrada em Coburb no século XV. Johan Heinrich Gottlob von Justi dizia que o termo *contribuição* era empregado para denominar os impostos incidentes sobre bens imóveis[12]. O mesmo autor mostrava também que a palavra *Kontribution* tinha igualmente o significado de auxílio, sendo equivalente à expressão *Beitrag*, que eram pagamentos oferecidos pelos súditos para custeio do Estado[13]. Hoje, a expressão *Beitrag* tem o significado de contribuição, que seria um financiamento de uma instituição que confere a quem as paga uma vantagem especial.

Costuma-se, ainda, empregar na Inglaterra[14] e no Canadá o termo *contribuição* com o significado de imposto.

No Brasil imperial, utilizava-se da palavra *contribuição* com o significado de imposto. A Constituição de 1824 continha no inciso X do art. 15 a competência atribuída à assembleia geral de "fixar anualmente as despesas públicas e repartir a **contribuição direta**". O art. 171 da mesma norma previa que todas as **contribuições diretas** seriam anualmente estabelecidas pela assembleia geral, mostrando a indicação de gênero, num sentido de tributo.

A Lei n. 70, de 22-10-1836, ao fixar o orçamento para 1837/1838 estabeleceu uma contribuição sobre o couro para o consumo (art. 8º, n. 1) A mesma lei previa ainda um contribuição para o montepio (art. 14, item 22), que foi prevista nos orçamentos até 1853. A Lei n. 317, de 21-

---

11 INGROSSO, Giovanni. *I contributi nel sistema tributario italiano.* Nápoles: Casa Editrice Dott. Eugênio Jovene, 1964, p. 12-13.

12 VON JUSTI, Johan Heinrich Gottlob. *System des finanzwesens*. Halle: Aale, 1969, p. 407.

13 VON JUSTI, Johan Heinrich Gottlob. Op. cit., p. 429.

14 BOOTH, Neil D. *Social security contributions*. Londres: [s.n.], 1982, p. 4.

10-1843, criou a contribuição extraordinária incidente sobre os vencimentos recebidos dos cofres públicos. A primeira Constituição a usar o termo *contribuição* foi a de 1934, consagrando a necessidade de se instituir uma exigência complementar para a previdência e assistência social, prevendo "a instituição de previdência, mediante **contribuição** igual da União, do empregador e do empregado, em favor da velhice, da invalidez, da maternidade e nos casos de acidente do trabalho ou de morte" (art. 121, § 1º, letra *h*).

A Carta Magna de 1937 assegurava ao sindicato e a outras associações profissionais, o poder de impor contribuições (art. 138). A Carta Política de 1967 explicitava que seriam direitos dos trabalhadores a "previdência social, mediante contribuição da União, do empregador e do empregado, para seguro desemprego, proteção da maternidade e nos casos de doença, velhice, invalidez e morte" (art. 158, XVI). O § 1º do art. 159 da mesma norma mencionava que o sindicato poderia "arrecadar, na forma da lei, **contribuições** para o custeio da atividade dos órgãos sindicais e profissionais e para a execução de programas de interesse das categorias por eles representadas".

A Emenda Constitucional n. 1, de 1969, praticamente repete a mesma orientação no inciso XVI do art. 165, quanto à contribuição previdenciária, e no § 1º do art. 166, no que diz respeito às contribuições sindicais. O Decreto-Lei n. 1.952, de 15-7-1982, prevê uma contribuição sobre o domínio econômico sobre a saída de açúcar e do álcool das usinas produtoras, que foi criada há muito tempo e agora é disciplinada pelo referido mandamento legal. O Decreto-Lei n. 1.900, de 21-12-1981, também menciona a contribuição para o desenvolvimento do cinema nacional. Existem contribuições cobradas no interesse de categorias profissionais, como a da Ordem dos Advogados do Brasil, do Conselho Regional de Contabilidade e outras, para o exercício da respectiva profissão.

O Código Tributário Nacional prevê no art. 217, acrescentado pelo Decreto-Lei n. 27, de 14-11-1966, a ressalva da incidência e exigibilidade das seguintes contribuições: a) **contribuição** sindical; b) **contribuição** previdenciária, que eram as antigas quotas de previdência previstas na Lei n. 3.807, de 26-8-1960; c) **contribuição** ao Fundo de Assistência e Previdência do Trabalhador Rural, de que trata o art. 158 da Lei n. 4.214, de 2-3-1963; d) **contribuição** do FGTS, criada pela Lei n. 5.107, de 13-9-1966;

e) **contribuição** prevista no § 2º do art. 34 da Lei n. 4.863, de 29-11-1965 e suas alterações e outras de fins sociais criadas por lei. Tais contribuições têm, portanto, natureza tributária, porém são consideradas apenas sob a denominação *contribuição* ou *contribuição especial*[15]. São contribuições que não estão ligadas à atuação do Estado, mas sim a financiar certas despesas, como a aposentadoria (contribuição social da seguridade social), o fundo de garantia do tempo de serviço (contribuição do FGTS), categorias profissionais ou econômicas.

A palavra *contribuição* empregada no inciso IV do art. 8º da Constituição, quando há referência à contribuição confederativa, não tem, portanto, concepção de tributo, mas de uma prestação pecuniária não compulsória, espontânea[16]. A contribuição prevista em lei é a sindical. Uma parte dela é destinada ao Estado.

---

[15] Bernardo Ribeiro de Moraes usa a expressão *contribuição especial* (*Compêndio de direito tributário*. Rio de Janeiro: Forense, 1984, p. 320-337).

[16] No mesmo sentido Roque Antonio Carrazza (*Curso de direito constitucional tributário*. 3. ed. São Paulo: Revista dos Tribunais, 1991, p. 304).

3

Receitas Sindicais

3.1 Introdução

Vamos verificar, agora, as receitas sindicais. Para se estabelecer uma classificação das contribuições sindicais é preciso estudar também o orçamento sindical.

3.2 Orçamento sindical

A Lei n. 6.386, de 9-12-1976, trouxe algumas alterações concernentes a questões orçamentárias no sindicato.

Dispõe o art. 550 da CLT que os orçamentos das entidades sindicais serão aprovados, em escrutínio secreto, pelas respectivas Assembleias Gerais ou Conselho de Representantes, até 30 (trinta) dias antes do início do exercício financeiro a que se referem, e conterão a discriminação da receita e da despesa, na forma das instruções e modelos expedidos pelo Ministério do Trabalho.

A Lei n. 6.386, de 9-12-1976, ao dar nova redação ao art. 550 da CLT, trouxe algumas alterações concernentes a questões orçamentárias no sindicato. A entidade sindical passou a ter permissão para aprovar seu orçamento, por meio da Assembleia Geral ou do Conselho de Representantes, até 30 dias antes do início do exercício financeiro a que se referir, contendo a discriminação da receita e da despesa. Anteriormente, os orçamentos dos sindicatos deveriam ser aprovados pelo Ministério do Trabalho. Hoje, tal disposição é considerada revogada pela Constituição, pois esta veda a interferência ou a intervenção do Estado no sindicato.

Nesse momento, já se pode dizer que há maior autonomia nos sindicatos, mais propriamente quanto à autonomia financeira.

As instruções e os modelos baixados pelo Ministério do Trabalho deixaram de ser observados, pois é vedada a intervenção ou interferência daquele no sindicato (art. 8º, I, da Constituição).

As dotações orçamentárias que se apresentarem insuficientes para o atendimento das despesas, ou não incluídas nos orçamentos correntes, poderão ser ajustadas ao fluxo dos gastos, mediante a abertura de créditos adicionais solicitados pela Diretoria da entidade às respectivas Assembleias Gerais ou Conselhos de Representantes, cujos atos concessórios serão publicados até o último dia do exercício correspondente, obedecida a mesma sistemática do § 1º do art. 550 da CLT.

Os créditos adicionais classificam-se em: a) suplementares, os destinados a reforçar dotações alocadas no orçamento; e b) especiais, os destinados a incluir dotações no orçamento, a fim de fazer frente às despesas para as quais não se tenha consignado crédito específico.

A abertura dos créditos adicionais depende da existência de receita para sua compensação, considerando-se, para esse efeito, desde que não comprometidos: a) o superávit financeiro apurado em balanço do exercício anterior; b) o excesso de arrecadação, assim entendido o saldo positivo da diferença entre a renda prevista e a realizada, tendo-se em conta, ainda, a tendência do exercício; e c) a resultante da anulação parcial ou total de dotações alocadas no orçamento ou de créditos adicionais abertos no exercício.

A receita dos Sindicatos, Federações e Confederações só poderá ter aplicação na forma prevista nos respectivos orçamentos anuais, obedecidas as disposições estabelecidas na CLT e em seus estatutos. A contribuição sindical será aplicada na forma dos arts. 589, 592 e 593 da CLT.

Todas as operações de ordem financeira e patrimonial serão evidenciadas pelos registros contábeis das entidades sindicais, executadas sob a responsabilidade de contabilista legalmente habilitado. A escrituração contábil a que se refere este artigo será baseada em documentos de receita e despesa, que ficarão arquivados nos serviços de contabilidade, à disposição dos órgãos responsáveis pelo acompanhamento administrativo e da fiscalização financeira da própria entidade, ou do controle que poderá ser exercido pelos órgãos da União, em decorrência da legislação específica. As contas dos administradores das entidades sindicais serão aprovadas, em escrutínio secreto, pelas respectivas Assembleias Gerais ou Conselhos de Representantes, com prévio parecer do Conselho Fiscal. Não mais necessitam as contas do sindicato de obedecer a critérios fixados pelo Ministério do Trabalho, quanto a sua elaboração e destinação, pois é vedado àquele intervir ou interferir na vida sindical (art. 8º, I, da Constituição).

O art. 552 da CLT esclarece que os atos que importem em malversação ou dilapidação do patrimônio sindical ficam equiparados ao crime de peculato. Parece, entretanto, que a referida determinação está mais próxima de furto ou apropriação indébita do que de peculato, pois o sindicato não é mais órgão que exerce função delegada de Poder Público, não se podendo falar em crime de funcionário público, que ocorre no peculato.

Antigamente, os casos de intervenção no sindicato decorriam geralmente de dilapidação do patrimônio da entidade sindical. O Ministério do Trabalho só determinava a intervenção depois de apurada a falta cometida. Exercia o Ministério do Trabalho uma característica de órgão fiscalizador e saneador das finanças dos sindicatos.

Normalmente, os casos de intervenção no sindicato que ocorreram a partir de 1964 foram políticos ou decorriam de problemas nas eleições sindicais. A intervenção não deixava, porém, de ter um lado positivo, pois sanava os problemas existentes, devolvendo posteriormente a administração regularizada ao sindicato. As soluções eram determinadas em curto espaço de tempo, tomando o Ministério do Trabalho, de ofício, as medidas cabíveis. Muitas das intervenções também tinham por objetivo evitar o enfraquecimento do sindicato e sua desagregação, o que também pode ser considerado como fator positivo.

3.3 Classificação das receitas sindicais

3.3.1 *Classificação*

Antes de verificarmos cada uma das contribuições sindicais, é preciso estabelecer a classificação das receitas sindicais.

Ensina Genaro Carrió que as classificações não são verdadeiras ou falsas, mas úteis ou inúteis[1]. Nossa classificação também não é certa ou errada, mas útil para mostrar as contribuições do sindicato.

Dessa forma, poder-se-ia falar na classificação segundo a obrigatoriedade ou não das contribuições. Obrigatória seria a contribuição sindical, por ser decorrente de lei, sendo, portanto, compulsória, pois independe da vontade da pessoa em contribuir para o sindicato. Facultativas seriam as demais, que são provenientes da condição de associado ao sindicato, como a mensalidade sindical, ou são oriundas de negociação coletiva (contribuição assistencial) ou da fixação em assembleia sindical (contribuição confederativa).

Seria possível também lembrar uma classificação segundo a forma da instituição das contribuições sindicais, isto é, a prevista em lei (sindical), a normativa (contribuição assistencial), a estatutária (mensalidade dos sócios) ou a fixada em assembleia geral (contribuição confederativa).

As contribuições sindicais também poderiam ser descritas quanto ao período de tempo em que são exigidas. A contribuição sindical é exigida anualmente; a contribuição associativa, mensalmente, ou em outro período.

Poderiam ainda as contribuições sindicais ser classificadas em função de seus contribuintes: apenas os sócios do sindicato (mensalidade sindical), toda a categoria (contribuição sindical).

Outra classificação que se poderia estabelecer, mas não é objeto de nosso trabalho, diria respeito às contribuições em sentido geral. Assim, teríamos as contribuições sociais (contribuição para o custeio da seguridade social), as interventivas (contribuições de intervenção no domínio econômico, como do FGTS), as corporativas (de interesse das corporações ou de interesse das categorias profissionais ou econômicas, exemplo destas últimas seria a contribuição sindical).

3.3.2 *Receitas sindicais*

Modernamente, o sindicato tem sido muito mais assistencialista, prestando uma série de benefícios a seus associados, o que importa na

1 CARRIÓ, Genaro. *Notas sobre derecho y lenguaje*. Buenos Aires: Abeledo-Perrot, 1986, p. 99.

necessidade de auferir várias receitas para custear as despesas incorridas. Assim, vai surgindo a necessidade da criação e da cobrança de contribuições, pois muitas vezes a receita da contribuição dos associados não é suficiente para sustentar as despesas do sindicato. Dessa forma, cobram-se contribuições dos sindicalizados e também a contribuição de solidariedade, que surge como solução natural para aumentar as receitas do sindicato e reforçar suas finanças.

As fontes de receita das associações sindicais são os bens e valores adquiridos e as rendas por eles produzidos, as doações e legados, as multas, outras rendas eventuais e as contribuições (art. 548 da CLT).

Será vedado, entretanto, ao sindicato exigir uma espécie de joia com caráter impeditivo para o ingresso de novos membros, pois atenta contra a liberdade sindical, salvo em relação a um valor para custear a emissão de carteira sindical e outras pequenas despesas[2].

Com a Constituição de 1988, aumentaram as fontes de recursos dos sindicatos, principalmente no que diz respeito às contribuições, já que antes havia apenas a contribuição sindical, a contribuição assistencial e a mensalidade dos associados. As contribuições sindicais podem, agora, ser divididas da seguinte forma: a) as contribuições dos associados, previstas nos estatutos ou pelas assembleias gerais (mensalidade sindical), que também poderiam ser chamadas de contribuições estatutárias ou associativas, conforme alínea *b* do art. 548 da CLT; b) a contribuição assistencial prevista em acordo, convenção coletiva ou sentença normativa, pois trata-se de uma contribuição cobrada de todos aqueles que participam das categorias econômicas ou profissionais ou das profissões liberais representadas, em razão da negociação coletiva empreendida pelo sindicato (art. 513, *e*, da CLT); c) a contribuição sindical (arts. 548, *a*, c/c 545 e 578 ss. da CLT); (d) a contribuição confederativa (art. 8º, IV, da Constituição)[3].

---

2 VIANNA, Segadas. *Direito coletivo do trabalho*. São Paulo: LTr, 1972, p. 99.

3 Dessa forma pensam Amauri Mascaro Nascimento (*Direito sindical*. 2. ed. São Paulo: Saraiva, 1991, p. 207-220; e *Iniciação ao direito do trabalho*. 21. ed. São Paulo: LTr, 1994, p. 485), Ubiracy Torres Cuóco (Realidade sindical, *Revista LTr*, São Paulo: LTr, n. 58-03/275, 1994), Arion Sayão Romita (Contribuição confederativa. In: *Sindicalismo. Economia. Estado*

Há necessidade, portanto, de analisar as fontes de recursos do sindicato, no que diz respeito a suas contribuições, o que será feito em itens separados.

Democrático: estudos. São Paulo: LTr, 1993, p. 133) e Georgenor de Sousa Franco Filho (Da contribuição confederativa para os trabalhadores não sindicalizados. *Suplemento Trabalhista LTr*, São Paulo: LTr, n. 33/92, p. 235, 1992). Em sentido contrário, entendendo que as contribuições do sindicato são três, confundindo-se a contribuição confederativa com a assistencial, há o pensamento de Aluysio Mendonça Sampaio (As fontes de receita dos sindicatos na nova constituição federal. In: TEIXEIRA FILHO, João de Lima (Coord.). *Relações coletivas de trabalho:* estudos em homenagem ao Ministro Arnaldo Süssekind. São Paulo: LTr, 1989, p. 342) e também Galba José dos Santos (Contribuições sindicais obreiras na constituição federal. In: TEIXEIRA FILHO. Op. cit., p. 344).

4

Direito Internacional e Estrangeiro

4.1 Direito Internacional

4.1.1 OIT

Prevê o artigo 8.1 da Convenção n. 95 da OIT que:

> descontos em salários não serão autorizados, senão sob condições e limites prescritos pela legislação nacional ou fixados por convenção coletiva ou sentença arbitral. Os trabalhadores deverão ser informados, de maneira que a autoridade competente considerar mais apropriada, sobre condições e limites nos quais tais descontos puderem ser efetuados.

A Comissão de Peritos da OIT entende que, havendo imposição de contribuição sindical obrigatória, ocorrerá violação da Convenção n. 87 da OIT[1], pelo fato de a pessoa ficar obrigada, de maneira indireta, a pagar compulsoriamente valores ao sindicato, sem ser a este filiada.

O § 14 da Recomendação n. 143, de 1971, dispõe que:

> na falta de outros meios de arrecadação das quotas sindicais, deveria ser permitido aos representantes dos trabalhadores, devidamente autorizados pelo sindicato, cobrar periodicamente as quotas sindicais nos locais da empresa.

---

[1] CÓRDOVA, Efrén. Op. cit., p. 37.

O Verbete n. 227 do Comitê Central de Liberdade Sindical esclarece que:

> a faculdade de impor obrigatoriamente a todos os trabalhadores da categoria profissional interessada o pagamento de contribuição ao único sindicato (...) não é incompatível com o princípio de que os trabalhadores devem ter o direito de filiar-se às organizações que estimem convenientes. Em tais circunstâncias, a obrigação legal de pagar quotizações ao monopólio sindical, estejam ou não os trabalhadores filiados a ele, representa uma nova consagração e consolidação do dito monopólio[2].

A OIT admite apenas que haja a estipulação de uma contribuição de solidariedade, por meio de convenção coletiva que a prever, em função da aplicação *erga omnes* de suas vantagens a toda a categoria, sendo paga exclusivamente pelos não associados[3]. Esse sistema não está coberto por normas internacionais, não sendo, porém, considerado incompatível com os princípios da liberdade sindical. Mostra o Verbete n. 324 do Comitê de Liberdade Sindical que o pagamento de uma quota de solidariedade estipulada em lei ou em convenção coletiva ajustada pelo sindicato, a qual seria paga exclusivamente pelos não associados, como condição para que tenham as vantagens estabelecidas no instrumento coletivo, não contraria o princípio da liberdade sindical[4]; seu desconto, contudo, não pode ser superior a dois terços do valor devido pelos associados.

4.2 Direito estrangeiro

4.2.1 Notas introdutórias

Neste tópico serão analisados os sistemas de certos países quanto à exigência de contribuições sindicais. Não é nosso objetivo indicar exaus-

---

[2] Comitê central de liberdade sindical. 3. ed. Genebra: OIT, 1985, p. 49.

[3] Recompilación de decisiones del comité de libertad sindical del consejo de administración da OIT. Verbete n. 112. Genebra: OIT, 1976, p. 44-45.

[4] Comitê de liberdade sindical. 3. ed. Genebra: OIT, 1985, p. 69-70.

tivamente todos os sistemas, mas analisar o que ocorre em alguns países escolhidos, geralmente países com os quais temos laços históricos ou em relação àqueles que sempre acabam inspirando nossa legislação trabalhista. Será mostrada a legislação sobre contribuições nesses países, como a doutrina analisa esses ingressos, bem como a interpretação da jurisprudência. Dada a dificuldade na obtenção de material, nem sempre isso foi possível, mas o estudo serve para comparar os sistemas estrangeiros com o nosso. Não encontramos, porém, uma contribuição que seja idêntica à contribuição confederativa, inexistente nos sistemas comparados.

O Brasil ainda é um dos poucos países em que existe a contribuição sindical, ao contrário da Itália, que já a revogou. Conforme relato feito pela Organização Internacional do Trabalho (OIT), em 1985, o imposto sindical era obrigatório na Colômbia, no Equador, em Honduras, no Panamá e em países em desenvolvimento da África e Ásia[5].

Pesquisamos, todavia, o sistema uruguaio, que é totalmente desregulamentado, no qual não há norma legal tratando de contribuições sindicais, a despeito de ser um país vizinho e pertencer ao Mercosul. O Paraguai também não tem uma contribuição sindical obrigatória cobrada de toda a categoria, como ocorre em nosso sistema.

A exigência de uma quota dita de solidariedade é permitida em algumas legislações, como na Argentina, na Colômbia, na Espanha, nas Filipinas, na Grécia e no Reino Unido, sendo exigida dos não associados do sindicato, beneficiados pela negociação coletiva ou pela arbitragem. Na Espanha, na Suíça e na Colômbia essa quota de solidariedade é exigida em convenção coletiva[6]. Na Turquia e na Suíça, por exemplo, as condições previstas em negociações coletivas ou na arbitragem só se aplicam de maneira *erga omnes*, a toda a categoria, e, mais especificamente, aos não associados, quando estes pagarem a quota de solidariedade ao sindicato. Na Turquia, o pagamento da quota de solidariedade decorre de lei, mas não pode ser descontada dos salários contra a vontade do empregado, que

---

5 ORGANIZAÇÃO INTERNACIONAL DO TRABALHO. *El trabajo en el mundo (II)*. Genebra: OIT, 1985, p. 20.

6 SÜSSEKIND, Arnaldo. Jurisprudência da OIT sobre a Convenção 87. In: *Revista LTr*, São Paulo: LTr, n. 49-9/1043, 1985.

deverá ter oportunidade para recusá-la, mesmo que para isso a convenção coletiva não lhe seja aplicável[7].

Na República Árabe da Síria, no Panamá e na Tanzânia os trabalhadores não sindicalizados estão obrigados, independentemente da atuação do sindicato de sua categoria ou empresa, a pagar ao sindicato uma contribuição, desde que metade dos componentes do grupo representado pertença ao quadro associativo da agremiação.

No Equador e no Egito, o sistema é o do tributo sindical, cobrado compulsoriamente e de maneira geral, tal como ocorre no Brasil. No Equador, o empregador tem de efetuar o desconto das contribuições sindicais em determinadas circunstâncias[8]. No Peru também há previsão de descontos em folha das contribuições sindicais[9].

4.2.2 Alemanha

Inexiste na Alemanha legislação sobre contribuições devidas ao sindicato. Alguns autores sustentam que não há violação da liberdade sindical negativa, pois não importa na adesão da pessoa ao sindicato. Outros autores entendem que o sindicato não pode impor contribuições aos não sócios. Em função da conveniência política, os sindicatos não cobram a contribuição de solidariedade, porque poderiam ter seu apoio enfraquecido perante seu pessoal[10]. Em alguns ramos de atividade econômica, o empresário efetua os descontos da quota sindical e a entrega ao sindicato correspondente, porém a doutrina fica dividida a respeito da licitude de tal cláusula[11].

---

7 SÜSSEKIND, Arnaldo. *Direito internacional do trabalho*. Op. cit., p. 287.

8 Art. 442, n. 7, do Código de Trabalho do Equador.

9 Lei n. 15.171, de 9-10-1964. Apud URIARTE, Oscar Ermida. *Atos anti-sindicais*. São Paulo: LTr, 1989, p. 33.

10 DÄUBLER, Wolfgang. *Tarifvertragsrecht*. Baden-Baden: Nomos Verlagsgesellschaft, 1981, p. 203-204.

11 PEREZ PEREZ, Manuel. El descuento por el empresario del canon por negociación y la cuota sindical. In: *Comentários a la ley de liberdad sindical.* Madri: Tecnos, 1986, p. 324-325.

4.2.3 *Argentina*

A Lei n. 22.105, de 15-11-1979, determinava que:

> os trabalhadores têm o direito de constituir livremente associações gremiais com respeito às disposições da presente lei e assim também o de se associarem, não se associarem ou dela se retirarem[12].

Vazquez Vialard comentava esse dispositivo afirmando que não dizia respeito à obrigação de contribuir ou não para uma associação, senão também no dever de estar ou não submetido a suas determinações e regras disciplinadoras[13].

No sistema da Lei n. 22.105, a principal fonte de recursos do sindicato era a proveniente dos sócios, terceiros e outros. Quanto aos sócios, existia a contribuição regular (as quotizações e as quotas); e as contribuições especiais, que revertiam para obras sociais, como de turismo e as multas. As contribuições oriundas de terceiros eram provenientes dos trabalhadores não associados, correspondendo à quota de solidariedade. Havia outras rendas, como doações, legados, frutos civis etc.

As quotas são os valores pagos pelo sócio para sustentar a agremiação, que é obrigação inerente à qualidade de membro do sindicato. O fato gerador das quotas é a filiação ao sindicato. O montante era atribuído pela assembleia (art. 23, *e*, da Lei n. 22.105). Todos os afiliados deveriam pagá-la (art. 23, *e*). A Lei n. 22.105 não se referia expressamente a quotização, mencionando apenas quotas e contribuições.

O sindicato podia impor uma quotização especial para admitir o trabalhador, mas isso não era frequente[14]. Existia uma limitação a tal contribuição, que não poderia ser discriminatória e deveria ter certa razoabilidade (art. 7º do Decreto regl. n. 640/80). A falta de pagamento importaria no cancelamento da filiação.

---

12 *Ley de asociaciones gremiales de trabajadores*. Buenos Aires: Abeledo-Perrot, s.d., p. 163.

13 PEREZ PEREZ, Manuel. El descuento por el empresario del canon por negociación y la cuota sindical. In: *Comentários a la ley de liberdad sindical*. Madri: Tecnos, 1986, p. 324-325.

14 VAZQUEZ VIALARD, Antonio. Op. cit., p. 236.

O art. 23, *e*, da Lei n. 22.105 rezava que o filiado ao sindicato estava obrigado a pagar uma contribuição especial e extraordinária como contraprestação pelo recebimento de um serviço, de acordo com o que fosse determinado pela assembleia. O art. 44 dizia que só poderiam ser estabelecidas quotas ou contribuições dos trabalhadores que fossem destinadas aos sindicatos aos quais se achassem filiados.

As contribuições especiais e extraordinárias deviam ser previstas no estatuto e na lei que as admitiam nos casos em que a assembleia assim determinasse. Tais pagamentos só alcançavam os trabalhadores filiados.

O § 1º do art. 27 do Decreto *reglamentario* estabelecia não ser devido o pagamento da contribuição por parte dos trabalhadores filiados. A quota de solidariedade era devida apenas pelos trabalhadores não associados, sendo prevista nos convênios coletivos homologados (art. 45, §§ 1º e 2º, da Lei n. 22.105). A contribuição seria fixada uma vez por ano, não podendo ultrapassar o montante que, a título de quota sindical, o trabalhador sindicalizado pagasse no mês da homologação do respectivo convênio. Caso o convênio fosse celebrado por uma federação, a contribuição seria distribuída de acordo com o que fosse convencionado entre os sindicatos que a constituíssem. Havia resolução ministerial determinando que os empregadores descontassem dos salários dos trabalhadores as contribuições. A retenção seria efetuada pela empresa a requerimento do sindicato com *personeria gremial*, ficando o empregador responsável pela retenção das contribuições que não tiver feito[15].

A Lei n. 23.551, de 23-3-1988, revoga a Lei n. 22.105 (art. 66). O art. 9º estabelece que as associações sindicais não poderão receber ajuda econômica de empregadores, nem de organismos políticos nacionais e estrangeiros. Esta proibição não alcança as importâncias que os empregadores devem recolher em virtude de normas legais ou convencionais, podendo ser incluída aqui a contribuição de solidariedade. É considerada prática desleal do empregador ou de sua entidade de classe subvencionar em forma direta ou indireta uma associação sindical de trabalhadores (art. 53, *a*). O art. 20, *e*, estabelece que compete às assembleias e aos congressos fixar o montante das quotizações ordinárias e extraordinárias dos

---

15 PÉREZ, Benito. *Derecho del trabajo*. Buenos Aires: Astrea, 1983, p. 384.

afiliados. O art. 23, *d*, determina que a associação tem o direito de impor quotizações a seus filiados. Constitui patrimônio das associações sindicais de trabalhadores as quotizações ordinárias e extraordinárias dos filiados e as contribuições de solidariedade que forem pactuadas no término da convenção coletiva (art. 37). Os empregadores estão obrigados a atuar como agentes de retenção dos valores devidos ao sindicato. Para que haja a obrigação de exigir a contribuição, deverá haver uma resolução do Ministério do Trabalho e Seguridade Social dispondo sobre a retenção. Esta resolução será adotada por solicitação do sindicato. O empregador que não fizer a retenção ou efetuar no tempo próprio o pagamento da retenção, ficará devedor direto da contribuição (art. 38).

A quota de solidariedade só pode ser imposta aos trabalhadores do setor de atividade e geográfico representado pelo sindicato, com fundamento na negociação ou no convênio coletivo. É exigida dos trabalhadores não associados, que devem custear parte dos serviços prestados pelo sindicato nas negociações. O § 2º do art. 9º da Lei n. 14.520, de acordo com o texto ordenado pelo Decreto n. 108/88, determina que as cláusulas da convenção coletiva, em que se estabelecem contribuições a favor da associação de trabalhadores, serão válidas não apenas aos filiados, mas também para os não filiados compreendidos no âmbito de sua aplicação. Vazquez Vialard assevera que a contribuição de solidariedade tem caráter extraordinário, tendo importância fundamental do ponto de vista financeiro, pois supera a receita obtida pelas quotas sindicais ordinárias[16]. Entende que sua natureza jurídica é de ingresso, correspondendo à retribuição de um serviço realizado pelo sindicato (a "concertação" do convênio), que supõe estudos prévios e negociação, beneficiando tanto os trabalhadores sindicalizados como os não associados[17]. Trata-se de uma contribuição de direito privado, regida pelo Código Civil, cujo fato gerador nasce com a negociação, consistindo esta numa gestão de negócios que obriga a parte que se beneficia[18]. Não se trata, portanto, de um imposto, já que a obrigação é decorrente do Direito Civil. A extensão da norma

---

16 VAZQUEZ VIALARD, Antonio. Op. cit., p. 239.

17 Idem, ibidem, p. 240.

18 Idem, ibidem, p. 241.

coletiva não importa em pagamento de quota de solidariedade pelos trabalhadores beneficiados, pois não se exigem da associação maiores gastos com isso[19]. No caso das federações que subscreverem o convênio coletivo, a contribuição de solidariedade sindical deve ser distribuída de conformidade com o que estabelecerem os associados que aderirem à federação.

O empregador não tem a possibilidade de discutir o direito do sindicato de perceber os valores que lhe são devidos. Atua como agente de retenção, tendo de limitar-se a cumprir o que ordena a resolução administrativa[20].

Prescreve em dois anos o direito de ação para a cobrança das contribuições, desde o momento em que se torne exigível, conforme artigo 256 da Lei do Contrato de Trabalho.

O art. 2º da Lei n. 23.540 de 24-9-1987, reza que os empregadores devem depositar, à ordem da associação sindical, as quotas e contribuições a cargo de seus afiliados, dentro dos quinze dias subsequentes ao mês em que houver a retenção, sendo responsáveis pelo importe das retenções que não tiverem sido efetuadas.

4.2.4 *Áustria*

A lei de proteção da liberdade de trabalho e de reunião, de 1930, proíbe a inclusão de cláusulas sindicais (*Organisationsklauseln*) nas convenções coletivas de trabalho. Tais cláusulas estabelecem que o empregador só pode admitir um trabalhador filiado ao sindicato que firmou a convenção. É nula a estipulação do convênio coletivo que estabeleça cláusulas semelhantes. O art. 2º da referida norma veda a cobrança de contribuições sindicais que sejam descontadas nos salários. O § 2º da citada regra teve nova redação em 1954, autorizando, mediante acordo individual expresso entre empregado e empregador, o desconto no salário do primeiro das contribuições que este entender destinar ao sindicato de sua escolha.

---

19 Idem, ibidem, p. 246-247.

20 Idem, ibidem, p. 251.

4.2.5 *Canadá*

O Tribunal Civil de Quebec, em 1950, declarou ilegal a cláusula *agency shop* relativa a um estabelecimento do Departamento de Quebec, uma vez que o Código Civil desta cidade especificava claramente que as partes, de modo nenhum, poderiam firmar um contrato comprometendo um terceiro e contra sua oposição, concluindo que deveria haver a prova do consentimento para o desconto do valor devido ao sindicato[21]. Outras decisões dos comitês de conciliação vieram a confirmar a orientação anterior. Em julho de 1951 houve um caso denominado "Sloan Formula" em que ficou disposto, em compensação à cláusula *agency shop*, que todos os empregados submetidos à obrigatória cláusula *checkoff* teriam o direito de votar nas eleições dos delegados sindicais locais. A outra decisão, no caso denominado "Fournier Formula", não estabelecia a qualidade de afiliado sindical como condição de emprego; dispunha apenas que o empregador podia contratar um trabalhador não filiado ao sindicato quando o obreiro se recusasse a pagar as quotas ao sindicato, havendo um abono de tais quotas[22].

4.2.6 *Colômbia*

O art. 400 do Código Substantivo de Trabalho dispõe que toda associação sindical de trabalhadores tem o direito de solicitar que os empregadores descontem dos salários dos trabalhadores sindicalizados as contribuições ordinárias ou extraordinárias por eles devidas. Os não sindicalizados não estão obrigados ao pagamento de tais contribuições ordinárias ou extraordinárias.

O art. 39 do Decreto n. 2.351, de 1965, versa sobre a *cuota por beneficio de la convención*. Se o sindicato tem apenas um terço ou menos do número total de trabalhadores da empresa, os não sócios que se beneficiarem da convenção devem pagar ao sindicato, durante sua vigência, metade da quota ordinária com que contribuem os filiados ao sindicato (§ 1º). Tendo o sindicato mais de um terço dos trabalhadores da empresa, os

---

21 JONES, N. E. The agency shop. *Labor Law Jornal*, p. 786, nov. 1959.

22 JONES, N. E. Op. cit., p. 786.

trabalhadores não sindicalizados deverão pagar ao sindicato valor igual à quota ordinária com que contribuem os filiados ao sindicato, salvo se o trabalhador não sindicalizado renunciar expressamente aos benefícios da convenção. Para que a convenção possa, portanto, ser aplicada ao não sindicalizado, é necessário que este pague a cota, devendo manifestar-se por escrito à empresa no sentido de beneficiar-se da convenção. O mesmo ocorre se a empresa resolve estender a todos os empregados, sejam sindicalizados ou não, os benefícios da convenção. Nesse caso, mesmo não sendo sindicalizado, o empregador pode descontar metade da quota ordinária do salário e a deixará à disposição do sindicato. Ainda assim, o trabalhador poderá renunciar aos benefícios da convenção, caso em que a retenção não poderá ser efetuada[23].

4.2.7 *Cuba*

O sindicato sobrevive economicamente em Cuba por meio de contribuição sindical, que acaba sendo obrigatória, pois a filiação sindical é compulsória. Corresponde, em média, a 1% do salário do trabalhador, variando entre 0,5% a 4 ou 5% do rendimento do trabalhador. A base de cálculo é feita sobre o salário básico e em relação a outros pagamentos que o trabalhador possa receber decorrentes de condições anormais ou até por antiguidade. A Central de Trabalhadores de Cuba também repassa as contribuições correspondentes às Milícias das Tropas Territoriais. O filiado tem obrigação não só de pagar a quota sindical, mas também de assistir as reuniões sindicais[24].

4.2.8 *Espanha*

Os recursos para a atividade financeira do sindicato são vários na Espanha, provindo tanto do setor público como do setor privado. São recursos de origem pública: subvenções por número de delegados com

[23] CAMPOS RIVERA, Domingo. *Derecho laboral colombiano*. Bogotá: Temis, 1978, p. 320-321.

[24] CÓRDOVA, Éfren. *O trabalho no mundo socialista de Cuba*. São Paulo: LTr, 1993, p. 277-278.

cargo dos pressupostos gerais do Estado; subvenções por participação institucional; subvenções para programas e formação profissional; utilização de recursos provenientes do patrimônio sindical acumulado e indenizações pelo patrimônio sindical histórico. Os recursos de origem privada são: créditos horários para atividade sindical, que são horas mensais retribuídas como laboradas; *canon de negociación*, estabelecido em alguns convênios coletivos como compensação com os gastos de negociação, que foi polêmico em sua implantação e pouco utilizado; quotas dos filiados ao sindicato; benefícios por atividades de gestão patrimonial, destacando-se a participação em promoções imobiliárias e em planos e fundos de pensão em desenvolvimento; ingressos por serviços de assistência jurídica de programas de férias etc.[25].

O art. 11 da Lei Orgânica de Liberdade Sindical (LOLS), de 2-8-1985, distingue o "cânon econômico" da quota sindical, sendo que esta última diz respeito aos filiados ao sindicato e a primeira aos associados ou não do sindicato. Montoya Melgar afirma que os recursos financeiros regulares dos sindicatos são constituídos pelas quotas sindicais a cargo dos filiados e os descontos são devidos em decorrência da filiação, podendo ser efetuados no salário do trabalhador com sua concordância[26].

O § 1º do art. 11 da LOLS estabelece que as convenções coletivas de trabalho poderão conter cláusulas fixando um cânon econômico e regulamentando as modalidades de seu pagamento.

Canon de negociación é uma contribuição estabelecida para suportar os gastos da negociação coletiva, isto é, despesas ocasionadas pela própria negociação e em razão de sua aplicação. Decorre de dados públicos, do custo da representação sindical, sendo fixado na negociação coletiva. O art. 11.1 da LOLS condiciona a exigibilidade do *canon* a que o trabalhador preste por escrito sua aquiescência com o valor pago, na forma e nos prazos especificados na negociação coletiva, indicando que

---

25 ZAPATERO RANZ, José Antonio. Sindicalismo y evolución: una perspectiva española. In: HECKSEHER, Charles C. *El nuevo sindicalismo:* la participation del trabajador en la empresa em transformación. Madri: Ministério de Trabajo y Seguridad Social, 1993, p. 37-38.

26 MONTOYA MELGAR, Alfredo. *Derecho del trabajo*. 10. ed. Madri: Tecnos, 1989, p. 144.

os prazos, portanto, serão posteriores à elaboração do convênio coletivo. Em 29-7-1985 o Tribunal Constitucional julgou – anteriormente à vigência da LOLS – que o silêncio do trabalhador não pode ser interpretado como aquiescência para o desconto[27]. Mais recentemente o entendimento é de que não se pode presumir essa vontade, mas, ao contrário, entender que o trabalhador não concorda com o desconto[28]. O § 2º do art. 11 da LOLS determina que o empresário efetuará o desconto da quota sindical nos salários, recolhendo-a ao sindicato, mediante prévia concordância do associado. O desconto do § 2º do art. 11 da LOLS tem origem na cláusula *checkoff* do direito anglo-saxão. O § 1º do art. 11 da LOLS emprega o termo *canon económico*, utilizado também como sinônimo de quota de solidariedade por negociação, quota por negociação coletiva, cânon de negociação etc. O desconto geralmente é feito no primeiro mês seguinte ao da celebração da convenção coletiva. Tem por finalidade a contribuição custear os gastos incorridos pelo sindicato na negociação coletiva.

Estudo da OIT, analisando o sistema espanhol, informa que as contribuições de solidariedade não obrigam o trabalhador a filiar-se à organização sindical, apenas há exigência de que pague o *canon de negociación colectiva*, pois é beneficiário das vantagens do convênio coletivo. A Comissão de Peritos do Comitê de Liberdade Sindical da OIT entende, com base nas Convenções n. 87 e 98, não ser possível considerar que tais instrumentos autorizem ou proíbam as cláusulas de seguridade sindical livremente acordadas entre as partes. Mostra a Comissão não ser possível impor uma contribuição, mas apenas, como o faz a lei, referendar o que foi disposto na norma coletiva. Mesmo quando a lei prevê a dedução do salário de uma quota de solidariedade, o Comitê julga não haver contradição com o princípio da liberdade sindical, desde que o montante da contribuição seja razoável. Verifica-se que o direito do trabalhador de não pagar a contribuição, desde que solicitado formalmente, favorece os sindicatos mais poderosos, que têm maior número de convênios coletivos, em detrimento dos menos atuantes[29].

---

27 MONTOYA MELGAR, Alfredo. Op. cit., p. 145.

28 PALOMEQUE LOPEZ, Manuel Carlos. *Derecho sindical español*. Madri: Tecnos, 1986, p. 275.

29 OIT. *Situación sindical y relaciones laborales en España*. Genebra: OIT,

Nota-se que, na prática, a função do cânon de negociação não é apenas de proporcionar aos não associados os benefícios da convenção coletiva, pois muitas vezes esta reduz salários ou suprime vantagens conquistadas anteriormente pela categoria. Afirma Manuel Pérez Pérez que "não se pode ligar a sorte do **canon por negociación** aos efeitos decorrentes da convenção coletiva"[30]. Assevera, ainda, Pérez Pérez que:

> não se trata, pois, de, por meio do "canon" por negociação, pagar o preço justo em contraprestação às vantagens obtidas, inicialmente reservadas aos associados, como se estivéssemos diante de um vulgar contrato de compra e venda[31].

Daí o mais correto seria falar que o pagamento do cânon decorreria da negociação coletiva e da administração do convênio coletivo.

Não poderá, porém, o *canon* ser descontado do trabalhador contra sua vontade, a qual deverá ser declarada por escrito na forma e prazos fixados pela negociação[32]. Assim, verifica-se que o trabalhador pode negar-se por escrito a pagar a contribuição. O mesmo ocorre em outros países, como na Suíça, na Colômbia e nas Filipinas[33].

A jurisprudência tem exigido que a quantia descontada a título de contribuição de solidariedade seja equitativa quanto aos gastos decorrentes da negociação coletiva. Não pode ser excessiva, devendo observar as regras de comutatividade e onerosidade. Seu montante deve ser distribuído de maneira justa entre os trabalhadores atingidos. O *quantum* do cânon não pode ultrapassar o valor da quota associativa, pois considera-se que os serviços prestados pelo sindicato a seus associados são mais caros do que as despesas geradas pela negociação coletiva[34].

1985, p. 36-37.

30 PÉREZ PÉREZ, Manuel. Op. cit., p. 320.

31 Idem, p. 320.

32 CÓRDOVA, Efrén. *A organização sindical brasileira e a Convenção n. 87 da OIT*. São Paulo: Ibrart, 1985, p. 38.

33 CÓRDOVA, Efrén. Op. cit., p. 38.

34 PALOMEQUE LOPEZ, Manuel Carlos. Op. cit., p. 274-276; PEREZ PEREZ, Manuel. Op. cit., p. 306-307.

O art. 11.2 da LOLS estabelece que o empresário procederá ao desconto da quota sindical sobre os salários do empregado, com autorização prévia do obreiro, transferindo a respectiva importância, a requerimento do sindicato do trabalhador sindicalizado. É, assim, um direito do sindicato, condicionado à prévia autorização do empregado. Feita a autorização pelo obreiro, passa a ser uma obrigação da empresa, colocando à disposição do sindicato do trabalhador a importância descontada.

4.2.9 Estados Unidos

O Wagner Act (National Labor Relations Act), de 1935, permitiu a negociação de disposições do tipo da cláusula *agency shop* nos convênios coletivos, que diz respeito apenas à obrigatoriedade de contribuição ao sindicato, porém não à de filiação. Na década de 1940, os sindicatos passam a incluir cláusulas nos convênios coletivos, obrigando os *free riders* (não associados) a contribuir para os gastos comuns gerados pela negociação coletiva. Mesmo assim, o Comitê de Liberdade Sindical entendeu que a Convenção n. 98 da OIT não proíbe nem autoriza a referida cláusula[35].

O Taft-Hartley Act (Labor Management Relations Act), de 1947, proibiu a cláusula *union shop* (que impõe a filiação ao sindicato como condição à continuidade do emprego). Os Estados que adotam o direito ao trabalho (*right to work*) passaram a impor a cláusula *agency shop*, exigindo a contribuição pela negociação coletiva, de forma a compensar a proibição da *union shop*. O Taft-Hartley Act determina, ainda, o desconto da contribuição sindical no salário dos funcionários, desde que haja autorização escrita destes. A Lei Taft-Hartley proibiu que os sindicatos fixassem discriminatoriamente o preço das taxas de ingresso, o que foi revogado pela Lei Landrum-Griffin, de 1959, a qual determinou que os estatutos dos sindicatos incluíssem informações sobre a taxa de iniciação e dívidas regulares de filiação ou sobre quotas e outros pagamentos periódicos.

Permite-se, portanto, nos Estados Unidos que o trabalhador não filiado a sindicato possa ser admitido ou continuar no emprego, tendo

[35] RECOMPLILACIÓN de decisiones del comité de libertad sindical del consejo de administración da OIT. Genebra: OIT, 1976, n. 39, p. 19.

apenas de pagar ao sindicato as *initiation fees and periodic dues* (taxas de iniciação e dívidas periódicas). Tais pagamentos não poderão, porém, ser discriminatórios ou excessivos, inclusive no que diz respeito às contribuições devidas em decorrência da negociação coletiva que forem descontadas pelo empregador nos salários dos obreiros, sistema que tem o nome de *checkoff*, mas condicionadas à prévia autorização escrita dos trabalhadores[36]. Quando das campanhas sindicais para arregimentar novos associados (*organizing drives*), os novos membros ficam dispensados das taxas de iniciação (*initiation fees*) normalmente exigidas.

4.2.10 França

Na França, há um pagamento anual de funcionamento administrativo (L. 434-8) que atinge 0,2% da remessa salarial bruta anual, compreendendo salários e prêmios, com exceção dos encargos sociais patronais e reembolsos de despesas. A contribuição pode ser paga várias vezes, desde que não prejudique o funcionamento normal do Comitê de Empresa. O chefe de empresa que ajuda diretamente o Comitê de Empresa não paga a contribuição. Geralmente a maior parte das contribuições é de origem patronal, embora sejam permitidas contribuições facultativas do pessoal, subvenções das coletividades públicas ou dos sindicatos, rendas de bens móveis ou imóveis do Comitê de Empresa (R. 432-11). A subvenção anual é calculada tomando-se a data de início das atividades do Comitê de Empresa. Leva-se em consideração aqueles meses em que ocorreram as despesas mais altas, calculando-se a relação entre estas despesas que foram desembolsadas durante o mesmo período e o montante total dos assalariados. A contribuição patronal não pode ser inferior ao total das despesas sociais efetuadas no decorrer do ano de referência, nem ao porcentual já definido entre despesas desembolsadas no decorrer do mesmo ano e o montante de assalariados. A *Cour de Cassation* já decidiu que o cálculo deve ser feito sobre um porcentual global para a empresa e não separadamente em relação a cada estabelecimento[37].

---

36 TAYLOR, Benjamin J.; WITNEY, Fred. *Labor relations law*. New Jersey: Prentice Hall, 1971, p. 320-338.

37 JAVILLIER, Jean Claude. *Manual de direito do trabalho*. São Paulo: LTr, 1988, p. 186-187.

A contribuição devida ao sindicato é o meio financeiro essencial da agremiação, inclusive para sua própria subsistência, constituindo-se numa das obrigações mais importantes para o associado. Pode-se exigir a contribuição na Justiça, ficando a pessoa sujeita a sanções diversas, como suspensão, inelegibilidade e expulsão do sindicato. A contribuição, em geral, é prevista nos estatutos do sindicato. O persistente atraso no pagamento da contribuição é causa de exclusão do associado do sindicato e até de expulsão[38]. Isso mostra que a contribuição só pode ser exigida do associado ao sindicato, que seria aquele passível de suspensão, expulsão e de não poder ser eleito dirigente sindical, isto é, a pessoa que está obrigada a cumprir o disposto no estatuto do sindicato. Geralmente o pagamento é mensal, mas os estatutos podem prever outra forma de pagamento. A suspensão do associado no sindicato dispensa o pagamento das contribuições no período correspondente[39].

O Código de Trabalho francês prevê que a coleta das contribuições sindicais pode ser feita no interior da empresa (art. L2142-2). Há vedação ao empregador de descontar no salário de seus empregados (associados ou não do sindicato) contribuições sindicais, bem como de pagá-las em nome dos obreiros. Tal disposição é de ordem pública, proibindo o desconto da contribuição devida ao sindicato mesmo havendo previsão em norma coletiva. Gérard Couturier entende que tais descontos violam o princípio da liberdade sindical, inclusive da autonomia sindical[40].

Há cláusulas nas convenções coletivas em que o próprio empregador deve recolher as quotizações dos membros do sindicato, a fim de evitar as dificuldades de cobrança, que poderiam ser feitas pelos delegados sindicais. Os trabalhadores fazem forte oposição a este sistema, que consideram uma prática antidemocrática, que os priva de um meio de pressão eficaz sobre suas responsabilidades sindicais. Na prática, a retenção acaba sendo feita como meio de comodidade e economia de tempo para a gestão do sindi-

---

38 VERDIER, Jean Maurice. *Droit du travail 5:* syndicats et droit syndical, liberté structures action. Paris: Dalloz, 1987, v. 1, p. 358.

39 VERDIER, Jean Maurice. Op. cit., p. 358.

40 COUTURIER, Gérard. *Droit du travail:* les relations collectives de travail. 2. ed. Paris: PUF, 1993, p. 318-319.

cato[41]. Reconhece, contudo, Jean Maurice Verdier que a retenção obrigatória e automática afeta, direta ou indiretamente, a liberdade de escolha do trabalhador[42].

4.2.11 *Itália*

Na Itália, o patrão pagava um dia de trabalho por empregado a seu serviço e os empregados um dia de trabalho, a título de contribuição sindical, conforme o art. 5, 2ª al, da Lei n. 563, de 3-4-1926.

Estabelecia a declaração III da Carta del Lavoro que:

> a associação sindical ou profissional é livre. Somente o sindicato legalmente reconhecido e posto sob o controle do Estado tem o direito de representar legalmente toda a categoria dos empregadores ou dos trabalhadores, para os quais é constituído; de defender-lhes os interesses perante o Estado e as outras associações profissionais; de estipular contratos coletivos de trabalho obrigatórios para todos os pertencentes à categoria; de impor-lhes contribuições sindicais e de exercer em relação a eles funções delegadas de interesses públicos.

Verificava-se a possibilidade que os sindicatos já tinham de impor contribuições, dando origem à contribuição sindical. No regime corporativista a contribuição arrecadada pelo sindicato era obrigatória, recaindo sobre o trabalhador. Tinha natureza de imposto, independendo da filiação ao sindicato, sendo que o trabalhador era obrigado a contribuir por pertencer a determinada categoria, como ocorre no sistema brasileiro.

No sistema atual, a contribuição é devida pelos trabalhadores aos sindicatos em razão da livre possibilidade de associação. O trabalhador paga a contribuição pelo fato de se associar e cumprir as determinações estatutárias.

No passado, a contribuição era cobrada pelos chamados "coletores de empresa", espécie de colaboradores do sindicato no local de trabalho. Hoje, as contribuições do sindicato são cobradas por meio de desconto

---

41 VERDIER, Jean Maurice. Op. cit., p. 430.

42 VERDIER, Jean Maurice. Op. cit., p. 431.

direto no salário, realizado pelo empregador, em decorrência do contrato coletivo.

O Estatuto dos Direitos dos Trabalhadores, Lei n. 300, de 20-5-1970, trata das contribuições sindicais no art. 26. O primeiro parágrafo do art. 26 estabelece que os trabalhadores têm direito de recolher contribuições e desenvolver atividades visando angariar novos sócios para suas organizações sindicais, no interior dos locais de trabalho, sem prejudicar o andamento das atividades da empresa. Esta disposição decorre da liberdade de opinião do trabalhador dentro do local de trabalho, conforme o art. 1º do Estatuto, e também do art. 14, em que é possível a realização de atividade sindical no local de trabalho. O segundo parágrafo do artigo em comentário determina que as associações sindicais de trabalhadores têm o direito de receber, por meio do desconto em folha de pagamento, as contribuições sindicais dos trabalhadores, mediante as modalidades estabelecidas pelos contratos coletivos de trabalho que garantam o segredo em relação à quantia destinada pelo trabalhador a cada associação sindical. Essa disposição decorreu de muitos contratos coletivos realizados nos anos 1960 que passaram a adotar tal sistema[43].

Gino Giugni ensina que essa autorização para o desconto pode ser equiparada à delegação de pagamento prevista no art. 1.269 do Código Civil, em que o empregador (delegado/procurador), com a expressa delegação do trabalhador (devedor/delegante), deposita no sindicato credor (delegatário) a importância relativa à retribuição[44]. Isso mostra que o desconto das contribuições sindicais feitas pelo empregador só poderá ocorrer se houver prévia e expressa autorização do trabalhador. Reza, ainda, o § 3º do art. 26 que nas empresas em que a relação de trabalho não estiver regulada pelos contratos coletivos de trabalho, o trabalhador tem o direito de pedir o desconto em folha de pagamento da contribuição sindical para a associação que indicar.

Ensina Tiziano Treu que o art. 26 contém duas partes: a primeira, em que o trabalhador indica o sindicato beneficiário da contribuição e sua remessa ao sindicato escolhido; e a segunda, que contém a delegação e

---

[43] GIUGNI, Gino. *Direito sindical*. São Paulo: LTr, 1991, p. 84.

[44] GIUGNI, Gino. Op. cit., p. 84.

indicação do sindicato que tem direito a contribuição e a remessa pela empresa[45].

Gino Giugni leciona que o art. 26 alude apenas a contribuições associativas, em virtude da condição de sócio e para cumprimento das disposições estatutárias e das deliberações dos órgãos sociais, sendo que a primeira alínea trata da cobrança direta das contribuições e as demais dispõem sobre a cobrança mediante desconto no salário[46].

Domenico Napoletano tem ponto de vista oposto, entendendo que o art. 26 se aplica a dois tipos diversos de contribuições: a primeira alínea trata de contribuições espontâneas e ocasionais, que os trabalhadores podem arrecadar para o sindicato que entenderem de se filiar e a segunda e a terceira alíneas versam sobre a cobrança das contribuições associativas, aquelas previstas nos estatutos do sindicato, mediante quotas fixas e periódicas, decorrentes do fato de a pessoa se filiar voluntariamente ao órgão sindical[47]. Os contratos coletivos de trabalho podem, porém, prever as quotas sindicais de serviço ou quotas de serviço sindical ou quotas de assistência contratual, provenientes do fato de o sindicato desenvolver atividades em favor de todos os trabalhadores da categoria representada, associados ou não.

Luisa Riva Sanseverino entende válida a cobrança das referidas quotas de todos os trabalhadores interessados, fundamentando seu ponto de vista na teoria da gestão de negócios[48].

Renato Scognamiglio pensa de forma diferente, dizendo que há nulidade das cláusulas dos contratos coletivos que estabelecem o desconto generalizado sobre os associados e não associados, pois o direito dos sindicatos de receber as contribuições deve ser exercitado com a declara-

---

45 CARINCI, Franco, TAMAJO, Raffaele De Luca, TOSI, Paolo, TREU, Tiziano. *Il sistema giuridico italiano:* diritto del lavoro – i diritto sindacali. 3. ed. Turim: UTET, 1991, p. 174.

46 GIUGNI, Gino. Op. cit., p. 83-84.

47 NAPOLETANO, Domenico. *Lo statuto dei lavoratori.* Nápoles: Liguori, 1971, p 109-110.

48 SANSEVERINO, Luisa Riva. *Diritto sindacale*. 3. ed. Turim: Utet, 1976, p. 165.

ção de vontade dos trabalhadores, dirigida diretamente ou por intermédio do sindicato ao empregador, tornando, assim, inadmissível a cobrança por meio de desconto no salário, ainda que ressalvadas as manifestações individuais em oposição ao referido desconto[49], que parece ser realmente a posição mais correta. Dessa forma, pode-se dizer que o desconto só pode ser feito se o empregado se manifestar expressamente quanto a sua concordância.

A Lei n. 311, de 4-6-1973, que trata da extensão dos serviços de recolhimento das contribuições associativas por meio das entidades previdenciárias, estabelece em artigo único que o Instituto Nacional de Seguro das Doenças e o Instituto Nacional de Seguros dos Acidentes de Trabalho podem ser autorizados pelo Ministro do Trabalho e da Previdência Social, a pedido das associações sindicais de caráter nacional, a assumir o serviço não só de arrecadação das contribuições sindicais associativas devidas pelos inscritos, como também das contribuições para a assistência contratual que forem estabelecidas pelo contrato de trabalho.

As relações entre os institutos anteriormente mencionados e as organizações sindicais serão reguladas por convenções, aprovadas pelo Ministério do Trabalho e da Previdência Social, a fim de assegurar que o serviço de arrecadação não prejudique o cumprimento das tarefas inerentes ao instituto, desde que as despesas para a realização do serviço sejam reembolsadas e que os mesmos institutos fiquem isentos de quaisquer responsabilidades em relação a outros derivantes, relacionados com a aplicação das convenções. Nos casos em que a arrecadação das contribuições for feita por listas arrecadadoras, aplicam as disposições relativas à cobrança dos impostos diretos.

A alínea *a* do art. 15 do Estatuto dos Trabalhadores estabelece que:

> é nulo qualquer pacto ou ato destinado a: a) subordinar o emprego de um trabalhador à condição de que adira ou deixe de aderir a uma associação sindical, ou, então, que deixe de dela participar.

---

[49] SCOGNAMIGLIO, Renato. *Diritto del lavoro*. Nápoles: Dott Eugenio Jovene, 1990, p. 369.

Ghezzi e Romagnoli entendem que a referida norma tornou ilegítima não apenas a *closed shop*, mas também a *union shop* e a *agency shop*"[50].

Decorre do art. 26 do Estatuto que os contratos coletivos regulamentadores da matéria das contribuições estabeleçam o sigilo do depósito, de modo que o empregador não venha a conhecer qual a associação sindical beneficiária da contribuição de seus trabalhadores. É o contrato coletivo que vai especificar como o exercício do direito de reter a contribuição do sindicato vai ser exercitado[51]. Essa orientação também advém do art. 15, que proíbe atos discriminatórios, e do art. 8º, que veda ao empregador investigar as opiniões até mesmo sindicais do trabalhador[52]. Nos casos em que não há regulamentação coletiva na empresa, o sigilo sobre o depósito não é exigido, tendo o trabalhador o direito de requerer ao empregador para proceder ao desconto em nome da entidade que indicar, mediante depósito da contribuição.

O art. 37 do Estatuto dos Trabalhadores estabelece que suas regras e, por conseguinte, as relativas às contribuições sindicais, terão aplicação às relações de trabalho e de emprego dos empregados de órgãos públicos que exercem exclusiva ou prevalentemente atividades econômicas.

4.2.12 México

A Ley Federal del Trabajo de 1970 estabelece no inciso XXII do art. 132 que o empregador deve efetuar o desconto das quotas sindicais ordinárias previstas nos estatutos das agremiações. Ensina Mario de La Cueva que pretendia-se excluir o qualificativo "ordinário" da lei, porém tal proposta foi recusada, pois "as chamadas quotas extraordinárias têm sido uma fonte permanente de abusos"[53].

---

[50] GHEZZI, Giorgio, ROMAGNOLI, Umberto. *Il diritto sindacale*. Bologna: Zanichelli, 1982, p. 48-49.

[51] PERA, Giuseppe, ASSANTI, Cecilia. *Commento allo statuto dei diritti dei lavoratori*. Pádua: Cedam, 1972, p. 289-290.

[52] GIUGNI, Gino. Op. cit., p. 84.

[53] LA CUEVA, Mario de. *El nuevo derecho mexicano del trabajo*. 2. ed. México: Porrúa, 1974, p. 350.

4.2.13 *Nova Zelândia*

Houve na Nova Zelândia algumas modificações quanto à forma de solução das questões trabalhistas. O Ato de 1991, cuja vigência se deu a partir de 2-5-1991, modificou o sistema anterior de arbitragem compulsória, passando-se a adotar contratos coletivos e individuais em nível de empresa. Os trabalhadores têm o direito de se associar ou não aos sindicatos[54]. Os empregados não têm de pagar contribuições aos sindicatos quando deles se retiram[55].

4.2.14 *Portugal*

No regime corporativo português, havia a possibilidade de, por despacho ministerial, tornar-se obrigatório o pagamento de quotizações para um sindicato por todos os membros da categoria representada, havendo ou não filiação da pessoa. O Decreto-Lei n. 30, de 1-2-1974, restringiu a obrigatoriedade da quotização aos casos em que "as circunstâncias aconselharem", passando os despachos a ter prazo de vigência, renovável ou não. O Decreto-Lei n. 329, de 10-6-1974, revogou o Decreto-Lei n. 30/74 por intermédio do art. 1º, "mantendo-se em vigor toda a legislação anterior sobre a matéria, bem como os despachos de quotização obrigatória atualmente existentes". Apenas por meio da Lei Sindical de 1975 foi revogada a legislação "que vincula os trabalhadores não sindicalizados ao pagamento obrigatório de quotas" (art. 53). Os empregados sindicalizados tinham que contribuir com a quotização independentemente da vontade de cada trabalhador, havendo retenção na fonte, "salvo se as associações sindicais deliberarem diversamente" (art. 21, n. 1). O Decreto-Lei n. 841-B, de 7-12-1976, reafirmou a desnecessidade da obrigatoriedade de quotização dos não inscritos no sindicato, passando a ser a cobrança de competência das associações sindicais, deixando de existir a arrecadação na fonte. Por fim, a questão foi regulada pela Lei n. 57, de 5-8-1977. Monteiro Fernandes afirma que "a atitude tutelar assumida pela

---

54 PASTORE, José. *Flexibilização dos mercados de trabalho e contratação coletiva*. São Paulo: LTr, 1994, p. 120-121 e 172.

55 PASTORE, José. Op. cit., p. 127.

lei no concernente às quotizações sindicais é frequentemente apresentada como uma das causas da elevada taxa de sindicalização estimada entre nós"[56].

O sistema de cobrança de quotizações sindicais é estabelecido pelo art. 1º, 1, da Lei n. 57/77, que prevê que a matéria pode ser regulada por "acordo entre as associações patronais ou entidades que tenham poderes idênticos e as associações sindicais". Deverá haver uma declaração individual de autorização do desconto das quotizações nos salários de cada empregado, se este for o sistema acordado (art. 2º). Antonio Menezes Cordeiro afirma que se trata de limitação adstritiva do conteúdo obrigacional da convenção coletiva de trabalho[57].

É lícito qualquer sistema de cobrança que atente contra direitos, liberdades e garantias, individuais ou coletivas, previstos na Constituição.

Nenhum trabalhador pode ser obrigado a pagar quotas para sindicato em que não esteja inscrito.

A declaração referente à autorização de desconto pode ser feita a todo o tempo e conterá o nome e a assinatura do trabalhador, o sindicato em que está inscrito e o valor da quota estatutariamente estabelecido, mantendo-se em vigor para futuros instrumentos de regulamentação coletiva, se, entretanto, o trabalhador não a tiver revogado. A declaração de autorização de desconto nos salários só pode ser revogada três meses após sua entrega, por meio de nova declaração escrita. A declaração de autorização e a de revogação só produzem efeitos no mês seguinte ao de sua entrega.

Para o trabalhador que esteja abrangido pelo sistema de desconto, a declaração não pode, ao abrigo de qualquer norma, obrigá-lo ao pagamento de quaisquer outras quotas ou indenizações, ou provocar-lhe quaisquer sanções que de qualquer modo atinjam seu direito ao trabalho, as quais são consideradas nulas e de nenhum efeito.

A falta de pagamento das quotas não prejudica a passagem de carteiras profissionais ou de quaisquer outros documentos essenciais à ativi-

---

56 FERNANDES, Antônio de Lemos Monteiro. *Direito do trabalho – II:* relações coletivas de trabalho. 3. ed. Coimbra: Almedina, 1991, p. 160.

57 CORDEIRO, Antonio Menezes. *Manual de direito do trabalho*. Coimbra: Almedina, 1991, p. 282.

dade profissional do trabalhador, quando a passagem desses documentos seja da competência dos sindicatos.

O trabalhador não pode ser obrigado a pagar quotas para associação sindical em que não esteja inscrito (art. 457, 1, do Código do Trabalho). A cobrança e a entrega de quotas sindicais pelo empregador não podem implicar para o trabalhador qualquer discriminação, nem o pagamento de despesas não previstas na lei ou limitar de qualquer modo a sua liberdade de trabalho (2). O empregador pode proceder ao tratamento informático de dados pessoais dos trabalhadores referentes a filiação sindical, desde que, nos termos da lei, sejam exclusivamente utilizados para cobrança e entrega de quotas sindicais (3).

O empregador só poderá fazer a cobrança das chamadas quotas sindicais mediante autorização expressa do trabalhador a ele dirigida (art. 458, 1).

4.2.15 Reino Unido

Constata-se no Reino Unido a possibilidade de uma parte dos fundos do sindicato ser destinada a finalidades políticas. O Trade Union Act, de 1913, mostra a possibilidade da constituição de fundos políticos, com a condição de que a norma estatutária seja aprovada pela maioria dos associados, com base em votação secreta. Aos membros dissidentes fica assegurada a possibilidade de oposição ao recolhimento da quota associativa correspondente à referida contribuição. Essa possibilidade deve ser exercitada dentro do mês de conhecimento da disciplina estatutária e pode ser renovada a cada ano sucessivo. Não pode, porém, haver qualquer discriminação do associado que optou por não recolher a contribuição política[58].

A Industrial Relations Act, de 1971, autorizou os sindicatos a negociar cláusulas *agency shop*. Teve essa legislação por objetivo proteger o trabalhador, considerando-o individualmente em relação ao sindicato.

A Trade Union and Labour Relations Act, de 1974, com o complemento do ato de 1976, praticamente restabeleceu a validade das cláusulas

---

[58] PAPALEONI, Marco. *Il diritto del lavoro dei paesi a "common law"*. Pádua: Cedam, 1982, t. 2, p. 45.

closed shop (consistente na exigência de filiação ao sindicato como condição de emprego), afastando as limitações introduzidas em 1971.

Os Employment Acts, de 1980 e 1982, restabeleceram a liberdade sindical negativa, permitindo a cláusula *agency shop*, mas esta encontra óbices na lei, que determina votação secreta com participação de todos os trabalhadores afetados, com necessidade de aprovação de 85% dos votantes[59].

O *shop steward*, que é o representante dos trabalhadores no local de trabalho, sendo ou não sindicalizado, fica incumbido de coletar as contribuições devidas ao sindicato no ambiente de trabalho.

4.2.16 Suíça

Houve dois casos julgando questões relativas a descontos de quotas sindicais na Suíça. No primeiro, de 1948, entre Schweizerischer Textil – und Fabrikarbeiter-verband e Societé de la Viscose Suisse S.A., o Tribunal Federal decidiu que se um *Aussenseiter* (correspondente ao não associado do sindicato, o que fica do lado de fora do sindicato) teria de pagar uma contribuição tão elevada como as contribuições pagas pelos membros do sindicato negociador, porém não mais, sua carga financeira não seria tão dura como para compelir-se a afiliar-se ao sindicato contratante. O segundo caso foi entre Müller und Landesverband Freier Schweizer Arbeiter e Zürcher Autogewerbeverband und Schweizerischer Metall – und Uhrenarbeiterverband, em que o Tribunal não só admitiu a licitude das contribuições de solidariedade, julgando também de forma hipotética a *closed shop* que seria ilegal para um sindicato compelir o empregador a empregar apenas seus filiados. Um sindicato podia alcançar um acordo mediante o qual o empregador se obrigava a contratar somente os membros do sindicato e os trabalhadores que aderissem ao convênio coletivo, assim como os não associados pagariam contribuições de solidariedade[60].

---

59 PAPALEONI, Marco. Op. cit., p. 79-82.

60 PEREZ PEREZ, Manuel. El descuento por el empresario del canon por negociación y de la cuota sindical. In: *Comentarios a la ley de liberdad sindical*. Madri: Tecnos, 1986, p. 297.

A lei sobre declaração de extensão da convenção coletiva de trabalho, de 28-9-1956, deu nova redação aos arts. 356 e s. do Código de Obrigações. Foram proibidas as cláusulas forçadas de sindicalização, como a *closed shop* (art. 356, *a*, § 1º). A lei admitiu, contudo, a obrigação do pagamento de uma contribuição de solidariedade (*Solidaritätsbeitrag*), que é chamada de contribuição dos não sindicalizados. O pagamento da contribuição de solidariedade permite que o empregado se beneficie das vantagens da convenção coletiva de trabalho, em decorrência das negociações empreendidas pelo sindicato. As contribuições, porém, não podem ser excessivas, de maneira que o não sindicalizado não seja obrigado a se filiar ao sindicato. Os sindicatos também não podem ter lucros com tais contribuições, mas apenas custear as despesas com a aplicação e a execução do convênio coletivo. Estabelecendo a convenção condições discriminatórias ou contribuições abusivas, o juiz pode anulá-las ou reduzi-las a justos limites (art. 356, *b*, § 2º). A contribuição de solidariedade não pode ser exigida dos associados ao sindicato, pois do contrário haveria dupla contribuição.

O § 3º do art. 322 *bis* do Código de Obrigações estabelece que as contribuições de solidariedade não podem ser cobradas pelo sindicato negociador dos membros de outro sindicato, se este último não teve a oportunidade de aderir ao convênio coletivo original ou de concertar um convênio similar.

Parte II

Contribuição Sindical

5
Contribuição Sindical

5.1 Denominação

Na Itália empregava-se a denominação *contributo sindacale*.

A atual *contribuição sindical* corresponde à antiga nomenclatura *imposto sindical*, apenas tendo havido mudança em sua denominação.

O Decreto-Lei n. 27, de 14-11-1966, deu nova redação ao inciso I do art. 217 do CTN, alterando a antiga denominação *imposto sindical*. Passou a ser chamada a exação de *contribuição sindical*.

A nomenclatura *imposto* não era adequada, pois apenas parte da arrecadação era destinada ao Estado e o restante era dividido pelo sistema sindical. Logo, era destinada a entidade diversa do Estado, que utilizava a maior parte do valor arrecadado. Na verdade, porém, constituía-se em contribuição, dado seu destino especial: atender os interesses profissionais ou econômicos sindicais, sendo também uma espécie do gênero tributo.

Agora, fala-se em *contribuição sindical*, indicando que sua arrecadação é vinculada a uma finalidade, que é o custeio do sistema sindical, sendo que parte do valor arrecadado será devido ao Estado. Trata-se de contribuição de interesse de categoria profissional e econômica, nos termos do art. 149 da Constituição.

Os arts. 578 a 610 da CLT versaram sobre o tema, com as alterações do Decreto-Lei n. 229/67 e da Lei n. 6.386/76, que corrigiram a denominação. A Constituição de 1988 refere-se, no inciso IV do art. 8º, a uma contribuição prevista em lei, que é justamente a contribuição sindical. Tem, assim, a exação em comentário por fonte a lei.

5.2 Conceito

Contribuição sindical é a prestação pecuniária, voluntária, tendo por finalidade o custeio de atividades essenciais do sindicato e outras previstas em lei.

A contribuição sindical envolve uma obrigação de dar, de pagar. É pecuniária, pois será exigida em dinheiro. Tem natureza voluntária, pois independe de a pessoa ter ou não interesse de contribuir para os sindicatos, porque o vínculo obrigacional decorre da previsão da lei, que determina o recolhimento. De modo geral, a finalidade da arrecadação da contribuição sindical é o custeio das atividades do sindicato, como de assistência médica, jurídica, social, colônia de férias etc., como indica a lei (art. 592 da CLT).

5.3 Distinção

O constituinte pretendeu manter duas contribuições no inciso IV do art. 8º da Lei Maior. Uma, que é prevista em lei, denominada *contribuição sindical*, e outra fixada pela assembleia geral do sindicato (*contribuição confederativa*).

Pretendeu-se extinguir a contribuição sindical por meio das Medidas Provisórias n. 236, 258 e 275, que não foram convertidas em lei. O Congresso Nacional apresentou um Projeto de Lei de Conversão, de n. 58/90, estabelecendo a extinção gradativa da contribuição em comentário, em cinco anos. Este projeto de lei foi aprovado pelo Congresso Nacional, porém foi vetado pelo Presidente da República, estando ainda em vigor os arts. 578 a 610 da CLT.

Não se confunde a contribuição sindical, prevista em lei, com a contribuição confederativa, encontrada no inciso IV do art. 8º da Constituição, pois esta última visa apenas ao custeio do sistema confederativo, sendo fixada pela assembleia geral. A contribuição sindical é fixada em lei (art. 8º, IV). O produto da arrecadação da contribuição sindical está previsto no art. 592 da CLT, sendo aplicada em assistência jurídica, médica, odontológica, cooperativas, creches, colônias de férias etc. A contribuição confederativa destina-se ao custeio do sistema confederativo, tendo natureza privada.

Distingue-se, ainda, a contribuição sindical da contribuição assistencial, pois esta não é prevista em lei, mas em acordos, convenções ou dissídios coletivos. A finalidade da contribuição assistencial é custear as despesas incorridas pelo sindicato nas negociações coletivas, enquanto a contribuição sindical tem por objetivo custear, de um modo geral, as despesas do sistema sindical.

Diferencia-se, também, a contribuição sindical da contribuição associativa ou mensalidade sindical, pois esta é paga apenas pelos sócios do sindicato em razão dessa condição, enquanto a contribuição sindical é devida pela categoria, tanto pelo sócio, como pelo não filiado à agremiação.

5.4 Natureza jurídica

5.4.1 Antes da Lei n. 13.467/2017

Analisar a natureza jurídica de um instituto é procurar enquadrá-lo na categoria a que pertence no ramo do Direito.

É preciso analisar a natureza da contribuição sindical antes e depois da Lei n. 13.467/2017, pois são situações diferentes.

A atual contribuição sindical é o antigo imposto sindical. Como imposto, tinha natureza tributária, como espécie do gênero tributo.

O Decreto-Lei n. 27, de 14-11-1966, acrescentou o art. 217 ao Código Tributário Nacional, mudando a nomenclatura do antigo imposto sindical. Este passou a se chamar *contribuição sindical*, mas a mudança em sua nomenclatura não mudou sua natureza jurídica de tributo, pois o que importa é seu fato gerador, nos termos do art. 4º do CTN.

A natureza jurídica da contribuição sindical era tributária, pois se encaixa na orientação do art. 149 da Constituição, como uma contribuição de interesse das categorias econômicas e profissionais, pois tal comando legal se inclui na Constituição no Capítulo I (Do Sistema Tributário Nacional), do Título VI (Da Tributação e do Orçamento).

Verificando-se a redação do art. 3º do CTN, nota-se que tributo é a prestação pecuniária, compulsória, em moeda ou cujo valor nela se possa exprimir, que não constitua sanção de ato ilícito, instituída em lei e cobrada mediante atividade administrativa plenamente vinculada.

Contribuição sindical é uma prestação pecuniária, por ser exigida em moeda ou valor que nela se possa exprimir.

Era compulsória, pois independia da vontade da pessoa em contribuir para a ocorrência do vínculo jurídico.

É prevista em lei, nos arts. 578 a 610 da CLT e no Decreto-Lei n. 1.166/71.

Não se constituía em sanção de ato ilícito.

Era cobrada mediante atividade administrativa plenamente vinculada, que é o lançamento, feito pelo fiscal do trabalho.

Sendo o fato gerador da contribuição sindical de tributo, persiste sua natureza tributária, dependendo de lei para ser instituída e cobrada, além de ter de respeitar o princípio da anterioridade[1] para sua exigência. Há também necessidade de lei para aumento de alíquota, base de cálculo, criação de novos contribuintes etc.

Foi recepcionado pela Constituição de 1988 o art. 606 da CLT que indica que a contribuição sindical, para ser cobrada judicialmente, necessita de que o Ministério do Trabalho a inscreva como título de dívida, mediante certidão expedida pela referida autoridade, em que o contribuinte é individualizado, indicando-se o débito e designando-se a entidade a favor da qual é recolhida a importância da contribuição sindical, de acordo com o respectivo enquadramento sindical (§ 1º do art. 606 da CLT). O § 2º do art. 606 da CLT demonstra que a cobrança judicial da dívida ativa da contribuição sindical tem os mesmos privilégios gozados pela Fazenda Pública, nos termos da Lei n. 6.830/80, com a única exceção de que não há foro especial para a cobrança da dívida, como ocorre em relação àquela entidade.

Até a Emenda Constitucional n. 1, de 1969, o sindicato exercia função delegada de Poder Público, porém o sindicato não tinha o direito de tributar, que cabe exclusivamente ao Estado. Ensinava Ives Gandra da Silva Martins, na vigência daquela norma, que "o produto da arrecadação

---

1 Art. 150, III, *b*, da Constituição.

constitui, assim, uma dotação estatal às entidades classistas, custeando-lhes parte dos encargos suportados"[2]. Com a arrecadação da contribuição sindical, que é obrigatória e independe de qualquer serviço prestado pelo sindicato, há, porém, um desincentivo à busca de novos sócios, pois o sindicato já assegura uma receita suficiente para sua manutenção.

A contribuição sindical não tem natureza de imposto, pois sua receita está vinculada ao sindicato, enquanto o imposto independe de uma atividade estatal relativa ao contribuinte (art. 16 do CTN).

Não se assemelha a contribuição sindical à taxa (art. 77 do CTN), pois esta decorre de serviços específicos e divisíveis prestados ou postos à disposição do contribuinte, sendo que, no caso, não há serviços prestados pelo Estado ou postos à disposição pelo último ao contribuinte, mas pelo sindicato.

Não corresponde a exação em comentário a contribuição de melhoria (art. 81 do CTN), visto que não decorre de obra pública.

Tinha, portanto, natureza de contribuição, da espécie contribuição social de interesse das categorias profissionais ou econômicas, enquadrada no art. 149 da Constituição[3].

A contribuição sindical, porém, pode ser exigida tanto de associados, como de não filiados ao sindicato, pois era compulsória, conforme se verifica do art. 545 e da alínea *a* do art. 548 da CLT.

Viola, contudo, a contribuição sindical compulsória, imposta por lei, o princípio da liberdade sindical tratado na Convenção n. 87 da OIT, pois se a pessoa não é filiada ao sindicato, não pode estar obrigada a pagar ao último uma contribuição para o custeio de suas atividades. A OIT entende que a cobrança de contribuições impostas por lei fere o princípio da liberdade sindical, por ser incompatível com o direito dos trabalhadores

---

2 MARTINS, Ives Gandra da Silva, MARTINS FILHO, Ives Gandra da Silva. *Manual de contribuições especiais*. São Paulo: Revista dos Tribunais, 1987, p. 110.

3 O Supremo Tribunal Federal continua entendendo que a contribuição sindical tem natureza tributária (STF, RE 01299304/210/DF, 2ª T., j. 7-5-1991, Rel. Min. Carlos Velloso, in *Revista LTr* 55-09/1039); (STF, 1ª T., RE 180.745/SP, Rel. Min. Sepúlveda Pertence, j. 24-3-1998, *DJ* 8-5-1998).

de se filiarem, não se filiarem ou se desfiliarem ao sindicato[4]. Entretanto, da forma como está redigida a Constituição e fazendo-se sua interpretação sistemática, não viola seus artigos o estabelecimento da contribuição sindical. A despeito de o inciso V do art. 8º rezar que ninguém é obrigado a filiar-se ou manter-se filiado a sindicato, o inciso IV do mesmo art. 8º prevê a exigência de uma contribuição estabelecida em lei, que é a contribuição sindical.

Muitos sindicatos grandes e de maiores recursos dispensavam a arrecadação da contribuição sindical, como forma de receita, pois acabam devolvendo aos trabalhadores os valores cobrados, em virtude do aumento de receitas do sindicato com a Constituição de 1988, principalmente com a criação da contribuição confederativa, como ocorre com o Sindicato dos Metalúrgicos do ABCD. Outros sindicatos estão ajuizando ações na Justiça Estadual e pedindo que o juiz declare a ilegitimidade da cobrança da contribuição sindical.

O STF entende que ela foi recepcionada pela Constituição:

> Sindicato: contribuição sindical da categoria: recepção. A recepção pela ordem constitucional vigente da contribuição sindical compulsória, prevista no art. 578 da CLT e exigível de todos os integrantes da categoria, independentemente de sua filiação ao sindicato resulta do art. 8º, IV, *in fine*, da Constituição; não obsta à recepção a proclamação, no *caput* do art. 8º, do princípio da liberdade sindical, que há de ser compreendido a partir dos termos em que a Lei Fundamental a positivou, nos quais a unicidade (art. 8º, II) e a própria contribuição sindical de natureza tributária (art. 8º, IV) – marcas características do modelo corporativista resistente – dão a medida da sua relatividade (cf. MI 144, Pertence, *RTJ* 147/868, 874); nem impede a recepção questionada a falta de lei complementar prevista no art. 146, III, CF, à qual alude o art. 149, à vista do disposto no art. 34, §§ 3º e 4º, das Disposições Constitucionais Transitórias (cf. RE 146733, Moreira Alves, *RTJ* 146/684, 694) (STF, RE 180745-8/SP, Rel. Min. Sepúlveda Pertence, *DJU* 8-5-1998).

---

4 OIT. *La liberté syndicale et négociation collective*. Genebra: BIT, 1983, p. 48-50.

A contribuição sindical não exige fixação em assembleia sindical, pois a exigência decorre da previsão legal. É esta que a estabelece, fixando o fato gerador, a base de cálculo e o contribuinte.

O Sindicato não pode alterar a base de cálculo e alíquotas, que só pode ser feito por lei.

5.4.2 Depois da Lei n. 13.467/2017

A reforma trabalhista implementada pela Lei n. 13.467, de 13 de julho de 2017, alterou a redação dos arts. 545, 578, 579, 582, 583, 587 e 602 da CLT, exigindo devida autorização do empregado, ou seja, existe necessidade de manifestação, permissão expressa do empregado autorizando o desconto da contribuição sindical no salário. Tornou, portanto, a contribuição sindical facultativa[5]. Sob esse aspecto, então, não tem natureza tributária, mas uma contribuição facultativa, que paga quem quiser.

Os sindicatos não querem perder receita sindical, pois têm de manter suas sedes e outros custos, além de certos dirigentes que querem se perpetuar na direção sindical.

A Lei n. 13.467/2017 entrou em vigor 120 dias depois da publicação no *Diário Oficial*, o que foi feito em 14 de julho de 2017, ou seja, em 11 de novembro de 2017.

A partir da sua vigência, não mais poderá ser cobrada a contribuição sindical de forma compulsória.

Não poderá, portanto, ser cobrada a contribuição sindical de forma proporcional em 2018, pois ela não mais está em vigor neste ano. Não existe lei exigindo de forma compulsória a contribuição sindical para 2018, pois a contribuição será facultativa, dependendo da vontade de cada um em autorizá-la.

Os artigos alterados da CLT por meio da Lei n. 13.467/2017: 545, 578, 579, 582, 583, 602, exigem autorização expressa da pessoa para que haja o recolhimento da contribuição sindical, tanto de empregados, empregadores, autônomos e avulsos.

---

5 MARTINS, Sergio Pinto. *Direito do trabalho*. 34. ed. São Paulo: Saraiva, 2018, p. 1130.

A contribuição sindical passa a ser uma exigência facultativa, voluntária[6]. Trabalhador ou empregador poderão optar em recolher ou não a contribuição sindical. Juridicamente poderia ser chamada de doação o ato do empregado em contribuir para o Sindicato, pois não tem mais obrigação legal de fazê-lo.

O art. 587 da CLT mostra que existe ato de vontade de recolher a contribuição sindical do empregador: "Os empregadores que optarem pelo recolhimento da contribuição sindical deverão fazê-lo no mês de janeiro de cada ano". Isso indica que a contribuição também não é compulsória para o empregador. O Sindicato de empregados não pode exigir diretamente do empregado a contribuição sindical, caso o trabalhador não autorize o desconto no seu salário, justamente pelo fato de que a contribuição sindical é facultativa e não obrigatória.

Não tem mais natureza de tributo a contribuição sindical.

Prescreve o art. 3º do CTN:

> Tributo é toda prestação pecuniária compulsória, em moeda ou cujo valor nela se possa exprimir, que não constitua sanção de ato ilícito, instituída em lei e cobrada mediante atividade administrativa plenamente vinculada.

Tributo é, portanto, uma prestação compulsória (art. 3º do CTN). A contribuição sindical não é mais uma exigência compulsória em decorrência das alterações promovidas pela Lei n. 13.467/2017, mas facultativa. Logo, não é mais um tributo.

A Constituição não dispõe como a "contribuição prevista em lei" vai ser estabelecida e quais serão os seus termos, mas apenas que ela depende da previsão da lei.

O legislador pode, portanto, instituir ou não a contribuição por meio de lei. Pode estabelecer a contribuição e pode não querer criar a contribuição, não editando a lei para regulamentar essa parte final do inciso IV do art. 8º da Constituição.

---

[6] No mesmo sentido: SOUZA JÚNIOR, Antonio Umberto, SOUZA. Fabiano Coelho. MARANHÃO, Ney. AZEVEDO NETO, Platon Teixeira de. *Reforma trabalhista*. São Paulo: Rideel, 2017, p. 266.

A Lei Maior não dispõe que a contribuição prevista em lei terá ou não natureza tributária, nem que será compulsória ou facultativa, apenas que será prevista em lei, na forma como a lei determinar as suas características. A lei pode estabelecer que a contribuição terá natureza compulsória ou facultativa.

O Min. Celso de Melo, ao não admitir ADPF, afirmou que:

> poder-se-ia alegar que a própria Constituição prevê a existência da contribuição sindical, no inciso IV do art. 8º e na cabeça do art. 149. Mas tais dispositivos não fazem qualquer referência à obrigatoriedade da contribuição. É a Consolidação das Leis do Trabalho que torna impositivo o pagamento da contribuição sindical (...) (1º- 2-2013).

Trata o art. 149 da Constituição da contribuição social de intervenção no domínio econômico e de interesse das categorias profissionais ou econômicas. Compete à União instituir essa contribuição social.

Já há previsão genérica sobre a contribuição sindical no inciso I do art. 217 do CTN.

A matéria não é, portanto, de lei complementar, mas de lei ordinária. A União pode instituir ou pode não instituir a contribuição prevista em lei. Cabe a ela a escolha. Isso será feito por lei ordinária federal.

A parte final do inciso IV do art. 8º da Constituição, quando estabelece "independentemente da contribuição prevista em lei", faz referência apenas a "lei". Essa lei é a ordinária federal. Não se trata de lei complementar, pois, do contrário, a Constituição seria expressa nesse sentido. Logo, nada impede que a contribuição sindical seja alterada pela lei ordinária federal, que é a Lei n. 13.467/2017. A Constituição não exige que a contribuição sindical seja alterada por lei complementar. Dessa forma, ela pode ser alterada por intermédio de lei ordinária.

O STF tem decisão sobre a contribuição social sobre o lucro, em que aquele colegiado entende que pode tal exigência ser instituída por lei ordinária (Pleno, RE 138.281, j. 1°-7-1992, *DJU* I, 28-8-1992, p. 13.456). Não é necessária lei complementar para instituir contribuição (RE 396.266, Rel. Min. Carlos Velloso). Em outro caso entendeu que não há necessidade de lei complementar para instituir contribuição de intervenção no domínio econômico em favor do Sebrae (RE 635.682, Rel. Min. Gilmar Mendes). O mesmo ocorre, portanto, com a contribuição sindical.

Já entendeu o STF que lei ordinária (art. 56 da Lei n. 9.430/96) pode revogar lei complementar que concedia anteriormente isenção tributária por lei complementar (art. 6º, II, da Lei Complementar n. 70/91) em relação a Cofins.

O § 6º do art. 150 da Constituição determina que qualquer subsídio ou isenção, redução de base de cálculo, concessão de crédito presumido, anistia ou remissão, relativos a impostos, taxas ou contribuições, só poderá ser concedido mediante lei específica, federal, estadual ou municipal, que regule exclusivamente as matérias acima enumeradas ou o correspondente tributo ou contribuição, sem prejuízo do disposto no art. 155, § 2º. Não está sendo concedida, nem isenção, pois não se estão isentando pessoas da exigência da contribuição. Não se trata de dispensa de penalidade para se falar em anistia. Entretanto, foi adotada lei específica federal para tratar do tema.

A Lei n. 13.467/2017 não é exatamente hipótese de renúncia a receita. No § 1º do art. 14 da Lei Complementar n. 101/2000 (Lei de Responsabilidade Fiscal), a renúncia de receita compreende anistia, remissão, subsídio, crédito presumido, concessão de isenção em caráter não geral, alteração de alíquota ou modificação de base de cálculo que implique redução discriminada de tributos ou contribuições, e outros benefícios que correspondam a tratamento diferenciado. A alteração feita pela Lei n. 13.467/2017 nos artigos da CLT sobre contribuição sindical não representa anistia (dispensa de penalidade), remissão (perdão da dívida), subsídio, crédito presumido ou concessão de isenção (dispensa por lei do pagamento de tributo devido).

Nada impede que a lei ordinária federal determine que a contribuição tenha característica voluntária ou facultativa, mas não compulsória, como foi feito pelos arts. 545, 578, 579, 582, 583, 602 da CLT, de acordo com a redação da Lei n. 13.467/2017.

A contribuição sindical já havia sido alterada por meio do Decreto -Lei n. 27, de 14 de novembro de 1966 e pelo Decreto-Lei n. 229, de 28 de fevereiro de 1967. A Lei n. 11.648, de 31 de março de 2008, que tem natureza de lei ordinária, estabeleceu regras sobre as centrais sindicais e alterou os arts. 589, 590, 591 e 593 da CLT.

Não vejo inconstitucionalidade da Lei n. 13.467/2017 no ponto de tornar a contribuição sindical facultativa.

As alterações feitas pela Lei n. 13.467/2017 sobre a contribuição sindical tem presunção de constitucionalidade, até que o STF diga o contrário.

Sendo a contribuição sindical facultativa, ela não tem natureza tributária e não é mais uma contribuição social enquadrada no art. 149 da Constituição, justamente por não ser compulsória, mas facultativa.

Foram ajuizadas dezesseis Ações Diretas de Inconstitucionalidade no STF questionando o fim da contribuição sindical compulsória (ADIn 5.794, 5.810, 5.811, 5.813, 5.815, 5.850, 5.865 etc.). O STF entendeu a alteração na contribuição sindical constitucional:

> DIREITO CONSTITUCIONAL E TRABALHISTA. REFORMA TRABALHISTA. FACULTATIVIDADE DA CONTRIBUIÇÃO SINDICAL. CONSTITUCIONALIDADE. INEXIGÊNCIA DE LEI COMPLEMENTAR. DESNECESSIDADE DE LEI ESPECÍFICA. INEXISTÊNCIA DE OFENSA À ISONOMIA TRIBUTÁRIA (ART. 150, II, DA CRFB). COMPULSORIEDADE DA CONTRIBUIÇÃO SINDICAL NÃO PREVISTA NA CONSTITUIÇÃO (ARTIGOS 8º, IV, E 149 DA CRFB). NÃO VIOLAÇÃO À AUTONOMIA DAS ORGANIZAÇÕES SINDICAIS (ART. 8º, I, DA CRFB). INOCORRÊNCIA DE RETROCESSO SOCIAL OU ATENTADO AOS DIREITOS DOS TRABALHADORES (ARTIGOS 1º, III E IV, 5º, XXXV, LV E LXXIV, 6º E 7º DA CRFB). CORREÇÃO DA PROLIFERAÇÃO EXCESSIVA DE SINDICATOS NO BRASIL. REFORMA QUE VISA AO FORTALECIMENTO DA ATUAÇÃO SINDICAL. PROTEÇÃO ÀS LIBERDADES DE ASSOCIAÇÃO, SINDICALIZAÇÃO E DE EXPRESSÃO (ARTIGOS 5º, INCISOS IV E XVII, E 8º, *CAPUT*, DA CRFB). GARANTIA DA LIBERDADE DE EXPRESSÃO (ART. 5º, IV, DA CRFB). AÇÕES DIRETAS DE INCONSTITUCIONALIDADE JULGADAS IMPROCEDENTES. AÇÃO DECLARATÓRIA DE CONSTITUCIONALIDADE JULGADA PROCEDENTE. 1. À lei ordinária compete dispor sobre fatos geradores, bases de cálculo e contribuintes quanto à espécie tributária das contribuições, não sendo exigível a edição de lei complementar para a temática, *ex vi* do art. 146, III, alínea 'a', da Constituição. 2. A extinção de contribuição pode ser realizada por lei ordinária, em paralelismo à regra segundo a qual não é obrigatória a aprovação de lei complementar para a criação de contribuições, sendo certo que a Carta Magna apenas exige o veículo legislativo da

lei complementar no caso das contribuições previdenciárias residuais, nos termos do art. 195, § 4º, da Constituição. Precedente (ADI 4697, Relator(a): Min. EDSON FACHIN, Tribunal Pleno, julgado em 06/10/2016). 3. A instituição da facultatividade do pagamento de contribuições sindicais não demanda lei específica, porquanto o art. 150, § 6º, da Constituição trata apenas de "subsídio ou isenção, redução de base de cálculo, concessão de crédito presumido, anistia ou remissão", bem como porque a exigência de lei específica tem por finalidade evitar as chamadas "caudas legais" ou "contrabandos legislativos", consistentes na inserção de benefícios fiscais em diplomas sobre matérias completamente distintas, como forma de chantagem e diminuição da transparência no debate público, o que não ocorreu na tramitação da reforma trabalhista de que trata a Lei n. 13.467/2017. Precedentes (ADI 4033, Relator(a): Min. JOAQUIM BARBOSA, Tribunal Pleno, julgado em 15/09/2010; RE 550652 AgR, Relator(a): Min. RICARDO LEWANDOWSKI, Segunda Turma, julgado em 17/12/2013). 4. A Lei n. 13.467/2017 emprega critério homogêneo e igualitário ao exigir prévia e expressa anuência de todo e qualquer trabalhador para o desconto da contribuição sindical, ao mesmo tempo em que suprime a natureza tributária da contribuição, seja em relação aos sindicalizados, seja quanto aos demais, motivos pelos quais não há qualquer violação ao princípio da isonomia tributária (art. 150, II, da Constituição), até porque não há que se invocar uma limitação ao poder de tributar para prejudicar o contribuinte, expandindo o alcance do tributo, como suporte à pretensão de que os empregados não sindicalizados sejam obrigados a pagar a contribuição sindical. 5. A Carta Magna não contém qualquer comando impondo a compulsoriedade da contribuição sindical, na medida em que o art. 8º, IV, da Constituição remete à lei a tarefa de dispor sobre a referida contribuição e o art. 149 da Lei Maior, por sua vez, limita-se a conferir à União o poder de criar contribuições sociais, o que, evidentemente, inclui a prerrogativa de extinguir ou modificar a natureza de contribuições existentes. 6. A supressão do caráter compulsório das contribuições sindicais não vulnera o princípio constitucional da autonomia da organização sindical, previsto no art. 8º, I, da Carta Magna, nem configura retrocesso social e violação aos direitos básicos de proteção ao trabalhador insculpidos nos artigos 1º, III e IV, 5º, XXXV, LV e LXXIV, 6º e 7º da Constituição. 7. A legislação em apreço tem por objetivo combater o problema da proliferação excessiva de organizações sindicais no Brasil, tendo sido apontado na exposição de motivos do substitutivo ao Projeto de Lei n. 6.787/2016, que deu origem à lei ora impugnada, que o país possuía, até março de 2017, 11.326 sindicatos de trabalhadores e 5.186 sindicatos de empregadores, segundo dados obtidos no Cadastro Nacional de Entidades Sindicais do Ministério do Trabalho, sendo que, somente no ano de 2016, a arrecadação da contribuição sindical alcançou a cifra de R$ 3,96 bilhões de reais. 8. O legislador democrático constatou que a contribuição compulsória gerava uma oferta excessiva e artificial de organizações sindicais, configurando uma perda social em detrimento dos trabalhadores, porquanto não apenas uma parcela dos vencimentos dos empregados era transferida para entidades sobre as quais eles possuíam pouca ou nenhuma ingerência, como também o número estratosférico de sindicatos não se traduzia em um correspondente aumento do bem-estar da categoria. 9. A garantia de uma fonte de custeio, independentemente de resultados, cria incentivos perversos para uma atuação dos sindicatos fraca e descompromissada com os anseios dos empregados, de modo que a Lei n. 13.467/2017 tem por escopo o fortalecimento e a eficiência das entidades sindicais, que passam a ser orientadas pela necessidade de perseguir os reais interesses dos trabalhadores, a fim de atraírem cada vez mais filiados. 10. Esta Corte já reconheceu que normas afastando o pagamento obrigatório da contribuição sindical não configuram indevida interferência na autonomia dos sindicatos: ADI 2522, Relator(a): Min. EROS GRAU, Tribunal Pleno, julgado em 08/06/2006. 11. A Constituição consagra como direitos fundamentais as liberdades de associação, sindicalização e de expressão, consoante o disposto nos artigos 5º, incisos IV e XVII, e 8º, *caput*, tendo o legislador democrático decidido que a contribuição sindical, criada no período autoritário do estado novo, tornava nula a liberdade de associar-se a sindicatos. 12. O engajamento notório de entidades sindicais em atividades políticas, lançando e apoiando candidatos, conclamando protestos e mantendo estreitos laços com partidos políticos, faz com que a exigência de financiamento por indivíduos a atividades políticas com as quais não concordam, por meio de contribuições compulsórias a sindicatos, configure violação à garantia fundamental da liberdade de expressão, protegida pelo art. 5º, IV, da Constituição. Direito Comparado: Suprema Corte dos Estados Unidos, casos Janus v. American Federation of State, County, and Municipal Employees, Council 31 (2018) e Abood v. Detroit Board of Education (1977). 13. A Lei n. 13.467/2017 não compromete a

> prestação de assistência judiciária gratuita perante a Justiça Trabalhista, realizada pelos sindicatos inclusive quanto a trabalhadores não associados, visto que os sindicatos ainda dispõem de múltiplas formas de custeio, incluindo a contribuição confederativa (art. 8º, IV, primeira parte, da Constituição), a contribuição assistencial (art. 513, alínea "e", da CLT) e outras contribuições instituídas em assembleia da categoria ou constantes de negociação coletiva, bem assim porque a Lei n. 13.467/2017 ampliou as formas de financiamento da assistência jurídica prestada pelos sindicatos, passando a prever o direito dos advogados sindicais à percepção de honorários sucumbenciais (nova redação do art. 791-A, *caput* e § 1º, da CLT), e a própria Lei n. 5.584/70, em seu art. 17, já dispunha que, ante a inexistência de sindicato, cumpre à Defensoria Pública a prestação de assistência judiciária no âmbito trabalhista. 14. A autocontenção judicial requer o respeito à escolha democrática do legislador, à míngua de razões teóricas ou elementos empíricos que tornem inadmissível a sua opção, plasmada na reforma trabalhista sancionada pelo Presidente da República, em homenagem à presunção de constitucionalidade das leis e à luz dos artigos 5º, incisos IV e XVII, e 8º, *caput*, da Constituição, os quais garantem as liberdades de expressão, de associação e de sindicalização. 15. Ações Diretas de Inconstitucionalidade julgadas improcedentes e Ação Declaratória de Constitucionalidade julgada procedente para assentar a compatibilidade da Lei n. 13.467/2017 com a Carta Magna (ADIn 5.794/DF, Rel. Min. Luiz Fux, j. 29-6-2018).

Sendo a contribuição sindical facultativa, ela não tem natureza tributária e não é mais uma contribuição social enquadrada no art. 149 da Constituição, justamente por não ser compulsória, mas facultativa. Tem natureza de doação, pois depende de a vontade da pessoa contribuir para o Sindicato.

5.5 Necessidade de lei complementar

Menciona o inciso IV do art. 8º da Constituição que a contribuição confederativa é a fixada em assembleia geral, independentemente da contribuição prevista em lei. Essa é a contribuição sindical.

Leciona José Afonso da Silva que:

> não há norma constitucional alguma destituída de eficácia. Todas elas irradiam efeitos jurídicos, importando sempre numa inovação da ordem jurídica preexistente à entrada em vigor da constituição a que aderem, e na ordenação da nova ordem instaurada. O que se pode admitir é que a eficácia de certas normas constitucionais não se manifesta na plenitude dos efeitos jurídicos pretendidos pelo constituinte, enquanto não se emitir uma normação jurídica ordinária ou complementar executória, prevista ou requerida[7].

Adotando-se as lições de José Afonso da Silva, as normas constitucionais podem ser classificadas em três categorias distintas, a saber: a) "de eficácia plena", que produzem efeitos desde a entrada em vigor da Constituição, tendo aplicabilidade, portanto, direta, imediata e integral; b) "de eficácia contida", de aplicabilidade direta, imediata, mas não integral; c) "de eficácia limitada ou reduzida", que produzem efeitos desde a entrada em vigor da Constituição, porém deixa a tarefa da normatividade ao legislador ordinário ou a outro órgão do Estado[8].

Acompanhando o mestre, é possível dizer que a norma prevista na parte final do inciso IV do art. 8º da Constituição, tem eficácia limitada, deixando ao legislador complementar a tarefa de completá-la, pois não possui todos os elementos necessários para sua observância plena, dependendo de lei para esse fim.

A lei a que se refere a norma constitucional é a lei ordinária federal, pois quando o constituinte teve intenção em fazer menção a lei complementar foi expresso nesse sentido. É o que se observa, por exemplo, do inciso I do art. 7º e dos arts. 146, 148 e 192 da Lei Maior.

Seria possível dizer que haveria necessidade de lei complementar para exigir a contribuição sindical, por força da alínea *a* do inciso III do art. 146 da Constituição.

A lei complementar tem quórum especial de votação previsto pela Constituição (art. 69). Somente pode ser aprovada por maioria absoluta dos membros das duas Casas do Congresso Nacional.

---

7 SILVA, José Afonso da. *Aplicabilidade das normas constitucionais*. São Paulo: Malheiros, 1999, p. 81-82.

8 Idem, ibidem, p. 82-83.

A utilização da lei complementar só pode ser feita nos casos enunciados pelo Estatuto Supremo, sob pena de ser considerada mera lei ordinária, ou de ter eficácia de lei ordinária, apesar de no processo legislativo ter sido observado quórum especial de votação[9].

As contribuições que têm por fundamento o art. 149 da Constituição só poderiam ser exigidas por meio de lei complementar, que iria traçar seus contornos gerais, respeitando os princípios da irretroatividade e da anterioridade (art. 150, III, *a* e *b*). O próprio art. 149 da Constituição determina a observância do inciso III do art. 146 da Lei Maior. A alínea *a* do inciso III do art. 146 da Lei Magna dispõe apenas que a lei complementar estabeleça o fato gerador, a base de cálculo e o contribuinte dos impostos, mas não das contribuições.

A lei complementar a ser observada é o CTN, que estabelece quais são os tributos e suas espécies, obrigação, lançamento, crédito, prescrição e decadência tributários.

O inciso I do art. 217 do CTN atende à regra da alínea *a* do inciso III do art. 146 da Lei Magna, permitindo a exigência da contribuição sindical.

O STF, porém, julgou que é desnecessária lei complementar para a exigência da contribuição social sobre o lucro, podendo a exigência ser feita por meio de lei ordinária[10]. O mesmo raciocínio pode ser feito aqui em relação à contribuição sindical, mormente em decorrência do fato de que o § 2º do art. 10 do ADCT recebeu o Decreto-lei n. 1.166/71.

O STF entende que não precisa de lei complementar para a cobrança da contribuição sindical:

> Sindicato: contribuição sindical da categoria: recepção. ... nem impede a recepção questionada a falta de lei complementar prevista no art. 146, III, CF, à qual alude o art. 149, à vista do disposto no art. 34, §§ 3º e 4º, das Disposições Transitórias (...) (STF, 1ª T., RE 180.745-8/SP, Rel. Min. Sepúlveda Pertence, j. 24-3-1998, *DJ* 8-5-1998).

---

9 ATALIBA, Geraldo. *Lei complementar na Constituição*. São Paulo: Revista dos Tribunais, 1971, p. 37.

10 Tribunal Pleno, RE 138.281, j. 1-7-92, *DJU* I, 28-8-92, p. 13.456.

5.6 Desconto obrigatório

Dispõe o inciso IV do art. 8º da Constituição sobre a contribuição prevista em lei que é a sindical. Trata-se a norma constitucional de norma de eficácia limitada, pois dependente de lei para sua observância plena. A previsão legal é feita nos arts. 578 a 610 da CLT.

A alínea *a* do art. 548 da CLT determina que constituem patrimônio das associações sindicais as contribuições devidas aos sindicatos pelos que participem das categorias econômicas ou profissionais ou das profissões liberais representadas pelas referidas entidades, correspondentes à contribuição sindical.

A contribuição sindical é voluntária e depende da vontade da pessoa de recolhê-la.

Independe a contribuição sindical da vontade da pessoa se filiar ou não ao sindicato, mas depende do interesse da pessoa em contribuir para a agremiação, pois o art. 545 da CLT menciona que o empregado deve autorizar o desconto da contribuição sindical.

Dispõe o art. 579 da CLT que o desconto da contribuição sindical está condicionado à autorização prévia e expressa dos que participarem de uma determinada categoria econômica ou profissional, ou de uma profissão liberal, em favor do sindicato representativo da mesma categoria ou profissão. Logo, tanto o empregado, o empregador, como o profissional liberal devem autorizar o recolhimento da contribuição. Daí, portanto, sua natureza voluntária.

Indica, ainda, o art. 582 da CLT que os empregadores são obrigados a descontar, da folha de seus empregados, a contribuição sindical dos empregados que autorizarem o desconto prévia expressamente. Trata-se, por conseguinte, de faculdade, e não de obrigação legal, que depende do assentimento do trabalhador.

Dispõe o inciso XXVI do art. 611-B da CLT que o trabalhador não pode sofrer, sem sua expressa e prévia anuência, qualquer cobrança ou desconto salarial estabelecidos em convenção coletiva ou acordo coletivo de trabalho.

A lei não prevê expressamente o fato gerador, a base de cálculo e os contribuintes da contribuição sindical.

O fato gerador da contribuição sindical é pertencer à categoria econômica ou profissional, sendo devida a referida exação na forma do art. 580 da CLT.

5.7 Contribuição dos servidores públicos

O art. 578 da CLT trata apenas de funcionários privados e não públicos. O inciso IV do art. 8º da Constituição também diz respeito, apenas, aos funcionários do setor privado e não do público, pois o § 3º do art. 39 da Lei Maior não faz remissão ao art. 8º da Lei Maior.

Há necessidade, portanto, de lei própria para exigir a contribuição sindical de funcionários públicos. Sem lei não poderia ser exigida a contribuição sindical de funcionários públicos, salvo dos empregados públicos que autorizarem o desconto da contribuição sindical.

Dispõe expressamente o art. 7º da CLT:

> Os preceitos constantes da presente Consolidação salvo quando for em cada caso, expressamente determinado em contrário, não se aplicam:
>
> c) aos funcionários públicos da União, dos Estados e dos Municípios e aos respectivos extranumerários em serviço nas próprias repartições.

Logo, não se aplicam aos funcionários públicos os arts. 578 a 610 da CLT. A contribuição sindical não pode ser exigida dos funcionários públicos.

A alínea *c* do art. 240 da Lei n. 8.112/90 (norma que trata do regime jurídico único dos funcionários públicos federais) determina o desconto em folha apenas em relação ao "valor das mensalidades e contribuições definidas em assembleia geral da categoria", não tratando, portanto, da contribuição sindical para os funcionários públicos federais. Assim, é possível o desconto apenas de mensalidade sindical e contribuições decorrentes de decisão de assembleia geral.

Não há violação ao princípio da isonomia tributária (art. 150, II, da Lei Maior). A questão não é de distinção entre funcionários públicos e empregados para a exigência da contribuição sindical dos primeiros, mas de falta de previsão em lei para instituir contribuição sindical para funcionários públicos.

A lei não fixa fato gerador, base de cálculo ou contribuinte para exigir contribuição sindical de funcionário público.

O STF entendeu que a contribuição sindical pode ser cobrada dos servidores públicos, pois foi recebido pela Constituição o art. 578 da CLT[11]. Entretanto, o art. 578 da CLT trata apenas de funcionários privados e não públicos. O inciso IV do art. 8º da Constituição também diz respeito, apenas, aos funcionários do setor privado e não público, pois, o § 3º do art. 39 da Lei Maior não faz remissão ao art. 8º da Constituição. Haveria necessidade, portanto, de lei própria para a cobrança da contribuição sindical. Sem lei não poderia ser exigida a contribuição sindical de funcionários públicos, salvo dos empregados públicos que são regidos pela CLT. O mesmo acórdão dá a entender que se aplica aos servidores públicos civis o modelo estabelecido no art. 8º da Constituição.

As decisões do STF não são claras se observaram os aspectos acima mencionados.

O Superior Tribunal de Justiça entendeu que "a lei que disciplina a contribuição sindical (...) é a CLT, nos arts. 578 e seguintes, inclusive aos servidores públicos" (REsp 612.842 e 442.509).

Quanto aos empregados de empresas de economia mista ou empresas públicas que explorem atividade econômica, a contribuição sindical será devida tanto pelos empregados como pelas empresas, desde que seja autorizada. O inciso II do § 1º do art. 173 da Constituição dispõe que tais entidades têm natureza de direito privado, inclusive do direito do trabalho. Seus empregados são regidos pela CLT, ficando sujeitos ao desconto da contribuição sindical, desde que o autorizem. As referidas empresas, por serem privadas, também pagarão a contribuição sindical patronal.

5.8 Contribuição dos trabalhadores

Corresponde a contribuição sindical a um dia de trabalho para os empregados (inciso I do art. 580 da CLT); e para os trabalhadores autô-

[11] STF, Rec. em MS 21.758-1, Rel. Min. Sepúlveda Pertence, *DJU* I 4-11-1994, p. 29.831.

nomos e profissionais liberais toma-se por base um porcentual fixo (inciso II do art. 580 da CLT).

Fica recepcionado pela Constituição o art. 545 da CLT, ao mencionar que os descontos de contribuições podem ser feitos, desde que autorizados pelos empregados.

Tratando-se de agentes ou trabalhadores autônomos e de profissionais liberais, organizados em firma ou empresa, com capital social registrado, o recolhimento da contribuição sindical será feito de acordo com as tabelas fixadas para as empresas. Para os profissionais liberais, trabalhadores autônomos e agentes que não têm capital social, por não serem empresas, a contribuição sindical será de 30% sobre o maior valor de referência fixado pelo Poder Executivo, vigente à época em que é devida a referida exação.

Os empregadores são obrigados a descontar, da folha de pagamento de seus empregados relativa ao mês de março de cada ano, a contribuição sindical devida aos sindicatos profissionais. Os empregados contribuem com um dia de trabalho equivalente a uma jornada normal de trabalho, se o pagamento pelo empregador for feito por unidade de tempo; ou a 1/30 da quantia percebida no mês anterior, se a remuneração for paga por tarefa, empreitada ou comissão. Quando o salário for pago em utilidades, ou nos casos em que o empregado receba, habitualmente, gorjetas, a contribuição sindical corresponderá a 1/30 da importância que tiver servido de base, no mês de janeiro, para a contribuição do empregado à Previdência Social. Sendo a contribuição sindical calculada sobre a jornada normal de trabalho de um dia, a referida exação não incide sobre horas extras.

A contribuição do trabalhador avulso é descontada da remuneração recebida e recolhida pelo Sindicato da respectiva categoria profissional, desde que por eles autorizada.

O recolhimento da contribuição sindical pertinente aos empregados e trabalhadores avulsos será efetuado no mês de abril de cada ano, e o relativo aos agentes ou trabalhadores autônomos realizar-se-á em fevereiro.

Poderão os profissionais liberais optar pelo pagamento da contribuição sindical unicamente à entidade sindical representativa da respectiva profissão. Para isso é preciso que exerçam, efetivamente, na firma ou empresa, a profissão e como tal sejam nela registrados (art. 585 da CLT).

Se a pessoa, por exemplo, engenheiro, não exerce essa função na empresa, não poderá socorrer-se dessa faculdade. Provado que o empregado já recolhe a contribuição a seu órgão de classe, o empregador deixará de efetuar, no salário do contribuinte, o desconto da contribuição sindical.

É expresso o art. 585 da CLT no sentido da opção do empregado em recolher a contribuição para o sindicato da profissão liberal. Não tem de ser exatamente à razão de um dia de seu salário, sendo o valor determinado para o profissional liberal (art. 580, II, da CLT). Como o art. 585 da CLT não remete o intérprete ao inciso I do art. 580 da CLT, aplica-se a regra da contribuição dos profissionais liberais contida no inciso II do mesmo artigo.

O art. 47 da Lei n. 8.906/94 dispõe que o advogado inscrito em seus quadros e estando quite com o pagamento da contribuição anual da OAB, fica isento do pagamento da contribuição sindical. Não se diz aqui que o advogado tem de estar exercendo essa profissão como empregado na empresa em que trabalha. Dispõe apenas que fica isento do pagamento da contribuição sindical, sem estabelecer qualquer condição, nem faz remissão ao art. 585 da CLT. Logo, nesse caso não se aplica o art. 585 da CLT, por haver regra específica sobre o tema. A Lei n. 8.906/94 é posterior à redação do art. 585 da CLT, que foi determinada pela Lei n. 6.386/76. Deve-se, portanto, aplicar a Lei n. 8.906/94. Assim, qualquer advogado fica isento da contribuição sindical, mesmo que na empresa não exerça a função de advogado.

O STF rejeitou pedido de inconstitucionalidade da Lei n. 8.906/94, em relação a contribuição sindical dos advogados:

> AÇÃO DIRETA DE INCONSTITUCIONALIDADE. ARTIGO 47 DA LEI FEDERAL N. 8.906/94. ESTATUTO DA ADVOCACIA E DA ORDEM DOS ADVOGADOS DO BRASIL. CONTRIBUIÇÃO ANUAL À OAB. ISENÇÃO DO PAGAMENTO OBRIGATÓRIO DA CONTRIBUIÇÃO SINDICAL. VIOLAÇÃO DOS ARTIGOS 5º, INCISOS I E XVII; 8º, INCISOS I E IV; 149; 150; § 6º; E 151 DA CONSTITUIÇÃO DO BRASIL. NÃO OCORRÊNCIA. 1. A Lei Federal n. 8.906/94 atribui à OAB função tradicionalmente desempenhada pelos sindicados, ou seja, a defesa dos direitos e interesses coletivos ou individuais da categoria. 2. A Ordem dos Advogados do Brasil ampara todos os inscritos, não apenas os empregados, como o

> fazem os sindicatos. Não há como traçar relação de igualdade entre os sindicatos de advogados e os demais. As funções que deveriam, em tese, ser por eles desempenhadas foram atribuídas à Ordem dos Advogados. 3. O texto hostilizado não consubstancia violação da independência sindical, visto não ser expressivo de interferência e/ou intervenção na organização dos sindicatos. Não se sustenta o argumento de que o preceito impugnado retira do sindicato sua fonte essencial de custeio. 4. Deve ser afastada a afronta ao preceito da liberdade de associação. O texto atacado não obsta a liberdade dos advogados. Pedido julgado improcedente (STF, Pleno, ADIn 2.522-8, Rel. Min. Eros Grau, *DOU* 1 31-8-2006, p. 1, *DJ* 1 31-8-2006, p. 25).

Afirma o STF que o papel do sindicato passou para a OAB, que defende todos os advogados e não só os associados, como no sindicato.

Os profissionais liberais que não pagarem a contribuição sindical ficarão suspensos do exercício profissional, até a necessária quitação (art. 599 da CLT). A penalidade será aplicada pelos órgãos públicos ou autárquicos disciplinadores das respectivas profissões mediante comunicação das autoridades fiscalizadoras. O art. 599 da CLT tem aplicação exclusiva aos profissionais liberais, não se aplicando aos agentes e demais trabalhadores autônomos, que não necessitam de autorização e cumprimento de requisitos legais para o exercício da profissão. Assim, o pedreiro não ficará suspenso do exercício da profissão se não recolher a contribuição sindical, pois inexiste órgão fiscalizador do exercício de sua profissão. Os órgãos autárquicos a que se refere o artigo em comentário são os Conselhos Regionais que fiscalizam o exercício da profissão ou a OAB. Entretanto, o artigo está derrogado, pois a contribuição sindical depende de a pessoa ter interesse em recolher. Logo, se não recolhe, não pode haver punição.

Há entendimento administrativo de que se o profissional liberal exerce sua profissão e, ao mesmo tempo, ocupa emprego que não é da profissão liberal, fica sujeito a múltipla contribuição sindical, correspondente a cada profissão exercida (Proc. MTB 5.903/84, Rela. Déborah Monteiro Rodrigues, *DOU* de 10-10-1984, p. 14.789).

Os empregados que são admitidos em janeiro e fevereiro terão o desconto da contribuição normalmente no mês de março, caso o autorizem, que é o mês destinado ao desconto, com o recolhimento sendo feito em abril. Se o empregado é admitido em março há necessidade de se verificar se já não houve o desconto da contribuição sindical na empresa anterior. Uma vez apresentada a prova da quitação da contribuição sindical, que é anotada na CTPS do empregado, a empresa não poderá fazer novo desconto no salário do empregado relativo àquele ano. Também se observará em relação aos empregados admitidos após o mês de março. Se, por exemplo, o empregado foi admitido em abril, o desconto da contribuição sindical será feito em maio e o recolhimento em junho. O empregado não paga novamente a contribuição sindical se já pagou na empresa anterior.

Se o empregado não estiver trabalhando no mês de março, por motivo de acidente do trabalho ou doença, o desconto será feito no primeiro mês subsequente ao do retorno do trabalhador (art. 602 da CLT). O recolhimento será feito no mês imediatamente posterior.

Pertencendo o obreiro a categoria diferenciada (motoristas, secretárias, ascensoristas), deve o desconto da contribuição ser feito e recolhido para o sindicato dessa categoria e não para a categoria predominante da empresa. É o que ocorre com uma empresa comercial. Seus empregados são enquadrados no Sindicato dos Empregados no Comércio. Se ela tem motoristas, a contribuição sindical é recolhida ao Sindicato dos Motoristas, por se tratar de categoria diferenciada.

Para que a empresa possa recolher a contribuição sindical é preciso que tenha a guia de recolhimento. Na guia há o número da entidade sindical, para que possa receber o valor da referida contribuição e haja a divisão citada no art. 589 da CLT com as demais entidades participantes do sistema confederativo. Sem o número a Caixa Econômica Federal não credita o valor da contribuição sindical ao respectivo sindicato.

Feitos o desconto e o recolhimento da contribuição do empregado pelo empregador, este deverá anotar em sua CTPS o valor da contribuição, o sindicato da categoria e a data e o ano do desconto.

Os associados de sindicatos de empregados, de agentes ou trabalhadores autônomos e de profissões liberais que forem aposentados, estiverem em desemprego ou falta de trabalho ou tiverem sido convocados para prestação de serviço militar não perderão os respectivos direitos sindicais e ficarão isentos de qualquer contribuição, não podendo, entretanto, exercer cargo de administração sindical ou de representação econômica ou profissional (§ 2º do art. 540 da CLT). A isenção da contribuição sindical para as referidas pessoas pode ser feita, pois é decorrente de lei (arts. 97,

VI, e 176 do CTN). As demais contribuições não ficam isentas, pois implicam interferência do Estado no sindicato.

5.9 Contribuição sindical dos empregadores

5.9.1 Contribuição das empresas

Os empregadores pagarão a contribuição de acordo com o capital social registrado na Junta Comercial ou órgão equivalente (art. 580, III, da CLT). A tabela instituída para as empresas segue uma forma progressiva, de acordo com as classes de capital social, sendo as alíquotas decrescentes. Do contrário, a empresa que tivesse um capital social muito alto, pagaria uma contribuição sindical também muito elevada. Os órgãos equivalentes às Juntas Comerciais são os cartórios de registro da pessoa jurídica, que registram as empresas prestadoras de serviços. Deve-se verificar o capital das empresas inscritas nos cartórios para efeito de se saber o valor da contribuição sindical.

Até 31-1-1991 a tabela seria a seguinte:

a) capital até 150 vezes o maior valor de referência: 0,8% do capital;

b) acima de 150 até 1.500 vezes o maior valor de referência: 0,2% do capital;

c) acima de 1.500 até 150.000 vezes o maior valor de referência: 0,1% do capital;

d) acima de 150.000 até 800.000 vezes o maior valor de referência: 0,02% do capital.

A Lei n. 8.177/91 extinguiu o maior valor de referência. A Lei n. 8.178, de 1°-3-1991, converteu os valores expressos em maior valor de referência, estabelecendo cinco importâncias, a contar de março de 1991 a dezembro de 1991.

A partir de janeiro de 1992, a Lei n. 8.383, de 30-12-1991, transforma os valores expressos em cruzeiros em Ufir (art. 3º), dividindo-se o valor em cruzeiros por CR$ 126,8621. Obtido o valor em Ufir é só multiplicá-lo pelo valor da anual da Ufir, dependendo da região. Estabelece o art. 40 da Lei n. 8.880/94 que os valores da contribuição sindical serão calculados um URV e convertidos em cruzeiros reais na data do recolhimento ao estabelecimento bancário integrante do Sistema de Arrecadação de Tributos Federais. A conversão da Ufir será feita pelo valor vigente na data em que foi extinta pelo § 3º do art. 29 da Lei n. 10.522/2002 (R$ 1,0641).

As entidades ou instituições que não estejam obrigadas ao registro de capital social considerarão como capital, para efeito do cálculo, o valor resultante da aplicação do porcentual de 40% sobre o movimento econômico registrado no exercício imediatamente anterior (§ 5º do art. 580 da CLT). Não estão compreendidas nesta regra as entidades ou instituições que comprovarem não exercer atividade econômica com fins lucrativos (§ 6º do art. 580 da CLT). A Portaria n. 3.583, de 16-10-1991, estabelecia que são entidades ou instituições sem fins lucrativos as sociedades, associações e fundações de caráter beneficente, filantrópico, assistencial, caritativo ou religioso, que, entre outras coisas, não remunerem seus dirigentes, nem distribuam lucros a qualquer título. Essa portaria foi revogada pela Portaria n. 937, de 23-7-1993, que também foi revogada pela Portaria n. 1.069, de 26-8-1993, em razão do princípio da não interferência do Estado na organização sindical.

5.9.2 Microempresa

O § 1º do art. 3º da Lei n. 9.317/96 estabelecia que a inscrição no SIMPLES implica o pagamento mensal unificado dos seguintes tributos: imposto de renda das pessoas jurídicas; contribuição para os programas de integração social e de formação do patrimônio do servidor público – PIS/PASEP; contribuição social sobre o lucro líquido (CSLL); contribuição para financiamento da seguridade social (COFINS); imposto sobre produtos industrializados (IPI); contribuições para a seguridade social, a cargo da pessoa jurídica, de que tratam a Lei Complementar n. 84/96, os arts. 22 e 22-A da Lei n. 8.212/91, e o art. 25 da Lei n. 8.870/94.

O § 3º determinava que: "a inscrição no Simples dispensa a pessoa jurídica do pagamento das demais contribuições instituídas pela União". A contribuição sindical é instituída pela União por lei ordinária federal.

As microempresas e empresas de pequeno porte recolhem a contribuição sindical patronal normalmente, pois no art. 3º da Lei n. 9.317/96 não há qualquer exceção para tais empresas.

A Instrução Normativa n. 9/99, da Secretaria da Receita Federal, regulamenta a norma legal, preservando-lhe o objetivo, sendo certo que a isenção conferida está em consonância com o que estabelece o art. 176 do CTN, porque é decorrente de lei ordinária federal.

A Instrução Normativa n. 608/2006, em seu art. 5º, § 8º, disciplina que:

> A inscrição no Simples dispensa a pessoa jurídica do pagamento das demais contribuições instituídas pela UNIÃO, inclusive as destinadas ao Serviço Social do Comércio (Sesc), ao Serviço social da Indústria(Sesi), ao Serviço Nacional de Aprendizagem Industrial (Senai), ao Serviço Nacional de Aprendizagem Comercial (Senac), ao Serviço Brasileiro de Apoio às Micro e Pequenas Empresas (Sebrae), e seus congêneres, bem assim as relativas ao salário-educação e à contribuição sindical patronal.

Assim, verificado que a contribuição sindical foi instituída pela União, a adesão da empresa ao SIMPLES a desonera de pagamento da contribuição sindical patronal.

Prevê o § 2º do mesmo art. 3º da Lei n. 9.317/96 que a adesão ao SIMPLES não exclui a incidência do IOF, do imposto sobre importação de produtos estrangeiros (II), do imposto sobre exportação, para o exterior, de produtos nacionais ou nacionalizados (IE), do imposto de renda, do imposto sobre propriedade territorial rural (ITR), da contribuição provisória sobre a movimentação financeira (CPMF), da contribuição para o fundo de garantia do tempo de serviço (FGTS) e da contribuição para a seguridade social, relativa ao empregado.

Já o § 4º determina que: "§ 4º A inscrição no SIMPLES dispensa a pessoa jurídica do pagamento das demais contribuições instituídas pela União". A contribuição sindical é instituída pela União e tem por fundamento o art. 149 da Constituição.

Como se vê, a Lei n. 9.317/96 elencava expressamente as contribuições que não são alcançadas pelo sistema diferenciado que introduz.

É da competência da União legislar sobre Direito do Trabalho (art. 22, I, da Constituição) e também sobre contribuições sociais, em decorrência do art. 149 da Lei Maior. A adesão da empresa ao SIMPLES desonera a empresa do pagamento da contribuição sindical do empregador.

As diversas instruções normativas da Secretaria da Receita Federal, que relacionam as contribuições de cujo recolhimento ficam dispensadas as empresas optantes do SIMPLES, inclusive a contribuição sindical, não criaram qualquer isenção, mas apenas interpretaram corretamente a lei, esta sim instituidora da isenção.

As diversas instruções normativas da Secretaria da Receita Federal, que relacionam as contribuições de cujo recolhimento ficam dispensadas as empresas optantes do SIMPLES, inclusive a contribuição sindical, não criaram qualquer isenção, mas apenas interpretaram corretamente a lei, esta sim instituidora da isenção.

A jurisprudência já entendeu da mesma forma: TRT 2ª R., 4ª T., RO 00900-2006-072-02-00-3, AC. 20070203851, j. 20-3-2007, Rel. Juiz Ricardo Trigueiros, *DJ* 30-3-2007; TRT 2ª R., 2ª T., AP 024952005.078.02.00-5, AC. 200604733554, Rel. Juíza Maria Aparecida Pellegrina, *DJ* SP 11-7-2006, p. 21.

O STF entendeu que:

> AÇÃO DIRETA DE INCONSTITUCIONALIDADE. QUESTÃO DE ORDEM. ARTIGO 3º, § 4º, DA LEI N. 9.317/96. IMPOSSIBILIDADE DE PROSSEGUIMENTO DA AÇÃO DIRETA. PREJUDICIALIDADE. REVOGAÇÃO DO ATO NORMATIVO IMPUGNADO POR LEI POSTERIOR. PERDA SUPERVENIENTE DO OBJETO DA AÇÃO. 1. A Lei Complementar n. 123, de 14 de dezembro de 2006, que institui o Estatuto Nacional da Microempresa e da Empresa de Pequeno Porte, nos termos do disposto no artigo 89, revogou expressamente, a partir de 1º de julho de 2007, a Lei n. 9.317, de 5 de dezembro de 1996. 2. A jurisprudência desta Corte é firme no sentido de que a revogação do ato normativo impugnado por outro ato superveniente prejudica a análise da ação direta. Precedentes. 3. Ação direta de inconstitucionalidade julgada prejudicada (Pleno, ADIn 2.006-4, j. 22-11-2007, Rel. Min. Eros Grau, *DJe* 10-10-2008).

O art. 53 da Lei Complementar n. 123/2006 foi revogado pela Lei Complementar n. 127/2007 porque a matéria já estava regulada no § 3º do art. 13 da Lei Complementar n. 123/2006. Sendo a contribuição sindical facultativa, as microempresas e empresas de pequeno porte recolhem a contribuição sindical se quiserem.

O § 3º do art. 13 da Lei Complementar n. 123/2006 dispõe que "as microempresas e empresas de pequeno porte optantes pelo Simples Nacional ficam dispensadas do pagamento das demais contribuições instituídas pela União". Não faz distinção sobre as contribuições, o que inclui a contribuição sindical. O § 4º do art. 13 da Lei Complementar n. 123/2006. No veto é afirmado:

> A permissão de se cobrar a contribuição sindical patronal das micro e pequenas empresas, enquanto se proíbe a cobrança, por exemplo, do salário-educação, vai de encontro ao espírito da proposição que é a de dar um tratamento diferenciado e favorecido a esse segmento. Ademais, no atual quadro legal existente não se exige a cobrança dessa contribuição. Com efeito, a Lei n. 9.317, de 1996, isenta as micro e pequenas empresas inscritas no Simples do pagamento da contribuição sindical patronal. Portanto, a manutenção desse dispositivo seria um claro retrocesso em relação à norma jurídica hoje em vigor.

O referido artigo está sendo interpretado literalmente e atende ao inciso II do art. 111 do CTN e § 6º do art. 150 da Constituição.

O Congresso Nacional não apreciou o voto. Logo, a microempresas e empresas de pequeno porte estão isentas do recolhimento da contribuição sindical patronal.

As empresas atribuirão parte do respectivo capital a suas sucursais, filiais ou agências, desde que localizadas fora da base territorial da entidade sindical representativa da atividade econômica do estabelecimento principal, na proporção das correspondentes operações econômicas (art. 581 da CLT). Deverá haver comunicação nesse sentido à DRT, conforme a localidade da sede da empresa, sucursais, filiais ou agências. Esse procedimento ainda é obrigatório, pois a contribuição sindical tem natureza tributária, cabendo ao Estado fiscalizá-la. O recolhimento será feito a cada um dos respectivos sindicatos das categorias econômicas, de acordo com cada uma das atividades. Se os estabelecimentos estão situados numa mesma base territorial, é desnecessário observar-se a proporcionalidade, pois o recolhimento será feito pelo estabelecimento principal.

A contribuição sindical patronal deve ser calculada sobre o capital integralizado e não a integralizar. O capital a integralizar é uma promessa dos sócios.

Caso a empresa tenha mais de um estabelecimento na mesma base territorial, que são, portanto, representados por um único sindicato, não será necessário estabelecer proporcionalidade, devendo o recolhimento ser feito pelo estabelecimento principal, utilizando-se o capital social integral.

Tendo a empresa diversas atividades econômicas, sem que nenhuma delas seja preponderante, cada uma dessas atividades será incorporada à respectiva categoria econômica, sendo a contribuição sindical devida à entidade sindical representativa da mesma categoria, procedendo-se, em relação às correspondentes sucursais, agências ou filiais, da mesma forma. Inexistindo atividade preponderante, a contribuição sindical é devida aos sindicatos correspondentes a cada atividade.

Será atividade preponderante a que caracterizar a unidade de produto, operação ou objetivo final, para cuja obtenção todas as demais atividades convirjam, exclusivamente, em regime de conexão funcional (§ 2º do art. 581 da CLT). A atividade preponderante não será a em que a empresa tiver mais empregados, mas sim seu negócio principal.

Dir-se-ia que a sindicalização do grupo de empresas seria feita de acordo com sua atividade preponderante, atendendo à regra do § 1º do art. 581 da CLT. Assim, se o grupo tem por atividade principal a metalurgia, o enquadramento será feito perante o sindicato dos metalúrgicos. O enquadramento sindical será realizado, porém, de acordo com a atividade preponderante de cada empresa do grupo e não do grupo em si, pois o grupo pode ter empresas com várias atividades, até mesmo sem que nenhuma seja preponderante, ou existam participações iguais nessas atividades. A solidariedade diz respeito ao pagamento de verbas trabalhistas e para efeitos da relação de emprego, e não para fins de enquadramento sindical. Assim, cada empresa do grupo terá seu enquadramento feito distintamente das demais empresas do grupo, de acordo com a atividade preponderante de cada uma delas, até mesmo pelo fato de que têm personalidade jurídica própria (§ 2º do art. 2º da CLT), o que pode importar atividades diversas de cada uma delas, devendo haver o enquadramento individual para fins sindicais.

Cada uma das empresas do grupo irá, portanto, recolher a contribuição sindical de acordo com sua atividade preponderante e não em função da atividade preponderante do grupo. Pressupondo-se que o grupo “A” tenha uma empresa bancária "B" e uma indústria "C", o pagamento da contribuição sindical da empresa "B" será feito ao sindicato dos bancos e o dos empregados ao sindicato dos bancários; a empresa "C" pagará a contribuição sindical ao sindicato das empresas metalúrgicas e seus empregados ao sindicato dos metalúrgicos. O empregado irá recolher a contribuição sindical para o sindicato profissional pertinente à atividade preponderante da empresa em que estiver registrado.

As empresas deverão recolher sua contribuição sindical no mês de janeiro de cada ano. Se a empresa for constituída após o mês de janeiro, deverá recolher a contribuição na ocasião em que requerer o início de suas atividades na repartição de registro competente (art. 587 da CLT). Havendo aumento de capital após o mês de janeiro, não é necessário recolhimento complementar.

As filiais constituídas após janeiro não precisarão recolher a contribuição sindical, pois a empresa já pagou a mesma contribuição sobre o total de seu capital social. A filial inativa fora da sede da matriz, que não houver sido fechada, estando com suas atividades paralisadas, deve recolher a contribuição sindical.

O comprovante do recolhimento da contribuição sindical deve ser enviado ao sindicato de empregados, de empregadores ou de profissionais liberais, conforme o caso. Inexistindo sindicato, deve-se enviar o comprovante à federação. Inexistindo esta, à confederação. Se não houver federação ou confederação, deve-se enviar a cópia para o Ministério do Trabalho.

A prova do recolhimento da contribuição sindical é documento essencial para que as empresas possam participar de concorrências públicas. A citada prova é essencial para obtenção do Certificado de Regularidade de Situação Jurídico-Fiscal (CRJF), que será expedido por qualquer órgão, entidade ou fundação criada, instituída ou mantida pela União, que promova licitações (art. 2º, *caput,* e X, do Decreto n. 84.701, de 13-5-1980). A não observância do referido requisito resulta na nulidade da concorrência, conforme o parágrafo único do art. 608. A Lei n. 8.666, de 21-6-1993, trata das licitações e contratos da administração pública. Os incisos III e IV do art. 28 da Lei n. 8.666/93 mostram que há necessidade de prova de regularidade para com a Fazenda Pública ou outra equivalente na forma da lei e encargos sociais instituídos por lei, remetendo à exigência da quitação quanto ao recolhimento da contribuição sindical prevista no artigo em comentário. Como o parágrafo único do art. 608 da CLT faz referência ao art. 607 da CLT, não surtirá efeito nenhum a concorrência pública se não houver o pagamento da contribuição sindical.

As repartições federais, estaduais ou municipais não concederão registro ou licenças para funcionamento ou renovação de atividades aos estabelecimentos de empregadores e aos escritórios ou congêneres dos agentes ou trabalhadores autônomos e profissionais liberais, nem concederão alvarás de licença ou localização, sem que sejam exibidas as provas de quitação da contribuição sindical, na forma do artigo anterior (art. 608 da CLT). A nulidade prevista no art. 608 diz respeito ao não recolhimento da contribuição sindical dos empregados, do empregador e dos autônomos.

5.9.3 Contribuição sindical dos condomínios

O condomínio deve pagar a contribuição sindical dos empregadores?

A resposta não é unânime na doutrina. Rômulo Cavalcante Mota[12] e Ricardo Nacim Saad[13] entendem que incide a contribuição sindical sobre os condomínios. João Batista dos Santos[14] e Reinaldo Santos[15] pensam ser indevida a contribuição sindical pelos condomínios.

É preciso estudar se o condomínio é empregador, se está inserido no quadro anexo ao art. 577 da CLT para responder se deve pagar a contribuição sindical dos empregadores.

Depreende-se indiretamente do art. 1º da Lei n. 2.757, de 23 de abril de 1956, que os porteiros, zeladores, faxineiros e serventes de prédios residenciais desde que a serviço da administração do edifício e não de cada condômino em particular são empregados regidos pela CLT. Não são, portanto, empregados domésticos.

---

12 MOTA, Rômulo Cavalcante. Boletim da Associação Brasileira das Administradoras de Imóveis, n. 78, ano IX, set. 1988.

13 SAAD, Ricardo Nacim. Os condomínios e a contribuição sindical, *LTr* 534/462.

14 SANTOS, João Batista dos. Contribuição sindical: não incidência sobre os condomínios, *LTr* 533/309.

15 SANTOS, Reinaldo. Condomínio não é categoria econômica: Contribuição sindical é exceção, *LTr* 536/656.

O condomínio é equiparado a empregador, pois está inserido no § 1º do art. 2º da CLT, nas "outras instituições sem fins lucrativos".

O fato de o condomínio ser empregador não quer dizer que tem de pagar a contribuição sindical.

Leciona Caio Mario da Silva Pereira que o condomínio é destituído de personalidade jurídica, porque não há *affectio societatis*[16]. No mesmo sentido Serpa Lopes[17] e Paulo Carneiro Maia[18]. O Tribunal de Justiça do antigo Distrito Federal também entendeu que o condomínio não tem personalidade jurídica[19].

O quadro anexo à CLT, previsto no art. 577 da CLT, determina o enquadramento sindical.

A Portaria n. 3.027, de 30 de janeiro de 1986, incluiu no 4º Grupo do Plano da Confederação Nacional dos Trabalhadores do Comércio, que trata de Empregados em Turismo e Hospitalidade, o título "Empregados em Empresas de Compra, Venda, Locação e Administração de Imóveis Residenciais e Comerciais (inclusive empregados de edifícios, zeladores, porteiros, cabineiros, vigias, faxineiros, serventes e outros)". Logo, existe a categoria profissional dos empregados em condomínios.

A mesma portaria estabeleceu no 5º Grupo Turismo e Hospitalidade a inclusão das "Empresas de compra, venda, locação e administração de imóveis residenciais e comerciais", mas não incluiu a palavra condomínio. Isso quer significar que os condomínios não estão inseridos no enquadramento sindical.

O condomínio não exerce atividade econômica, nem tem fins lucrativos para ser considerado como categoria econômica, não estando enquadrado no quadro anexo à CLT. Não é, portanto, categoria econômica.

As administradoras de imóveis têm atividade econômica e fins lu-

---

16 PEREIRA, Caio Mario da Silva. *Condomínio e incorporações*. 4. ed. Rio de Janeiro: Forense, 1983, p. 81.

17 LOPES, Miguel Maria de Serpa. *Curso de direito civil*. Rio de Janeiro: Freitas Bastos, 1960, v. 6, n. 219.

18 MAIA, Paulo Carneiro. A representação orgânica no condomínio por planos. *Revista da Faculdade de Direito de São Paulo*, 1960, p. 326.

19 *Revista Forense*, v. 178, p. 180 e v. 151, p. 231.

crativos, pois administram o recebimento de aluguéis de imóveis. Não podem, portanto, ser os condomínios equiparados àquelas.

Determina o § 1º do art. 511 da CLT que "a solidariedade de interesses econômicos dos que empreendem atividades idênticas similares ou conexas, constitui o vínculo social básico que se denomina categoria econômica". O condomínio não tem solidariedade de interesses econômicos, pois não exerce atividade econômica, nem pode ser equiparado à atividade de compra, venda e locação de imóveis, pois suas características não são idênticas, similares ou conexas com essas últimas. O condomínio não compra, não vende, não loca, nem administra imóveis residenciais ou comerciais de terceiros ou tem fins lucrativos. Logo, não está incluído no enquadramento sindical.

Somente tem o condomínio atividade econômica quando loca salas, apartamentos etc. Nesse caso, está enquadrado na categoria econômica de compra, venda e locação de imóveis. Tem, assim, fins lucrativos.

Dispõe o § 6º do art. 580 da CLT que "excluemse da regra do § 5º as entidades ou instituições que comprovarem, através de requerimento dirigido ao Ministério do Trabalho, que não exercem atividade econômica com fins lucrativos". O § 5º do mesmo artigo trata da atribuição pela empresa de 40% sobre o movimento econômico para efeito de se identificar o capital social, em relação a entidades que não têm atividade lucrativa.

O condomínio não desenvolve atividade econômica para ser enquadrado no § 5º do art. 580 da CLT. Não tem capital social, porque não exerce atividade econômica, nem é empresa.

Especificava a Portaria n. 937, de 23 de julho de 1993, que:

> para efeito do disposto no § 6º do art. 580 da CLT, consideram-se entidades ou instituições não exercentes de atividades econômicas com fins lucrativos as sociedades, associações e fundações de caráter beneficente, filantrópico, assistencial, caritativo ou religioso, mantidas, exclusivamente, por contribuições, doações, auxílios e/ou subvenções, e que: a) apliquem seus recursos integralmente na manutenção de desenvolvimento de seus objetivos; b) não remunerem seus dirigentes; c) não distribuam lucros a qualquer título; d) mantenham escrituração de suas receitas e despesas em livros revestidos das formalidades que assegurem a respectiva exatidão.

Tal norma administrativa foi revogada pela Portaria n. 1.069, de 2681993, em razão do princípio da não interferência do Estado na organização sindical. O condomínio, contudo, não distribui lucros, não possui exatamente dirigentes, mantendo escrituração de suas receitas e despesas. Logo, é uma entidade sem fim lucrativo, que não tem obrigação de recolher a contribuição sindical.

Determina o art. 587 da CLT que o recolhimento da contribuição sindical dos empregadores "efetuarseá no mês de janeiro de cada ano, ou, para os que venham a estabelecerse após aquele mês, na ocasião em que requeiram às repartições o registro ou a licença para o exercício da respectiva atividade". O condomínio não requer registro nem licença para exercício de atividade. Logo, não está inserido em tal dispositivo.

Em alguns julgados administrativos o Ministério do Trabalho afirmou que o condomínio está sujeito ao enquadramento sindical e deve pagar a contribuição sindical (MTb 321555/83, *DOU* de 15-5-1986, p. 6.996; MTb 24190004446/85, *DOU* de 2361986, p. 9.113; MTb 24440001338/86, *DOU* de 1-2-1988, p. 1.959; MTb 244400013650/85, *DOU* de 13-8-1986, p. 12.035).

Entretanto, há discrepâncias de entendimento no próprio Ministério do Trabalho, pois o Delegado Regional do Trabalho no Estado do Rio de Janeiro aprovou o parecer de 15 de maio de 1986, da Assistência Jurídica, esclarecendo que:

> não sendo o condomínio (no caso, Condomínio do Edifício Gladys) uma atividade econômica com fins lucrativos, não há que se falar em obrigatoriedade de recolhimento da contribuição sindical, valendose, portanto, do benefício regrado no § 6º do art. 580 da CLT.

No processo MTb – 24370208074/86, a Secretaria das Relações do Trabalho estabeleceu que:

> os condomínios residenciais não estão incluídos no quadro de atividades previsto no art. 577 da CLT. Não havendo, portanto, obrigatoriedade do pagamento da contribuição sindical de que trata a Lei n. 6.386, de 9-12-1976, por não serem os mesmos sindicalizáveis.

O fato gerador da contribuição e o seu sujeito passivo devem estar claramente tipificados em lei (art. 97, III, do CTN), não podendo ser estabelecidos por presunção, além do que a contribuição sindical tem natureza voluntária.

Por todo o exposto, concluo que os condomínios não têm obrigação legal de pagar a contribuição sindical patronal.

5.10 Recolhimento

A contribuição sindical deverá ser recolhida na CEF, no Banco do Brasil ou em outro estabelecimento bancário integrante do sistema de arrecadação de tributos federais (art. 586 da CLT). Anteriormente os depósitos da contribuição sindical eram centralizados no Banco do Brasil. Agora, com a determinação da Lei n. 6.386/76, a entidade que administra as contas é a Caixa Econômica Federal, podendo o recolhimento ser feito em qualquer entidade bancária, que repassará os valores à primeira. A Caixa Econômica Federal abrirá uma conta denominada "Depósitos da Arrecadação da Contribuição Sindical" em nome de cada sindicato (art. 588 da CLT). O recolhimento será feito por intermédio de Guia de Recolhimento da Contribuição Sindical.

A Portaria n. 896, de 14-7-1993, determina regras para o fornecimento de código à entidade sindical para fins de arrecadação e distribuição da contribuição sindical. O Ministério do Trabalho informará à CEF, nos 60 dias posteriores à publicação do despacho de inclusão no arquivo de Entidades Sindicais Brasileiras, a relação das entidades não impugnadas, para que sejam fornecidos os códigos de arrecadação. Os conflitos intersindicais que surgirem relativos à contribuição sindical serão dirimidos pelos interessados, por via consensual ou judicial.

5.11 Repartição da arrecadação

Do recolhimento da contribuição sindical há necessidade de sua repartição entre as entidades que compõem o sistema confederativo: a) 5% irão para a confederação correspondente; b) 15% serão carreados para a federação; c) 60% destinar-se-ão ao sindicato respectivo; d) 20% para a Conta Especial de Emprego e Salário (art. 589 da CLT).

Discutível é o porcentual de 20% destinado à Conta Especial de Emprego e Salário, pois, se é vedada a interferência e intervenção do sindicato pelo Poder Executivo, não mais poderia existir a referida destinação. Assim, esse porcentual devia ser rateado proporcionalmente entre sindicato, federação e confederação, nas proporções que lhes seriam pertinentes. Adverte Octavio Bueno Magano que:

> Não interferir é conceito de sentido mais amplo: denota o reconhecimento da autonomia sindical, ou seja, do direito do sindicato de auto regrar os próprios interesses. Não interferir se traduz por não se intrometer o Poder Público na vida do sindicato, não se imiscuir nos assuntos de seu interesse, não se beneficiar com a atuação ou concretização deste. Dentro de tal perspectiva, é claro que a contribuição sindical, destinada ao incremento da atividade sindical, não pode ser desviada para fins não sindicais, isto é, a satisfação de programas do Ministério do Trabalho e da Administração[20].

Ressalte-se que hoje o sindicato não mais exerce função delegada de Poder Público, mas é uma entidade privada, não mais se justificando que um porcentual da contribuição vá para o Estado. De outro lado, desde a Constituição de 1967 o sindicato só pode arrecadar suas contribuições e não mais impor, o que mais uma vez implica a impossibilidade de o Estado arrecadar a contribuição que não lhe pertence e ficar com uma parte dela.

O Ministério do Trabalho recebe a parte que é do governo da contribuição sindical, por força da previsão do art. 589 da CLT. Assim, somente por nova lei é que será possível mudar ou determinar diferentes porcentuais e destiná-los a outras entidades diversas da União. Não é, portanto, ilegal ou inconstitucional a destinação de uma parte da contribuição para a Conta Especial Emprego e Salário. Logo, o inciso IV do art. 589 da CLT não foi revogado pela Lei Maior.

A Constituição não proíbe expressamente a criação das centrais, mas há necessidade de se fazer a interpretação sistemática da Lei Maior.

As centrais não integram o sistema confederativo previsto na Constituição, nem estão inseridas dentro do sistema de categoria estabelecido pela Lei Maior.

---

[20] MAGANO, Octavio Bueno. *Manual de direito do trabalho*: direito coletivo do trabalho. 3. ed. São Paulo: LTr, 1993, p. 148.

Mostra o inciso IV do art. 8º da Constituição que esta norma reconhece um sistema confederativo e por categoria:

> IV – a assembleia geral fixará a contribuição que, em se tratando de categoria profissional, será descontada em folha, para custeio do sistema confederativo da representação sindical respectiva, independentemente da contribuição prevista em lei.

Seria possível argumentar que o sistema confederativo diz respeito apenas à contribuição confederativa.

Entretanto, a Constituição reconhece a existência de um sistema confederativo, que será custeado por uma contribuição, entre outras, que é a confederativa. Admite, portanto, a Constituição o sistema confederativo.

Na época da Constituição de 1988 as centrais sindicais já existiam, porém a Lei Maior não faz referência a ela.

O inciso IV do art. 8º da Constituição é exemplificativo em relação à contribuição confederativa da categoria profissional, pois é esta que será descontada na folha de pagamentos em relação aos empregados. Não faz referência expressa à contribuição confederativa do sindicato da categoria econômica, que também pode ser cobrada dos empregadores.

Em vários incisos do art. 8º da Constituição também é feita referência a categoria:

> II – é vedada a criação de mais de uma organização sindical, em qualquer grau, representativa de **categoria** profissional ou econômica, na mesma base territorial, que será definida pelos trabalhadores ou empregadores interessados, não podendo ser inferior à área de um Município;
>
> III – ao sindicato cabe a defesa dos direitos e interesses coletivos ou individuais da **categoria**, inclusive em questões judiciais ou administrativas;
>
> IV – a assembleia geral fixará a contribuição que, em se tratando de **categoria** profissional, será descontada em folha, para custeio do sistema confederativo da representação sindical respectiva, independentemente da contribuição prevista em lei.

Reconhece, portanto, a Constituição que o sistema sindical é estabelecido por categoria, na qual não se inserem as centrais sindicais, pois representam sindicatos pertencentes a vários tipos de categorias de trabalhadores. As centrais não estão vinculadas a categorias, que são reconhecidas nos citados incisos do art. 8º da Constituição.

É certo que a unicidade se refere ao sindicato na base territorial (art. 8º, I, da Constituição) e não ao órgão de cúpula, como no caso da central.

Não se encaixam as centrais sindicais no *caput* do art. 8º da Constituição, pois não se trata de associação profissional, mas de associação civil, nem exatamente de associação sindical.

Viola o parágrafo único do art. 1º da Lei n. 11.648/2008 o princípio da igualdade, pois os empregadores não poderão criar centrais sindicais de empregadores. Não há paralelismo simétrico de empregadores e empregados nas centrais sindicais.

Há também outra inconstitucionalidade. Central sindical não é sindicato para representar a categoria. Quem representa a categoria em juízo ou fora dele é o sindicato, segundo o inciso III do art. 8º da Constituição e não a central sindical. As centrais sindicais não representam a categoria. Representam os sindicatos filiados. Não podem defender interesses da categoria, pois viola o inciso III do art. 8º da Constituição, que atribui essa função ao sindicato, até porque nas centrais existem sindicatos pertencentes a categorias diversas. Nesse ponto, é inconstitucional o inciso I do art. 1º da Lei n. 11.648/2008, pois a central irá fazer a representação dos trabalhadores da categoria e isso não tem previsão constitucional. Na verdade, a central representa os sindicatos de trabalhadores a ela filiados e não os trabalhadores.

Sendo inconstitucional o reconhecimento da central sindical pela Lei n. 11.648/2008, não pode a central receber a contribuição sindical (art. 589, II, *b*, da CLT).

O inciso IV do art. 8º da Lei Maior é claro no sentido de que a contribuição confederativa visa ao custeio do sistema confederativo.

A contribuição sindical também serve para o custeio do sistema confederativo, pois o inciso permite a instituição da contribuição confederativa e a cobrança da contribuição prevista em lei, que é a sindical, que tem natureza tributária.

São destinadas a contribuição sindical e a confederativa ao custeio do sistema confederativo, composto por sindicatos, federações e confederações, no qual não se inserem as centrais. Logo, não podem as centrais receber os 10%.

As centrais podem receber contribuições dos sindicatos, federações e confederações que são seus associados, como a confederativa, a assistencial e a mensalidade sindical, se assim entenderem sindicatos, federações e confederações, que poderão destinar parte da arrecadação das referidas contribuições para as centrais às quais são filiados. Isso se deve em razão de que as contribuições citadas têm natureza privada, o que não ocorre com a contribuição sindical.

As centrais sindicais vão receber 10% da contribuição sindical, que é o dobro do porcentual das confederações (5%).

Foi retirada metade da parte do governo em relação à arrecadação da contribuição sindical dos empregados, que era de 20%, destinando-se 10% para as centrais sindicais e ficando a Conta Especial de Emprego e Salário com 10%.

Inexistindo confederação, o porcentual da contribuição sindical caberá à federação representativa do grupo. Na falta de federação, o porcentual a ela destinado caberá à confederação correspondente à mesma categoria profissional ou econômica. Na ausência de sindicato: o porcentual do sindicato será creditado à federação correspondente à mesma categoria econômica ou profissional; os porcentuais da federação e da confederação caberão a esta última. Não havendo sindicato, nem entidade de grau superior, a contribuição sindical será creditada, integralmente, à Conta Especial Emprego e Salário. É de se destacar que para que o porcentual seja destinado integralmente à Conta Especial Emprego e Salário é mister que já exista a categoria econômica e profissional. Do contrário, a contribuição sindical é indevida, não havendo nada a ser destinado ao Ministério do Trabalho, pois o fato gerador é pertencer à categoria econômica ou profissional.

Os sindicatos poderão destacar, em seus orçamentos anuais, até 20% dos recursos da contribuição sindical para o custeio de suas atividades administrativas, independentemente de autorização ministerial (§ 1º do art. 592 da CLT). A destinação mencionada não poderá exceder do valor total das mensalidades sociais consignadas nos orçamentos dos Sindicatos, salvo autorização expressa do Ministro do Trabalho. O art. 592 da CLT não representa interferência ou intervenção no sindicato pelo Poder Executivo (art. 8º, I, da CF). Trata-se de destinação legal do produto da arrecadação de contribuição compulsória, de natureza tributária e decorrente do princípio da reserva legal em matéria tributária (art. 150, I, da CF). Apenas a lei poderá determinar nova destinação da arrecadação da contribuição sindical.

As porcentagens atribuídas às entidades sindicais de grau superior serão aplicadas de conformidade com o que dispuserem os respectivos conselhos de representantes (art. 593 da CLT). Aqui não há qualquer interferência do Ministério do Trabalho na destinação da aplicação dos valores das contribuições sindicais das federações ou confederações, o que é bastante positivo. O ideal também é que os estatutos da entidade prevejam qual a destinação a dar à contribuição sindical, com as deliberações dos conselhos de representantes. As confederações e federações não terão de observar a regra do art. 592 da CLT, podendo dar destinação diversa à contribuição sindical, conforme houver previsão de seus estatutos e pelo conselho de representantes. O ideal é que a determinação do art. 593 da CLT também fosse estendida aos sindicatos, porém só por lei será possível modificar o destino da arrecadação da contribuição sindical.

5.12 Aplicação da contribuição sindical

Tem por objetivo a contribuição sindical o seguinte:

I) em se tratando de sindicatos de empregadores e de agentes autônomos: a) assistência técnica e jurídica; b) assistência médica, dentária, hospitalar e farmacêutica; c) realização de estudos econômicos e financeiros; d) agências de colocação; e) cooperativa; f) bibliotecas; g) creches; h) congressos e conferências; i) medidas de divulgação comercial e industrial no país e no estrangeiro, bem como outras tendentes a incentivar e aperfeiçoar a produção nacional; j) feiras e exposições; l) prevenção de acidentes do trabalho; m) finalidades desportivas;

II) quanto a sindicatos de empregados: a) assistência jurídica; b) assistência médica, dentária, hospitalar e farmacêutica; c) assistência à maternidade; d) agências de colocação; e) cooperativas; f) bibliotecas; g) creches; h) congressos e conferências; (i) auxílio-funeral; j) colônias de férias e centros de recreação; l) prevenção contra acidentes do trabalho;

m) finalidades desportivas e sociais; n) educação e formação profissional; o) bolsas de estudo;

III) quanto aos sindicatos de profissionais liberais: a) assistência jurídica; b) assistência médica, dentária, hospitalar e farmacêutica; c) assistência à maternidade; d) bolsas de estudo; e) cooperativas; f) bibliotecas; g) creches; h) congressos e conferências; i) auxílio-funeral; j) colônia de férias e centros de recreação; l) estudos técnicos e científicos; m) finalidades desportivas e sociais; n) educação e formação profissional; o) prêmios por trabalhos técnicos e científicos;

IV) quanto aos sindicatos de trabalhadores autônomos: a) assistência técnica e jurídica; b) assistência médica, dentária, hospitalar e farmacêutica; c) assistência à maternidade; d) bolsas de estudo; e) cooperativas; f) bibliotecas; g) creches; h) congressos e conferências; i) auxílio-funeral; j) colônias de férias e centros de recreação; l) educação e formação profissional; m) finalidades desportivas e sociais (art. 592 da CLT).

Mostra o art. 592 da CLT que o sindicato tem característica assistencialista, parecendo uma agência de prestação de serviços do Estado.

O art. 14 da Lei n. 5.584/70 determina que a assistência judiciária em juízo seja prestada pelo sindicato àqueles que não tenham condições de ingressar com ação, sendo devida a todo aquele que perceber salário igual ou inferior ao dobro do mínimo legal, ficando assegurado igual benefício ao trabalhador que tiver salário superior, desde que comprove que sua situação econômica não lhe permita demandar sem prejuízo do sustento próprio ou da família. Essa assistência será prestada ainda que o trabalhador não seja sócio do sindicato (art. 18 da Lei n. 5.584/70). Os diretores do sindicato que, sem comprovado motivo de ordem financeira, deixarem de dar cumprimento às disposições de assistência judiciária gratuita ficam sujeitos à penalidade da alínea *a* do art. 553 da CLT. O sindicato dos trabalhadores presta assistência nas rescisões dos empregados estáveis demissionários (art. 500 da CLT).

5.13 Atraso no pagamento

O atraso no pagamento sujeita a empresa a juros de 1% ao mês ou fração de mês, correção monetária e multa. A multa será de 10% para o primeiro mês de atraso, acrescida do porcentual de 2% por mês de atraso subsequente ou fração de mês (art. 600 da CLT). O cálculo da correção monetária é feito na mesma forma que em relação aos débitos para com a Fazenda Nacional.

O montante das cominações reverterá sucessivamente ao sindicato respectivo; à federação respectiva, na ausência de sindicato; à confederação respectiva, inexistindo federação.

A multa e os juros reverterão exclusivamente ao sindicato, não sendo repassadas à federação, confederação ou Conta Emprego e Salário. Inexistindo sindicato, as multas e juros reverterão exclusivamente à federação. Na ausência desta, reverterão à confederação. Somente se inexistir sindicato, federação e confederação é que a multa e os juros serão destinados à Conta Emprego e Salário.

Os empregadores deverão comprovar o recolhimento da contribuição sindical à categoria econômica ou profissional respectiva no prazo de 15 dias a contar da data de recolhimento, mediante remessa de cópia da guia de recolhimento autenticada, juntamente com a relação nominal de empregados que sofreram o desconto.

Prevê o art. 599 da CLT que:

> para os profissionais liberais, a penalidade consistirá na suspensão do exercício profissional, até a necessária quitação, e será aplicada pelos órgãos públicos ou autárquicos disciplinadores das respectivas profissões mediante comunicação das autoridades fiscalizadoras.

Sindicato de categoria profissional não tem competência para suspender o exercício profissional, no caso de não pagamento de contribuição sindical, pois não é órgão público ou autárquico disciplinar do exercício da profissão. A atribuição é do Conselho Regional do exercício da profissão. Entretanto, agora a contribuição sindical é facultativa, não podendo existir tal punição.

A suspensão do exercício da profissão exige processo administrativo ou judicial, em que o réu deve ter contraditório, ampla defesa e observado o devido processo legal.

5.14 Contribuição dos empregadores e trabalhadores rurais

O imposto sindical rural era previsto no art. 135 da Lei n. 4.215/63.

O art. 19 da Lei n. 5.889/73 dispõe que "o enquadramento e a contribuição sindical rurais continuam regidos pela legislação ora em vigor".

É disciplinada a contribuição sindical dos empregadores e trabalhadores rurais pelo Decreto-lei n. 1.166/71. Se o empregador rural estiver organizado sob a forma de firma ou empresa, sua contribuição sindical é calculada sobre seu capital. Os empregadores que não estiverem organizados sob a forma de empresa recolherão proporcionalmente a contribuição de acordo com o valor adotado para o cálculo do imposto territorial rural do imóvel explorado. O empregado rural terá a contribuição sindical calculada com base em um salário mínimo diário (§ 2º do art. 4º do Decreto-lei n 1.166/71), independentemente do salário que auferir.

Dispõe o § 2º do art. 10 do ADCT que, até ulterior disposição legal, a cobrança das contribuições para o custeio das atividades dos sindicatos rurais será feita juntamente com o do imposto territorial rural, pelo mesmo órgão arrecadador. Recebe, portanto, a Constituição o Decreto-lei n. 1.166, de 15-4-1971, de acordo com o princípio da legalidade tributária.

Para efeito da cobrança da contribuição sindical rural considera-se trabalhador rural a pessoa física que presta serviço a empregador rural mediante remuneração de qualquer espécie.

O Tribunal de Justiça de São Paulo entendeu que a contribuição sindical rural não necessita de lei complementar para ser exigida (TJSP, 5ª Câmara de Direito Privado, AC 159.966.4/88-00, Rel. Des. Marcus Andrade, j. 18-2-2004, *DJSP* I 27-4-2004, p. 31).

O fato gerador da contribuição sindical é pertencer a categoria econômica ou profissional.

A contribuição sindical é compulsoriamente do produtor rural sindicalizado, como do produtor rural não sindicalizado. Tanto é exigida do contribuinte pessoa física, como do contribuinte pessoa jurídica. Tanto faz se a empresa está formalizada ou não, pois o tributo independe da inscrição no registro competente. Basta haver a incidência do fato gerador.

Os empregadores rurais pessoas jurídicas pagarão a contribuição de acordo com o capital social registrado na Junta Comercial ou órgão equivalente (art. 580, III, da CLT). A tabela instituída para as empresas segue uma forma progressiva, de acordo com as classes de capital social, e as alíquotas são decrescentes. Do contrário, a empresa que tivesse um capital social muito alto pagaria uma contribuição sindical também muito elevada.

Os órgãos equivalentes às Juntas Comerciais são os cartórios de registro da pessoa jurídica, que registram as empresas prestadoras de serviços.

Deve-se verificar o capital das empresas inscritas nos cartórios para efeito de se saber a base de cálculo da contribuição sindical.

Assegura o art. 5º da Constituição a igualdade de todos perante a lei, sem distinção de qualquer natureza.

É vedada a instituição de tratamento desigual entre contribuintes que se encontrem em situação equivalente (art. 150, II, da Lei Maior).

Se o contribuinte usa a propriedade rural em alto grau ou em baixo grau não implica diferença quanto à tributação sob o ponto de vista da isonomia, porque se a propriedade é utilizada, ainda que parcialmente, esse não é fator de diferenciação para a incidência da contribuição sindical.

De acordo com o § 1º do art. 145 da Constituição, o princípio da capacidade contributiva será aplicado "sempre que possível". Logo, quando for impossível, não será observado. Entretanto, acaba dependendo da legislação ordinária para tratar do tema.

É claro, porém, o § 1º do art. 145 da Lei Maior no sentido de que o princípio da capacidade contributiva se aplica a impostos e não a contribuições. Logo, não está sendo violado tal dispositivo ou o princípio da igualdade tributária.

Eventual injustiça fiscal deve ser modificada por intermédio do Poder Legislativo.

Como a alíquota é progressiva, já está tratando as pessoas de modo diferenciado, à medida de sua capacidade contributiva e de sua desigualdade econômica.

Se a grande propriedade rural é mais taxada, isso se deve a outros fatores, como por exemplo para efeito de evitar que ela seja improdutiva e para fins de reforma agrária.

Bis in idem significa incidir no mesmo. *Bis*: repetido; *in idem*: a mesma coisa. No *bis in idem*, apenas uma unidade tributante exige o tributo. A exigência incide sobre o mesmo fato. Há duas normas jurídicas que exigem do mesmo contribuinte dois tributos.

Na bitributação há identidade de tributos concorrentes. O contribuinte é o mesmo. Duas entidades tributantes diversas exigem o tributo do contribuinte. É o que ocorria no sistema anterior à Emenda Constitucional n. 18/65, que permitia à União e aos Estados decretar outros tributos além dos que lhes foram atribuídos pela Constituição, porém o imposto federal excluiria o estadual idêntico (art. 24 da Constituição de 1937 e art. 21 da Constituição de 1946).

O fato gerador do ITR é a propriedade, o domínio útil ou a posse de imóvel por natureza, como definido na lei civil, localizado fora da zona urbana do município (art. 29 do CTN). A base de cálculo do imposto é o valor fundiário. Este representa o valor da terra nua, sem qualquer benefício. A terra nua é a diferença entre o valor venal do imóvel e o valor dos bens incorporados ao imóvel. Contribuinte do imposto é o proprietário do imóvel, o titular de seu domínio útil, ou seu possuidor a qualquer título.

Nada impede que contribuições tenham base de cálculo de impostos, pois não há vedação nesse sentido na Constituição.

O § 1º do art. 4º do Decreto-lei n. 1.166/71 estabelece que a contribuição sindical rural será lançada e cobrada proporcionalmente ao capital social da empresa ou firma, e para os não organizados dessa forma entender-se-á como capital o valor adotado para o lançamento do imposto territorial do imóvel explorado, fixado pelo Incra. A base de cálculo da contribuição sindical rural das pessoas físicas é, portanto, a mesma do ITR.

Não se confunde a tributação do ITR com a do Imposto de Renda sobre a propriedade. O ITR tributa a propriedade rural. O Imposto de Renda tributa o rendimento produzido pela pessoa física ou jurídica, e não pela propriedade. São fatos econômicos distintos. Não existe cumulatividade.

O inciso I do art. 154 da Constituição não permite que sejam instituídos impostos diversos dos previstos no art. 153 da Constituição, a não ser por meio de lei complementar, desde que não sejam cumulativos e não tenham fato gerador ou base de cálculo dos discriminados na Constituição.

Isso significa que é possível a instituição de contribuição que tenha a base de cálculo de impostos. Não há vedação constitucional nesse aspecto. Aquilo que não é proibido é permitido. O inciso I do art. 154 da Constituição diz respeito a impostos e não a contribuições. Logo, a lei ordinária pode estabelecer contribuição que tenha base de cálculo de imposto.

O § 2º do art. 145 da Constituição veda que as taxas tenham base de cálculo de impostos, mas também não proíbe que as contribuições tenham base de cálculo de impostos ou de taxas.

Não há inconstitucionalidade nesse aspecto da contribuição sindical rural.

O confisco é a absorção pelo Estado da propriedade do particular, sem lhe pagar a justa indenização que a Lei Magna prevê.

Haverá confisco se o Estado exigir por meio de seu poder fiscal mais do que o indivíduo tem, absorvendo parcela considerável de sua propriedade, ou praticamente sua totalidade, sem justa indenização.

A contribuição sindical não está absorvendo mais de 50% da propriedade da pessoa para se observar o inciso IV do art. 150 da Constituição.

O inciso II do art. 1º do Decreto-lei n. 1.166/71 indica quem são os contribuintes da contribuição sindical patronal rural, além das pessoas organizadas sob a forma de empresas ou firmas (§ 1º do art. 4º do Decreto-lei n. 1.166/71):

a) a pessoa física ou jurídica, que, tendo empregado, empreende, a qualquer título, atividade econômica rural;

b) quem, proprietário ou não, e mesmo sem empregado, em regime de economia familiar, explore imóvel rural que lhe absorva toda a força de trabalho e lhe garanta a subsistência e progresso social e econômico em área superior a dois módulos rurais da respectiva região;

c) os proprietários de mais de um imóvel rural, desde que a soma de suas áreas seja superior a dois módulos rurais da respectiva região.

Exige a letra *a* do inciso II do art. 1º do Decreto-lei n. 1.166/71, que o contribuinte da contribuição sindical rural seja empregador e tenha empregados.

Empregador é a pessoa física ou jurídica que, assumindo os riscos de sua atividade econômica, admite, dirige e assalaria a prestação pessoal de serviços do empregado (art. 2º da CLT). Empregador é quem tem empregados que lhe prestam serviços.

Empregado é a pessoa física que presta serviços contínuos, com subordinação, pessoalmente e mediante pagamento de salário (art. 3º da CLT).

Se o contribuinte não é empregador, porque não tem empregados, não tem obrigação legal de pagar a contribuição.

No mesmo sentido a jurisprudência, exigindo que os empregadores tenham empregados para ser devida a contribuição sindical:

> RECURSOS DE REVISTA DAS RECLAMADAS CNC, SECOVI E FECOMÉRCIO – MATÉRIA COMUM – ANÁLISE CONJUNTA – CONTRIBUIÇÃO SINDICAL PATRONAL – EMPRESA QUE NÃO POSSUI EMPREGADOS. O TST sedimentou o entendimento de que apenas as empresas que têm empregados estão obrigadas ao recolhimento da contribuição sindical patronal. Precedentes. Recursos de Revista não conhecidos (TST, 8ª T., RR 1159-14.2010.5.12.0019, j. 16-12-2015, Rel. Min. Márcio Eurico Vitral Amaro, *DEJT* 18-12-2015).
>
> Contribuição sindical patronal. Empresa sem empregados. Recolhimento sindical indevido (art. 580, III, da CLT), Recurso a que se nega provimento (TRT 2ª R, Proc. 0001791-31.2015.5.02.0023 (20170484569), Rel. Dês. Rosa Maria Zuccaro, *DJe* 9-8-2017).

Empresário é a pessoa física que exerce profissionalmente atividade econômica organizada para a produção ou circulação de bens ou de serviços (art. 966 do Código Civil) para o mercado, tendo por objetivo o lucro. Do conceito nota-se que o empresário deve exercer sua atividade com habitualidade, daí por que se diz profissionalmente. Se a atividade é exercida uma vez ou outra, não há profissionalidade.

O art. 966 do Código Civil é praticamente a tradução literal do art. 2.088 do Código Civil italiano de 1942.

Pratica o empresário profissionalmente os atos de intermediação com finalidade de lucro.

Exige o Decreto-lei n. 1.166/71 que o sujeito passivo seja produtor rural. Quem não é produtor rural, ainda que pessoa física, pois nada produz na terra, nem mesmo para garantir sua subsistência, não tem obrigação de pagar a contribuição sindical rural.

Quem não exerce atividade econômica, pois não explora atividade rural, não tem obrigação legal de pagar a contribuição sindical rural.

O § 1º do art. 4º do Decreto-lei n. 1.166/71 faz referência a imóvel explorado. A alínea *b* do inciso II do art. 1º da mesma norma menciona exploração de imóvel rural. Isso significa que se o contribuinte não explora imóvel rural, não tem obrigação de pagar a contribuição sindical rural. É o exemplo de alguém que tem um sítio, mas não o explora para plantação ou pecuária ou mesmo para subsistência, ou de pessoa que não pode plantar na sua terra pelo fato de que é proibido o desmatamento, em razão de a área ser considerada reserva ambiental. Logo, a contribuição sindical rural não pode ser exigida dessas pessoas.

Até ulterior disposição legal, a cobrança das contribuições para o custeio das atividades dos sindicatos rurais será feita juntamente com a do imposto territorial rural, pelo mesmo órgão arrecadador (§ 2º do art. 10 do ADCT).

O Decreto-lei n. 1.166/71 foi recepcionado pelo § 2º do art. 10 do ADCT. O art. 4º do Decreto-lei n. 1.166/71 dispõe que caberá ao Incra proceder ao lançamento e à cobrança da contribuição sindical devida pelos integrantes das categorias profissionais e econômicas da agricultura. A contribuição sindical será paga juntamente com o imposto territorial do imóvel a que se referir (art. 5º do Decreto-lei n. 1.166/71). As guias de lançamento da contribuição sindical serão emitidas pelo Instituto Nacional de Colonização e Reforma Agrária (art. 6º), constituindo documento hábil para a cobrança da dívida ativa, nos termos do art. 606 da CLT.

O art. 1º da Lei n. 8.022, de 12-4-1990, transfere para a Secretaria da Receita Federal a competência de administração das receitas da contribuição sindical (art. 4º do Decreto-lei n. 1.166/71 e art. 580 da CLT) arrecadadas pelo Incra. Essa regra é a modificação legal já prevista no § 2º do art. 10 do ADCT. A competência transferida para a Secretaria da Receita Federal abrange as atividades de tributação, arrecadação, fiscalização e cadastramento (§ 1º do art. 1º da Lei n. 8.022/90).

Dispõe o art. 7º do CTN que a competência tributária é indelegável, mas é possível delegar as funções de arrecadar e fiscalizar tributos, ou de executar leis.

Com base no art. 7º do CTN, a Secretaria da Receita Federal tinha legitimidade para arrecadar e fiscalizar a contribuição sindical. A competência continua sendo da União, que é indelegável, mas a possibilidade de arrecadar e fiscalizar pode ser delegada.

Afirma claramente Laudio Fabretti que "a competência tributária para instituir o tributo, fixar suas alíquotas, prazo de pagamento, definir infrações, estabelecer multas etc., por meio de lei ordinária, é indelegável"[21].

---

[21] FABRETTI, Láudio. *Código Tributário Nacional comentado*. 3. ed. São Paulo: Atlas, 2001, p. 42.

A competência abrange o poder de arrecadar e de fiscalizar. No poder de fiscalizar está incluído o poder de lançar e autuar, mas não de estabelecer fato gerador, base de cálculo, contribuinte, alíquota, que já devem estar previstos na lei. Não há nesse ponto delegação da competência tributária, mas da capacidade de arrecadação e de fiscalização. Não tem sentido, porém, arrecadar e fiscalizar sem poder lançar o tributo e autuar o contribuinte.

O Tribunal Regional Federal da 1ª Região já decidiu:

> I – Tem a pessoa jurídica delegada para executar as normas legais, por força do disposto no art. 7º do CTN, competência para aplicar multas por intermédio de seus fiscais, desde que essa multa, resultante da falta de lançamento, já esteja determinada legalmente. Não se trata, no caso, de instituir pena.
>
> II – Indelegável é a competência para decretar tributo, designar os sujeitos passivos, fixar alíquotas, instituir penas, estabelecer bases de cálculo (...) (3ª T., AC 90.01.17166-4/MT, Rel. Juiz Tourinho Neto, j. 26-11-1990, *DJ* de 1º-12-1990, p. 30.797).

O STF já entendeu que:

> Capacidade tributária ativa: possibilidade de delegação. A competência tributária, que se distingue da capacidade tributária, é que é indelegável" (2ª T., AgRg no AI 133.645-5, Rel. Min. Carlos Velloso, *DJU* 14-12-1990).

O inciso I do art. 24 da Lei n. 8.847/94 estabelece que a competência para a arrecadação pela Secretaria da Receita Federal da contribuição sindical rural, por força do art. 1º da Lei n. 8.022/90, cessará em 31-12-1996. A partir de 1997 houve delegação da arrecadação da contribuição para a Confederação Nacional dos Agricultores (CNA) e a Contag.

Permite o inciso II do art. 17 da Lei n. 9.393/96 à Secretaria da Receita Federal do Brasil celebrar convênios com a Confederação Nacional da Agricultura e a Confederação dos Trabalhadores na Agricultura com a finalidade de fornecer dados cadastrais de imóveis rurais que possibilitem a cobrança das contribuições sindicais devidas àquelas entidades.

O § 3º do art. 7º do CTN dispõe que não constitui delegação de competência o cometimento, a pessoas de direito privado, do encargo ou da função de arrecadar tributos. Arrecadar tem o sentido de receber o tributo devido e lançado. Não é possível o órgão administrativo decidir sobre o que está sendo pago[22]. Irá apenas cobrar o devido[23].

A Confederação Nacional da Agricultura tem legitimidade ativa para cobrar a contribuição sindical rural do empregador (Súmula 396 do STJ).

Havendo disposição específica prevista em lei sobre a possibilidade de cobrança da contribuição sindical pela CNA e pela Contag, não é o caso de se aplicar o art. 578 da CLT, no sentido de que apenas os sindicatos têm legitimidade para cobrá-la.

Entretanto, para cobrar é preciso que a contribuição tenha sido lançada, o que não pode ser feito pela CNA e pela Contag, que não têm competência para esse fim, até pelo fato de que são entidades privadas. A CNA não tem competência para inscrever o débito em dívida ativa.

Há julgamento do TST no sentido de que a CNA não pode fazer lançamento, por não ser autoridade administrativa (1ª T., AIRR 47140-35-2007.5.04.0103, Rel. Min. Lélio Bentes Corrêa, j. 14-4-2010, *DJe* 30-4-2010).

Essa é a razão pela qual o art. 606 da CLT mostra que cabe ao fiscal do trabalho o lançamento da contribuição sindical, pois ele é que irá inscrever o débito em dívida ativa. Uma vez constituído o crédito tributário pelo lançamento, a contribuição sindical pode ser cobrada pelo sindicato.

Para a contribuição sindical rural não há essa previsão, pois ela é regulada pelo Decreto-lei n. 1.166/71.

Apenas os arts. 598 a 600 da CLT são aplicados em caso de penalidades para a contribuição sindical rural (art. 9º do Decreto-lei n. 1.166/71), mas não o art. 606 da CLT.

Não existe previsão no Decreto-lei n. 1.166/71 determinando quem é que irá constituir o crédito tributário pelo lançamento. Isso não pode ser feito por entes privados, como a CNA e a Contag, que só têm poderes para

---

[22] No mesmo sentido Hugo de Brito Machado (*Comentários ao Código Tributário Nacional.* São Paulo: Atlas, 2003, v. 1, p. 137).

[23] Nesse sentido José Jayme de Macêdo Oliveira. *Código Tributário Nacional.* Comentários – Doutrina e Jurisprudência. São Paulo: Saraiva, 1998, p. 41.

receber, desde que o crédito tributário tenha sido constituído e tenha sido inscrito em dívida ativa. Do contrário, não pode ser exigido.

O art. 1º do Decreto-lei n. 1.166/71 dispõe que "para efeito da cobrança da contribuição sindical rural prevista nos arts. 149 da Constituição Federal e 578 a 591 da Consolidação das Leis do Trabalho".

Assim, nas omissões do Decreto-lei n. 1.166/71 aplicam-se os arts. 578 a 591 da CLT.

Não há previsão de aplicação do art. 606 da CLT, que é justamente da pessoa que pode constituir o crédito tributário da contribuição sindical.

Determina o art. 142 do CTN a competência privativa da autoridade administrativa para constituir o crédito tributário pelo lançamento, que é um procedimento administrativo. A atividade administrativa de lançamento é vinculada e obrigatória, sob pena de responsabilidade funcional (parágrafo único do art. 142 c/c art. 141 do CTN). Somente pessoa que exerce função na Administração Pública é que pode lançar o tributo.

Ainda que se entenda que o contribuinte presta declaração ao Fisco para a constituição do crédito tributário, há necessidade de verificação pela autoridade administrativa e não por particular, dos dados que foram fornecidos. O art. 147 do CTN mostra que o lançamento por declaração é prestado a autoridade administrativa e não ao particular.

Estabelece o art. 201 do CTN que a dívida ativa tributária é a regularmente inscrita na repartição administrativa competente. Não pode, portanto, ser inscrita pela Contag ou CNA, pois são órgãos privados, que não pertencem à Administração Pública Direta da União.

Constituição do crédito tributário e inscrição em dívida ativa são feitas pelo órgão público e não por particulares:

> Contribuição sindical rural. Necessidade de lançamento e inscrição em dívida ativa: Sem o lançamento, que constitui o crédito tributário e a inscrição em dívida ativa, não pode ser exigida a contribuição sindical rural dos empregadores (TRT 2ª R, 2ª T., 200600524609, j. 23-2-2006, Rel. Sergio Pinto Martins, *DJ* ESP 14-3-2006).

O não exercício da competência tributária não a defere a pessoa jurídica de direito público diversa da prevista pela Constituição (art. 8º do CTN). Pela referida regra, também se verifica que o não exercício da competência não defere à entidade de direito privado tal competência. Assim, se não há o exercício da competência tributária para o lançamento e inscrição em dívida ativa por parte da União, esse fato não pode ser atribuído à CNA e à Contag, que inclusive não está disposto na lei. O que o art. 7º do CTN defere é a capacidade de arrecadação e cobrança e não a constituição do crédito tributário e sua inscrição em dívida ativa, inclusive não a deferem a entidades de direito privado.

O art. 62 das Medidas Provisórias n. 1.549-37, de 4-12-1997, 1.549-38, de 31-12-1997, 1.549-39, de 29-1-1998, 1.549-40, de 26-2-1998, revogaram os arts. 1º a 3º do Decreto-lei n. 1.166/71.

O art. 64 da Medida Provisória n. 1.642-41, de 13-3-1998, e o art. 65 da Medida Provisória n. 1.651-42, de 7-4-1998, passaram a revogar apenas os arts. 2º e 3º do Decreto-lei n. 1.166/71.

Na conversão em lei da medida provisória, a Lei n. 9.649, de 27-5-1998, estabeleceu no art. 66 a revogação apenas dos arts. 2º e 3º do Decreto-lei n. 1.166/71. O art. 64 da Lei n. 9.649/98 convalidou os efeitos das Medidas Provisórias n. 1.549, 1.642-41 e 1.651-42, mas não houve a revogação expressa do art. 1º do Decreto-lei n. 1.166/71.

Isso significa que no início do ano de 1998 não havia a definição do contribuinte da contribuição sindical, que só foi previsto em 28-5-1998. Assim, para o ano de 1998, a contribuição sindical rural não poderia ser cobrada, por falta de definição do contribuinte do tributo.

A relação jurídica tributária é obrigacional. Envolve um sujeito ativo (Estado), que exige uma prestação (objeto) do sujeito passivo (contribuinte).

A obrigação jurídica tributária necessita de: a) fato gerador; b) objeto ou prestação; c) sujeitos da relação, que são: 1) ativo, o Fisco; 2) passivo, o contribuinte.

A lei descreve a hipótese de incidência, a situação hipotética em que o contribuinte terá de pagar o tributo. Ocorrida a hipótese de incidência, temos o fato gerador da obrigação tributária. O fato gerador faz nascer a relação tributária. O sujeito passivo terá a obrigação legal de pagar o tributo ao sujeito ativo. O Estado passa a ter o direito de receber a prestação pecuniária do contribuinte.

Na obrigação tributária, o sujeito ativo (credor) exige do sujeito passivo (devedor) uma prestação (objeto) em decorrência da lei.

Consiste a obrigação tributária no poder que o Estado tem de exigir do contribuinte uma prestação positiva ou negativa, de acordo com a previsão da lei.

Somente a lei pode estabelecer a definição do sujeito passivo (art. 97, III, do CTN). Sem a definição do sujeito passivo, o tributo não pode ser cobrado, pois não se sabe quem irá pagá-lo.

Com a nova determinação da Lei n. 9.649/98, o contribuinte foi definido para o ano de 1998, mas a contribuição sindical rural só poderia ser exigida em 1999, diante do princípio da anterioridade tributária (art. 150, III, *b*, da Constituição).

Para efeito de cobrança de contribuição sindical dos empregadores rurais organizados em empresas ou firmas, a contribuição sindical será lançada e cobrada proporcionalmente ao capital social. Para os empregadores rurais não organizados sob a forma de empresa, entender-se-á como capital o valor adotado para o lançamento do imposto territorial do imóvel explorado, fixado pelo Incra. Em ambos os casos, aplica-se a tabela contida no inciso III do art. 580 da CLT.

A contribuição devida às entidades sindicais da categoria profissional (trabalhadores rurais), será lançada e cobrada dos empregadores rurais e por estes descontada dos respectivos salários, tomando-se por base um dia de salário mínimo regional pelo número máximo de assalariados que trabalham nas épocas de maiores serviços, conforme declarado no cadastramento do imóvel (§ 2º do art. 4º Decreto-lei n. 1.166/71).

Será lançada a contribuição sindical dos proprietários que trabalhem individualmente ou em regime de economia familiar na forma do inciso II do art. 580 da CLT e recolhida diretamente pelo devedor, incidindo, porém, a contribuição apenas sobre um imóvel.

A Confederação Nacional da Agricultura estabeleceu a seguinte tabela:

Classe de capital social ou valor da terra nua tributável (em R$)	Alíquota	Parcela a adicionar
1.425,59	Contribuição mínima R$ 11,40	-

1.425,60 a 2.851,17	0,8%	-
2.851,18 a 28.511,86	0,2%	17,11
28.511,87 a 2.851.187,38	0,1%	45,62
2.851.187,39 a 15.206.332,78	0,02%	2.326,57
Acima de 15.206.332,78	Contribuição máxima R$ 5.367,84	-

O recolhimento amigável ou judicial das contribuições sindicais em atraso somente poderá ser feito diretamente ao órgão arrecadador, que providenciará as transferências e créditos.

Em pagamento dos serviços e reembolso de despesas relativas aos encargos decorrentes do art. 4º do Decreto-lei n. 1.166/71, caberão ao Incra 15% das importâncias arrecadadas, que lhe serão creditadas diretamente pelo órgão arrecadador.

O produto da arrecadação da contribuição sindical rural, depois de deduzida a porcentagem devida ao Incra, será transferido, diretamente, pela agência centralizadora da arrecadação à respectiva entidade. A aplicação da contribuição sindical rural, objetivando o desenvolvimento setorial e atendidas as peculiaridades de cada categoria, será feita pelas respectivas entidades, nos termos de instruções baixadas pelo Ministério do Trabalho, que estabelecerão normas visando harmonizar as atividades sindicais com os propósitos sociais, econômicos e técnicos da agricultura. A Portaria n. 3.210, de 20-6-1975, do Ministério da Agricultura e do Trabalho regula o pagamento da contribuição sindical rural pelos trabalhadores eventuais e outros não considerados empregados.

Inexistindo entidade representativa ou coordenadora das categorias respectivas com jurisdição na área de localização do imóvel rural de que se trata, o porcentual da contribuição sindical fica para a federação. Na falta desta, o porcentual fica para a confederação. Somente na inexistência desta, a contribuição sindical fica para o Ministério do Trabalho.

A contribuição sindical rural também é facultativa. Vai depender da vontade da pessoa recolhê-la. O art. 1º do Decreto-lei n. 1.166/71 dispõe que "para efeito da cobrança da contribuição sindical rural prevista nos arts. 149 da Constituição Federal e 578 a 591" da CLT. Logo, são observados os arts. 578, 579, 582, 583 e 587 da CLT que exigem autorização da pessoa para recolher a contribuição

O fornecimento de dados para a cobrança da contribuição sindical rural foi disciplinada pela Instrução Normativa SRF n. 20/1998.

Dispõe o artigo 2º da Lei n. 8.022/90:

> Art. 2º As receitas de que trata o art. 1º desta lei, quando não recolhidas nos prazos fixados, serão atualizadas monetariamente, na data do efetivo pagamento, nos termos do art. 61 da Lei n. 7.799, de 10 de julho de 1989, e cobradas pela União com os seguintes acréscimos:
>
> I – juros de mora, na via administrativa ou judicial, contados do mês seguinte ao do vencimento, à razão de 1% (um por cento) ao mês e calculados sobre o valor atualizado, monetariamente, na forma da legislação em vigor;
>
> II – multa de mora de 20% (vinte por cento) sobre o valor atualizado, monetariamente, sendo reduzida a 10% (dez por cento) se o pagamento for efetuado até o último dia útil do mês subsequente àquele em que deveria ter sido pago;
>
> III – encargo legal de cobrança da Dívida Ativa de que trata o art. 1º do Decreto-lei n. 1.025, de 21 de outubro de 1969, e o art. 3º do Decreto-lei n. 1.645, de 11 de dezembro de 1978, quando for o caso.

O Decreto-lei n. 1.166/71 atribuía ao Instituto Nacional de Colonização e Reforma Agrária (INCRA) a competência para fazer o lançamento e a cobrança da contribuição sindical rural devida pelos integrantes das categorias profissionais e econômicas da agricultura (art. 4º).

O art. 1º da Lei n. 8.022/90 transferiu para a Secretaria da Receita Federal a competência de administração das receitas arrecadadas pelo Instituto Nacional de Colonização e Reforma Agrária – INCRA, e para a Procuradoria-Geral da Fazenda Nacional a competência para a apuração, inscrição e cobrança da respectiva dívida ativa.

O inciso I do art. 24 da Lei n. 8.847/94 estabelece que a competência para a arrecadação pela Secretaria da Receita Federal da contribuição sindical rural, por força do art. 1º da Lei n. 8.022/90, cessará em 31 de dezembro de 1996. A partir de 1997 houve delegação da arrecadação da contribuição para a Confederação Nacional dos Agricultores (CNA) e a Contag.

A Lei n. 8.022/90 regulou nova forma de multa de mora, revogou tacitamente o art. 9º do Decreto-lei n. 1.166/71 e derrogou o art. 600 da CLT. O art. 2º da Lei n. 8.022/90 e o artigo 24, I, da Lei n. 8.847/94 derrogaram o art. 600 da CLT quanto aos encargos da contribuição sindical rural.

O recolhimento a destempo da contribuição sindical rural não acarreta a aplicação da multa progressiva prevista no art. 600 da CLT, em decorrência da sua revogação tácita pela Lei n. 8.022, de 12 de abril de 1990 (Súmula 432 do TST).

5.15 Necessidade de lançamento e inscrição em dívida ativa

5.15.1 Antes da Lei n. 13.467/2017

Reza o art. 606 da CLT:

> Às entidades sindicais cabe, em caso de falta de pagamento da contribuição sindical, promover a respectiva cobrança judicial, mediante ação executiva, valendo como título de dívida a certidão expedida pelas autoridades regionais do Ministério do Trabalho.

O referido artigo não foi revogado e nem alterado expressamente por nova norma. Foi recepcionado pela Constituição de 1988.

Foi recepcionado pela Constituição de 1988 o art. 606 da CLT que indica que a contribuição sindical, para ser cobrada judicialmente, necessita de que o Ministério do Trabalho a inscreva como título de dívida (§ 1º do art. 606 da CLT). Esse documento é imprescindível para o ajuizamento da execução, valendo como título da dívida. O dispositivo celetista não é incompatível com o inciso I do art. 8º da Constituição, pois a natureza da contribuição sindical é tributária, em que parte dela é destinada ao Estado, devendo ser observado o princípio da legalidade. Somente a autoridade do Ministério do Trabalho é que pode expedir a certidão para a cobrança da contribuição sindical. O referido documento vale como certidão de dívida ativa, como se depreende do § 2º do art. 606 da CLT.

Compete privativamente à autoridade administrativa constituir o crédito tributário pelo lançamento, assim entendido o procedimento administrativo tendente a verificar a ocorrência do fato gerador da obrigação correspondente, determinar a matéria tributável, calcular o montante do tributo devido, identificar o sujeito passivo e, sendo o caso, propor a aplicação da penalidade cabível (art. 142 do CTN). A atividade administrativa de lançamento é vinculada e obrigatória, sob pena de responsabilidade funcional (parágrafo único do art. 142 do CTN). Não pode ser feita por particular (Sindicato), mas apenas por funcionário público (auditor-fiscal do trabalho). Sendo obrigatório para o auditor-fiscal o lançamento, incorre em pena de responsabilidade funcional se não fizer o lançamento. Será feito o lançamento da contribuição sindical anualmente. O lançamento poderá ser de ofício, nas hipóteses previstas no artigo 149 do CTN. Pode o lançamento ser feito por homologação, em que o contribuinte recolhe a contribuição e depois o fisco verifica se estão presentes todos os requisitos para a constituição do crédito tributário e o homologa.

O Ministério do Trabalho expedirá certidão quanto ao não recolhimento da contribuição sindical.

A inscrição em Dívida Ativa é imprescindível para o ajuizamento da execução, valendo como título da dívida. Somente a autoridade do Ministério do Trabalho e Emprego é que pode expedir a certidão para a cobrança da contribuição sindical. O referido documento vale como certidão de dívida ativa, como se depreende do § 2º do art. 606 da CLT.

A certidão deverá conter a individualização do contribuinte, a indicação do débito e a designação da entidade a favor da qual é recolhida a importância da contribuição sindical, de acordo com o respectivo enquadramento sindical (§ 1º do art. 606 da CLT). O § 2º do art. 606 da CLT demonstra que a cobrança judicial da dívida da contribuição sindical tem os mesmos privilégios gozados pela Fazenda Pública, nos termos da Lei n. 6.830/80, com a única exceção de que não há foro especial para a cobrança da dívida, como ocorre em relação àquela entidade.

A Portaria n. 488, de 23-11-2005, do Ministério do Trabalho, não é lei. Ademais, o art. 6º da referida Portaria não dispõe que a certidão prevista pelo art. 606 da CLT foi substituída.

Se o Sindicato não junta no processo a certidão de inscrição em Dívida Ativa, que faz prova da existência da dívida, não há como ser cobrada a contribuição sindical.

Já julguei vários processos no mesmo sentido:

> Contribuição sindical. Necessidade de lançamento e inscrição em dívida ativa. Sem o lançamento, que constitui o crédito tributário e a inscrição em dívida ativa, não pode ser exigida a contribuição sindical dos empregadores (TRT 2ª R., 18ª T., Proc. n. 0002024-18.2011.5.02.0007 (20120039859), Ac. 20120767753, Rel. Sergio Pinto Martins, *DO* 10-7-2012).
>
> Contribuição sindical rural. Necessidade de lançamento e inscrição em dívida ativa.
>
> Sem o lançamento, que constitui o crédito tributário e a inscrição em dívida ativa, não pode ser exigida a contribuição sindical rural dos empregadores (TRT 2ª R., 2ª T., 200600524609, j. 23-2-2006, Rel. Sergio Pinto Martins, *DJ* ESP 14-3-2006).

O ato do lançamento feito pela autoridade do auditor-fiscal do Ministério do Trabalho não corresponde a intervenção ou interferência do Estado no Sindicato (art. 8º, I, da Constituição), mas em necessidade prevista em lei para exigência do tributo, que é a contribuição sindical. O tributo só pode ser exigido por previsão de lei, em decorrência do princípio da legalidade tributária. O lançamento é um procedimento previsto em lei e não pode ser feito pelo Sindicato, que tem natureza privada. O dispositivo celetista não é incompatível com o inciso I do art. 8º da Constituição, pois a natureza da contribuição sindical é tributária, em que parte dela é destinada ao Estado, devendo ser observado o princípio da legalidade.

O inciso IV do art. 8º da Constituição faz referência a "independentemente da contribuição prevista em lei", que é a contribuição sindical. Ela é exigida na forma da lei, o que recepciona os arts. 578 a 610 da CLT, inclusive com a necessidade de lançamento para a exigência da referida contribuição.

Podem ser cobradas no mesmo exercício valores acumulados da contribuição sindical de outros exercícios, observado o prazo de prescrição do art. 174 do CTN.

No boleto da contribuição deveria estar determinado de forma clara a fórmula de cálculo, o exercício cobrado, o valor devido a título de juros e de correção monetária em caso de inadimplemento, visando atender aos requisitos do art. 202 do CTN, quanto aos requisitos da inscrição em dívida ativa.

Quem vai ajuizar a ação para a cobrança da contribuição sindical é o próprio Sindicato, instruindo a petição inicial com o título de dívida. A certidão é expedida pelas autoridades regionais do Ministério do Trabalho.

5.15.2 *Depois da Lei n. 13.467/2017*

Tendo a Lei n. 13.467/17 alterado a redação dos arts. 545, 578, 579, 582, 583 587 e 602 da CLT, a natureza da contribuição sindical passou a ser facultativa, pois depende da autorização da pessoa para contribuir.

Não sendo mais tributo, pois tributo não é uma prestação facultativa, mas compulsória, não há necessidade de lançamento para a constituição do crédito do Sindicato, estando derrogado o art. 606 da CLT.

5.16 Editais

Dispõe o art. 605 da CLT que:

> as entidades sindicais são obrigadas a promover a publicação de editais concernentes ao recolhimento da contribuição sindical, durante 3 (três) dias, nos jornais de maior circulação local e até 10 (dez) dias da data fixada para depósito bancário.

Logo, para que haja a cobrança da contribuição sindical, também há necessidade de publicação de editais.

A publicação dos editais é uma exigência legal e dá publicidade e transparência à cobrança da contribuição sindical. Não tem o condão de constituir o crédito da contribuição sindical.

O procedimento previsto em lei exige que sejam publicados editais para a exigência da contribuição sindical.

A exigência de editais não corresponde a intervenção ou interferência do Estado no Sindicato (art. 8º, I, da Constituição), mas em necessidade prevista em lei para exigência do tributo, que é a contribuição sindical. O tributo só pode ser exigido por previsão de lei, em decorrência do princípio da legalidade tributária. Se o Sindicato não publica o edital, não pode ser exigida a contribuição sindical.

Há julgado meu na 18ª Turma do TRT da 2ª Região no mesmo sentido:

> Contribuição sindical. Editais. Não houve também juntada de edital de publicação em relação à contribuição sindical, nos termos e prazos estabelecidos no artigo 605 da CLT. O referido dispositivo foi recebido pela Constituição de 1988, pois a contribuição sindical tem natureza tributária (TRT 2ª R., 18ª T., Proc. n. 00360.2009.067.02.00-5 (20090769508), Rel. Sergio Pinto Martins).

No mesmo sentido a jurisprudência do STJ:

> Tributário. Trabalhista. Processual civil. Agravo regimental. Contribuição sindicai. Ausência de prequestionamento. Súmulas 282 e 356/STF. Necessidade de publicação de editais. Art. 605 da CLT. Precedentes de ambas as turmas que compõem a primeira seção. 1. Trata-se de agravo regimental interposto contra decisão que negou seguimento a recurso especial por falta de prequestionamento dos dispositivos de lei federal apresentados como violados e, quanto à interpretação do art. 605 da CLT, pelo óbice da Súmula 83/STJ. 2. Ausência de prequestionamento da matéria do artigo 267, VI, § 3º, do CPC, de modo que incidem as Súmulas 282 e 356 do STF. 3. No âmbito de ambas as Turmas que compõem a Primeira Seção desta Casa Julgadora, é uníssono o entendimento de que a publicação de editais, conforme determina o art. 605 da CLT, é obrigatória e deve preceder a cobrança da contribuição sindical (Resp. n. 330955/ES, desta Relatoria, *DJ* de 11-3-2002. 4. De igual modo: REsp 631226/PR, Rel. Min. Eliana Calmon, *DJ* de 26-9-2005; Ag. Rg. no Resp 742058/PR, Rel. Min. Francisco Falcão, *DJ* de 9-11-2006; Ag. Rg. no AG 798123, Rel. Min. Denise Arruda, *DJ* de 26-2-2007; REsp 877274/RS, Rel. Min. Humberto Martins, *DJ* de 28-2-2007. 5. Agravo regimental não provido (STJ, AgRg. Resp 770.343/PR, 1ª T., Rel. Min. José Delgado, *DJe* 23-4-2008).

Os editais continuam a ser exigidos para dar transparência à cobrança, mesmo depois da Lei n. 13.467/2017, pois o art. 605 da CLT não foi revogado.

5.17. Prestação de contas

Não há necessidade de fiscalização do Tribunal de Contas da União no sindicato. O sindicato tem natureza privada, não se justificando a fiscalização do Tribunal de Contas da União.

Fazer auditoria, por intermédio do Tribunal de Contas da União, no dinheiro recebido pelo governo destinado à Conta Emprego e Salário está correto. Entretanto, não pode haver fiscalização do sindicato, que não é órgão público, mas privado.

Ressalte-se que a OAB não é fiscalizada pelo Tribunal de Contas da União, apesar de ser considerada autarquia federal.

Receita pública, segundo Bernardo Ribeiro de Moraes, é "a soma de valores que entra para o patrimônio do Estado e que se destina à satisfação das necessidades públicas"[24]. É o valor obtido pelo governo com tributos ou outras entradas de forma definitiva nos cofres públicos. É o que entra no Tesouro Nacional. Trata-se de recurso público.

Receita pública é a parte da União destinada à conta de Emprego e Salário.

A partir do momento em que o numerário entra no caixa da entidade sindical, não é mais receita pública, mas receita privada.

Tributo é receita pública. A partir do momento em que o dinheiro fica com o sindicato, não é receita pública, mas privada.

O dinheiro não é da União. É do sindicato, tanto que o porcentual está previsto no art. 589 da CLT.

Os sindicatos, as federações, as confederações e as centrais sindicais não têm receita pública, mas privada. O sindicato não exerce funções delegadas de Poder Público, como era a previsão do artigo 166 da Emenda Constitucional n. 1/69. Não se trata de recurso público, mas de recurso privado, do sindicato.

Dispõe o parágrafo único do art. 70 da Constituição que:

> prestará contas qualquer pessoa física ou jurídica, pública ou privada, que utilize, arrecade, guarde, gerencie ou administre dinheiros, bens e valores públicos ou pelos quais a União responda, ou que, em nome desta, assuma obrigações de natureza pecuniária.

O valor recebido pelo Sindicato primeiro é recebido pelo Ministério do Trabalho e depois repassado para o Sindicato. Ele não arrecada dinhei-

---

[24] MORAES, Bernardo Ribeiro de. *Compêndio de direito tributário*. Rio de Janeiro: Forense, 1984, p. 146.

ro público. O dinheiro não é público, mas do sindicato, a partir do momento que ingressa nos cofres do sindicato.

Prestar contas não implica que haverá fiscalização por parte do Tribunal de Contas da União no sindicato, pois o art. 70 não dispõe nesse sentido.

A redação anterior do citado parágrafo único fazia referência a entidade pública, que não é o sindicato. Entidade pública é a de direito público.

A partir do momento que a contribuição sindical tem natureza privada, não se pode falar que o Sindicato recebe dinheiro público e tem de prestar contas.

O certo seria a lei obrigar as entidades sindicais a apresentarem suas contas na Internet, de forma detalhada, para que todos pudessem fiscalizá-las e impugná-las. É o que ocorre nos Estados Unidos, em que não existe intervenção ou interferência no sindicato, mas a lei obriga a prestação de contas para que todos possam fiscalizar o sindicato.

5.18. Decadência e prescrição

5.18.1 Antes da Lei n. 13.467/2017

Às entidades sindicais cabe, em caso de falta de pagamento da contribuição sindical, promover a respectiva cobrança judicial, mediante ação executiva, valendo como título de dívida a certidão expedida pelas autoridades regionais do Ministério do Trabalho. Da certidão deverão constar a individualização do contribuinte, a indicação do débito e a designação da entidade a favor da qual é recolhida a importância da contribuição sindical, de acordo com o respectivo enquadramento sindical.

Por ter a contribuição sindical natureza tributária, os prazos de decadência e prescrição são os previstos no CTN.

Tem o Ministério do Trabalho ou da Economia cinco anos para constituir o crédito da contribuição sindical. O prazo será contado: a) do primeiro dia do exercício seguinte àquele em que o lançamento poderia ter sido efetuado; b) da data em que se tornar definitiva a decisão que houver anulado, por vício formal, o lançamento anteriormente efetuado (art. 173 do CTN). O direito anteriormente referido extingue-se definitivamente com o decurso do prazo mencionado, contado da data em que tenha sido iniciada a constituição do crédito tributário pela notificação, ao sujeito passivo, de qualquer medida preparatória indispensável ao lançamento.

Constituído o crédito tributário da contribuição sindical no prazo decadencial de cinco anos, o sindicato terá cinco anos para ajuizar a ação de cobrança da contribuição sindical, nos termos do art. 174 do CTN. A prescrição se interrompe: a) pela citação pessoal feita ao devedor; b) pelo protesto judicial; c) por qualquer ato judicial que constitua em mora o devedor; d) por qualquer ato inequívoco, ainda que extrajudicial, que importe em reconhecimento do débito pelo devedor.

5.18.2 *Depois da Lei n. 13.467/2017*

A partir da vigência da Lei n. 13.467/2017, a contribuição sindical tem natureza privada, facultativa.

Logo, seu prazo de prescrição passa a ser o de 10 anos previsto no art. 205 do Código Civil, por não ter a contribuição sindical natureza tributária e não ter prazo específico para ser cobrada.

Não há mais prazo de decadência, por falta de previsão legal e por não ser mais tributo a contribuição sindical.

5.19 Competência

O inciso III do art. 114 da Constituição estabelece a competência da Justiça do Trabalho para julgar ações sobre representação sindical, entre sindicatos, entre sindicatos e trabalhadores, e entre sindicatos e empregadores. Sendo a contribuição sindical cobrada pelo Sindicato de empregados ou de empregadores do empregador, a competência é da Justiça do Trabalho para analisar a matéria.

Parte III

Contribuição Confederativa

6 Denominação

6.1 Introdução

É necessário estudar a contribuição confederativa sob o prisma da denominação.

Existem várias denominações que poderiam ser empregadas para justificar a nova contribuição criada pela Constituição. Poder-se-ia falar em contribuição assistencial, contribuição de solidariedade, taxa de reversão, contribuição de assembleia etc.

Evidentemente, não será o nome que caracterizará o instituto, mas sim seus elementos essenciais. O nome apropriado, contudo, ajuda a compreender a contribuição confederativa.

6.2 Contribuição assistencial

O uso da expressão *contribuição assistencial* revela, à primeira vista, a existência da cobrança de uma importância para remunerar as funções assistenciais prestadas pelo sindicato, como de assistência jurídica, médica, odontológica etc. Não é o caso da contribuição que ora estamos estudando, a qual tem por objetivo custear o sistema confederativo sindical. A contribuição assistencial é aquela prevista em normas coletivas: dissídio coletivo, convenção coletiva e acordo coletivo, sendo cobrada em razão da negociação coletiva feita pelo sindicato, dos gastos inerentes à referida negociação e da administração do convênio.

6.3 Taxa de reversão ou contribuição de solidariedade

A utilização da expressão *taxa de reversão ou contribuição de solidariedade* mostra a cobrança de uma contribuição exigida pelo sindicato dos não associados, que terão benefícios com as conquistas da categoria e deveriam também pagar uma contribuição à agremiação, em virtude das vantagens e novas condições de trabalho que passariam a ter onde prestam serviços. A contribuição de solidariedade seria fundada no dever de solidariedade dos não associados com os associados do sindicato, que já pagam a mensalidade sindical pelos serviços prestados pela agremiação, sendo que os não associados pagariam uma contribuição pelo fato de o sindicato ter participado da negociação que lhes trouxe vantagens e em razão de não contribuírem com nenhum valor para aquela organização. Entretanto, a contribuição confederativa não se confunde com a contribuição de solidariedade, pois esta só seria devida pelos não associados, enquanto a primeira seria devida por todos os membros da categoria. A contribuição de solidariedade representa importância cobrada pelo fato de o sindicato ter participado da negociação coletiva, enquanto a contribuição confederativa tem por base o custeio do sistema confederativo.

6.4 Taxa confederativa

A exigência em comentário não pode ser chamada de taxa confederativa, pois o emprego da palavra *taxa* tem a característica de espécie do gênero tributo, de natureza compulsória, sendo que a contribuição confederativa não é compulsória, pois até o momento o Poder Legislativo não foi chamado para constituí-la.

6.5 Contribuição corporativa

Poder-se-ia, ainda, falar em contribuição corporativa, como entende Arion Sayão Romita[1], no sentido de financiar o sistema corporativo sin-

[1] ROMITA, Arion Sayão. Contribuições corporativas. In: *Sindicalismo. Eco-*

dical. Contribuição corporativa poderia ser a contribuição dos bombeiros, que são uma corporação.

No entanto, o termo mais correto, segundo a própria Constituição, é *contribuição para o custeio do sistema confederativo sindical*. É claro que o sindicato não deixa de ser uma corporação, contudo outras entidades também são corporações, como as associações, as sociedades cooperativas, porém não têm uma contribuição prevista na Constituição ou em lei destinada a financiar suas atividades, ao contrário da contribuição que estamos estudando[2].

Poderia a contribuição corporativa ser entendida como gênero, sendo as espécies a contribuição sindical, a contribuição assistencial, a contribuição confederativa, as contribuições destinadas aos órgãos fiscalizadores do exercício da profissão etc.

6.6 Contribuição classista

Carlos Alberto Gomes Chiarelli emprega o termo *contribuição classista* para designar a contribuição fixada na assembleia geral do sindicato prevista no inciso IV do art. 8º da Lei Maior[3]. Entendemos que não se pode usar da expressão *contribuição classista*, pois confunde-se com a contribuição destinada ao órgão de classe, como a contribuição devida à Ordem dos Advogados do Brasil, ao Conselho Regional de Contabilidade etc., que são contribuições previstas em lei, mas não são destinadas ao custeio do sistema confederativo, já que tais órgãos são os fiscalizadores do exercício da profissão e não pertencem ao sistema sindical.

---

nomia. Estado Democrático: estudos. São Paulo: LTr, 1993, p. 109.

2 Poderíamos falar em contribuição corporativa se a entendêssemos como gênero, compreendendo todas as contribuições das corporações, que incluiriam as contribuições devidas ao sindicato, que seriam as espécies, como as contribuições confederativa, sindical, assistencial e a estatutária. Entretanto, não se pode falar que *contribuição corporativa* seria sinônimo de *contribuição confederativa*.

3 CHIARELLI, Carlos Alberto Gomes. *Trabalho na constituição:* direito coletivo. São Paulo: LTr, 1990, v. 2, p. 60.

6.7 Contribuição federativa

Não seria possível ser utilizada a expressão *contribuição federativa*, pois a contribuição em comentário tem por objetivo custear as atividades do sistema confederativo e não do sistema federativo. Assim, a contribuição em comentário não visa custear apenas a federação, mas o sistema confederativo, que envolve o sindicato, a federação e a confederação.

6.8 Contribuição de assembleia

Célia Titto afirma que a contribuição confederativa também pode ser chamada de *contribuição de assembleia*[4], por ser fixada na assembleia geral do sindicato.

Não se pode usar, porém, a denominação *contribuição de assembleia*, pois a mensalidade sindical é fixada na assembleia geral do sindicato (art. 548, *b*, da CLT), podendo a contribuição assistencial também o ser.

6.9 Contribuição confederativa

Na verdade, a correta denominação do instituto em estudo seria *contribuição para o custeio do sistema confederativo sindical*, empregada no próprio inciso IV do art. 8º da Constituição. Essa denominação é, todavia, extensa e na prática passou-se a usar da denominação *contribuição confederativa*, que vamos utilizar por força do costume.

A rigor, não se poderia falar propriamente em contribuição no sentido do Direito Tributário, como espécie do gênero tributo, ou seja, numa *contribuição* compulsória, que independe de a vontade da pessoa pagá-la, instituída em lei, que não seja sanção de ato ilícito e cobrada mediante atividade administrativa plenamente vinculada. A acepção da palavra contribuição tem de ser entendida no sentido genérico e não no significado específico previsto no Direito Tributário, pois o pagamento feito pelo

4 TITTO, Célia. Contribuição assistencial. Enunciado n. 334 do TST. In: *Suplemento Trabalhista LTr*. São Paulo: LTr, n. 142/94, p. 789, 1994.

membro pertencente à categoria para custear alguma despesa do sindicato apresenta-se dentro do conceito gênero. Contribuição tem, portanto, o sentido de valor destinado a custear uma despesa comum, como ocorre em relação à contribuição paga pelos membros de um clube esportivo, de um condomínio etc. Assim, a contribuição ora em análise representa a receita das entidades sindicais obtida dos associados ou dos membros da categoria para o custeio de suas atividades.

Não tem a expressão *confederativa* o significado de uma contribuição que vai custear o sistema confederativo, entendido este como o sistema nacional, federal, mas sim todo o sistema sindical ou confederacional, no sentido da confederação sindical, órgão de cúpula sindical.

A expressão *contribuição confederativa*, embora não muito escorreita, é, portanto, a mais indicada para designar a exigência em estudo, pois diz respeito à contribuição que vai ser cobrada pelo sindicato, não em função de este participar da negociação coletiva da categoria, nem para fazer frente a despesas oriundas de atividades assistenciais prestadas pelo sindicato, mas para custeio do sistema confederativo, como menciona o inciso IV do art. 8º da Lei Maior. Por isso, a denominação *contribuição confederativa* é a mais adequada para indicar a novel contribuição prevista na Lei Magna de 1988.

7

Conceito

7.1 Conceito

A contribuição confederativa é a prestação pecuniária, espontânea, fixada pela assembleia geral do sindicato, tendo por finalidade custear o sistema confederativo.

É uma prestação pecuniária porque é exigida em dinheiro. É espontânea, facultativa, pois como pretende-se demonstrar, depende da vontade da pessoa em contribuir, já que não é compulsória, nem há lei tratando de sua exigência. O inciso IV do art. 8º da Constituição mostra que a referida contribuição sindical será fixada na assembleia geral do sindicato e não em outro órgão sindical ou de outros membros pertencentes ao sistema sindical. Tem por finalidade o custeio do sistema confederativo, que envolve sindicato, federação e confederação. Não se trata, porém, de contribuição destinada ao custeio das atividades do sindicato, mas também da federação e da confederação, ou seja, do sistema confederativo.

Representa a contribuição confederativa uma das receitas financeiras do sindicato para custear suas atividades.

7.2 Distinções de outras contribuições

Antes de prosseguir no estudo da contribuição confederativa, visto já seu conceito, temos de a distinguir de outras contribuições ou de outros pagamentos feitos ao sindicato, mostrando que ela se distancia das demais contribuições sindicais.

7.2.1 Contribuição de solidariedade

A contribuição de solidariedade ou taxa de reversão insere-se nos corpos de instrumentos normativos sob o fundamento de cobrir as despesas com as negociações do sindicato ou de caráter assistencial, sendo devida apenas pelos não associados do sindicato. Há duas condições para a exigência da contribuição: a) título normativo que trate do tema; b) os trabalhadores podem opor-se ao desconto, porém, caso não paguem a contribuição, não se beneficiam das vantagens da norma coletiva.

O fundamento da referida contribuição seria o fato de os não associados terem-se beneficiado do reajuste coletivo da categoria, razão pela qual deveriam pagar uma contribuição de solidariedade em relação aos associados do sindicato, ou seja, do dever de solidariedade dos não associados para com os associados do sindicato. Trata-se de contribuição cobrada dos não associados com fundamento no dever de solidariedade destes para com os demais trabalhadores já associados que vertem contribuições para o sindicato. Não se confunde, portanto, a contribuição confederativa com a taxa de solidariedade ou de reversão, pois o objetivo da contribuição confederativa não é fazer com que os não associados paguem uma contribuição em função das negociações coletivas praticadas pelo sindicato, mas sim custear o sistema confederativo, que abrange não só o sindicato, como também a federação e a confederação.

7.2.2 Contribuição assistencial

Alguns autores confundem a contribuição confederativa com a contribuição assistencial, também chamada de contribuição de solidariedade ou taxa de reversão[1].

---

[1] É o caso de Aluysio Mendonça Sampaio (As fontes de receita dos sindicatos na nova Constituição Federal. In: *Relações coletivas:* estudos em homenagem ao Ministro Arnaldo Süssekind. São Paulo: LTr, 1989, p. 341-342) e Galba José dos Santos (Contribuições sindicais obreiras na constituição federal. In: *Relações coletivas*. Op. cit., p. 344). Na jurisprudência, há acórdãos no mesmo sentido (SDC do TST, EDecl. em DC 27.042/91.8, j. 17-5-1993, Rel. Min. Antonio Amaral, *DJU* I 24-9-1993, p. 19.962; TRT 15ª R., Seção Especializada, DC 231/92, j. 12-5-1993,

A contribuição assistencial tem fundamento na alínea *e* do art. 513 da CLT, enquanto a contribuição confederativa tem previsão no inciso IV do art. 8º da Constituição.

A natureza jurídica das duas contribuições é distinta: a contribuição confederativa serve para custear o sistema confederativo da representação sindical patronal ou profissional; já a contribuição assistencial é encontrada nas sentenças normativas, acordos e convenções coletivas, visando custear as atividades assistenciais do sindicato, principalmente pelo fato de o sindicato ter participado das negociações para obtenção de novas condições de trabalho para a categoria. Dessa forma, ambas as contribuições são cumuláveis, pois distintas suas destinações e objetivos. O objetivo da contribuição assistencial é a cobertura dos serviços assistenciais prestados pelo sindicato, principalmente pelo fato de a agremiação ter participado das negociações coletivas ou da propositura do dissídio coletivo, enquanto a contribuição confederativa diz respeito ao custeio do sistema confederativo em sua totalidade.

A contribuição assistencial não é dividida entre a federação e a confederação, pois fica apenas para o sindicato, enquanto a contribuição confederativa irá ser repartida nesse sentido, pois visa ao custeio não do sindicato, mas do sistema confederativo, que compreende o sindicato, a federação e a confederação. Não resulta a contribuição confederativa de acordo, convenção ou sentença normativa, mas das disposições da assembleia geral. A contribuição assistencial geralmente é paga apenas pelos empregados, enquanto a contribuição confederativa será paga não só pelos empregados, mas também pelos empregadores para o custeio do sistema confederativo. Assim, a contribuição confederativa não absorveu a contribuição assistencial, pois inclusive suas finalidades são distintas[2].

A alínea *e* do art. 513 da CLT não foi elevada em nível de dispositivo constitucional, pois se refere a contribuição assistencial, visto que, ao atribuir a imposição de contribuições, faz referência a categorias

---

Rel. Juiz Carlos Alberto Moreira Xavier, *DJ SP* 16-8-1993, p. 146-147).

2 No mesmo sentido o pensamento da Ricardo Nacim Saad (A (des)organização sindical brasileira, in Revista LTr 55-02/147) e José Martins Catharino (A "contribuição confederativa" sindical (aspectos principais). *Repertório IOB de Jurisprudência*, n. 8, texto 2/6209, p. 148, abr. 1992).

econômicas ou profissionais ou das profissões liberais, dando margem à existência da contribuição sindical e da assistencial, que são as contribuições exigidas em relação às categorias econômicas e profissionais.

Já o inciso IV do art. 8º da Constituição não mencionou expressamente a hipótese de imposição de contribuição a categorias econômicas ou profissionais, mas estabeleceu a possibilidade de a assembleia geral do sindicato fixar a contribuição para o custeio do sistema confederativo da representação respectiva, que é completamente distinta e nova em relação à anterior, que era a assistencial.

O constituinte não quis usar a expressão *contribuição assistencial* porque esta já existia e estava sendo cobrada, não podendo utilizar a mesma nomenclatura para disciplinar situações distintas. As finalidades da contribuição assistencial e confederativa são diversas: uma tem o objetivo de custear o sistema confederativo, a outra de atender necessidades assistenciais do sindicato, inclusive pelo fato de que este participou das negociações coletivas. Não há, portanto, a absorção da contribuição assistencial pela contribuição confederativa, porque os objetivos são diversos.

Ao sindicato não é mais possível impor contribuições como está escrito na alínea *e* do art. 513 da CLT, que decorria do art. 138 da Constituição de 1937, pois o sindicato não tem soberania como o Estado. Este sim pode impor contribuições, decorrentes de seu poder de império, que decorre da lei. O sindicato pode arrecadar as contribuições que lhe são pertinentes. O Poder Público delegou-lhe a possibilidade de arrecadar contribuições, como se verificava do § 1º do art. 159 da Constituição de 1967, que mencionava que:

> entre as funções delegadas de poder público, compreende-se a de arrecadar, na forma da lei, contribuições para o custeio da atividade dos órgãos sindicais e profissionais e para a execução de programas de interesse das categorias por eles representadas.

O § 1º do art. 166 da Emenda Constitucional n. 1, de 1969, apenas repete o dispositivo da Constituição de 1967 já citado. Assim, entende-se que foi modificado o sentido da alínea *e* do art. 513 da CLT, quando usa a expressão *impor contribuições*, pois agora a acepção correta diz respeito à permissão conferida ao sindicato para arrecadar as contribuições que lhe são pertinentes, como pessoa jurídica de Direito Privado. Ressalte-se que o próprio art. 7º do CTN admite a possibilidade de que a função de arrecadar ou fiscalizar tributos seja feita por outras pessoas, mas nunca a competência tributária, a qual é indelegável.

7.2.3 Cânon de negociação

Diverge também a contribuição confederativa do *canon de negociación* previsto nas legislações estrangeiras, pois este é devido apenas pelos não associados, enquanto aquela seria devida por todos os que pertencerem ao sistema confederativo.

7.2.4 Contribuição sindical

Distancia-se também a contribuição confederativa da contribuição sindical. Esta é determinada por lei; aquela será fixada pela assembleia geral para o custeio do sistema confederativo. A contribuição sindical, porém, tem natureza tributária, de acordo com a previsão da Constituição (art. 8º, IV, c/c art. 149) e do CTN (art. 217, I), enquanto a contribuição confederativa não a possui. O produto da arrecadação da contribuição sindical está previsto no art. 592 da CLT, sendo aplicada em assistência jurídica, médica, odontológica, cooperativas, creches, colônias de férias etc. A contribuição confederativa destina-se ao custeio do sistema confederativo.

7.2.5 Mensalidade dos sócios

A mensalidade dos sócios ou contribuição associativa ou estatutária também é totalmente diferente da contribuição confederativa, pois é devida apenas pelos associados do sindicato, derivada da adesão daqueles à agremiação. Decorre, portanto, a mensalidade sindical da condição de associado e é cobrada em decorrência dos benefícios prestados pela própria organização sindical. A contribuição associativa é prevista nos próprios estatutos da entidade sindical (art. 548, *b*, da CLT). Trata-se de contribuição voluntária, devendo o associado pagá-la pelo fato de se associar ao sindicato e ter de observar seus estatutos. A contribuição confederativa não decorre, porém, dos benefícios prestados pelo sindicato, nem está prevista nos seus estatutos, tendo por objetivo o custeio do sistema confederativo.

7.2.6 *Contribuição social*

Distingue-se, ainda, a contribuição confederativa da contribuição social, pois a primeira é prevista no inciso IV do art. 8º da Constituição e a segunda é determinada no art. 149 do mesmo corpo de normas. A contribuição social pode ser dividida em: a que visa ao custeio da Seguridade Social (art. 195, *caput* e seu § 6º, da Constituição), a contribuição de intervenção no domínio econômico (ex.: FGTS) e a contribuição de interesse das categorias profissionais ou econômicas (ex.: contribuição sindical). Enquanto a contribuição social tem as características anteriormente mencionadas, a contribuição confederativa tem apenas por objetivo o custeio do sistema confederativo.

8

Natureza Jurídica

8.1 O art. 149 da Constituição

O estudo da natureza jurídica da contribuição confederativa precisa ser feito necessariamente sob a ótica do art. 149 da Constituição. É mister, portanto, verificar se a referida contribuição está inserida nas determinações do citado mandamento constitucional, que tem a seguinte redação:

> compete exclusivamente à União instituir contribuições sociais, de intervenção no domínio econômico e de interesse das categorias profissionais ou econômicas, como instrumento de sua atuação nas respectivas áreas, observado o disposto nos arts. 146, III, e 150, I e III, e sem prejuízo do previsto no art. 195, § 6º, relativamente às contribuições a que alude o dispositivo.

Neste momento é preciso analisar se a contribuição inserida no art. 149 da Constituição tem natureza tributária ou não, tendo em vista as polêmicas sobre o tema. Uma corrente defende a natureza tributária e a outra, não.

A teoria que defende a natureza tributária para a contribuição prevista no art. 149 da Constituição esposa os seguintes argumentos: a) a competência da União disciplinada no art. 149 da Constituição está incluída no Capítulo da Lei Maior que versa sobre o Sistema Tributário Nacional; b) o art. 149 determina que seja observado o disposto nos arts. 146, III e 150, I e III, sem prejuízo das previsões do § 6º do art. 195 da Lei Magna para as contribuições da seguridade social, ou seja: observância de que as normas gerais em matéria de legislação tributária sejam editadas por lei complementar; proibição de que sejam instituídas sem lei; de cobrança em relação a fatos geradores ocorridos antes do início da vigência da lei que as houver instituído ou aumentado e vedação de sua exigência antes de decorridos 90 dias. Essa teoria indica que as contribuições seriam uma quarta espécie tributária. Seria mera redundância o fato de que o art. 149 da Constituição faz remissão aos arts. 146, III, e 150, I e II e § 6º, do art. 195 da mesma norma, o que continuaria a mostrar sua natureza tributária[1].

A corrente adversa preconiza que as contribuições previstas no art. 149 da Lei Fundamental não têm natureza tributária, pois, se tivessem, não haveria necessidade de o art. 149 da Constituição fazer remissão ao art. 146 da mesma norma, visto que estariam de plano incluídas entre as normas gerais objeto de legislação tributária. Essa teoria é defendida por Valdir de Oliveira Rocha[2]. Afirma Luiz Mélega que "se as contribuições fossem tributos, a determinação do art. 149 seria dispensável. Aliás, ela só se justificaria pelo fato de tais contribuições não terem natureza tributária"[3]. Argumenta-se, ainda, que o art. 145 da Lei Magna indica apenas três espécies de tributos: impostos, taxas e contribuições de melhoria. Como a lei não contém palavras inúteis, a remissão feita pelo art. 149 da Constituição estaria a mostrar que realmente não têm natureza tributária as contribuições nele previstas.

---

[1] Entendem que a natureza jurídica da contribuição do art. 149 da Constituição é de tributo: Eduardo Domingos Bottallo (Breves considerações sobre a natureza das contribuições sociais e algumas de suas decorrências, in *Contribuições sociais:* questões polêmicas. São Paulo: Dialética, 1995, p. 17), José Eduardo Soares de Melo (Contribuições sociais, mesma obra anterior, p. 44 e 48).

[2] ROCHA, Valdir de Oliveira. *Determinação do montante do tributo*. São Paulo: IOB, 1992, p. 70, n. 183; Contribuições Sociais, in *Caderno de Pesquisas Tributárias.* São Paulo: Resenha Tributária, n. 17, 1992, p. 299-310; Contribuições de seguridade social sobre faturamento. incidência e não incidência. *Repertório IOB de Jurisprudência*. São Paulo: IOB, n. 23/93, Caderno 1, p. 468 e 467, 1993; Natureza jurídica das contribuições do art. 149 da Constituição. *Repertório IOB de Jurisprudência*, São Paulo: IOB, n. 5/95, p. 101, mar. 1995.

[3] MÉLEGA, Luiz. Algumas reflexões sobre o regime jurídico das contribuições na Carta Política de 1988. In: *Direito tributário atual.* São Paulo: Resenha Tributária, n. 11/12, p. 3.295, 1992.

Consagra o art. 149 da Constituição contribuições de natureza tributária, pois o § 1º do art. 150 da Lei Maior ressalva o fato de que o princípio da anterioridade da lei não se aplica aos impostos de importação, exportação, sobre produtos industrializados e sobre operações de crédito, câmbio e seguro, ou relativas a títulos ou valores mobiliários, inexistindo óbice pelo fato de o art. 149 exigir as contribuições da seguridade social apenas 90 dias da data da publicação da lei que as instituiu ou aumentou. Ao contrário, trata-se apenas de exceção a ser aplicada às contribuições sociais previstas na própria Constituição, mas que não modifica sua natureza jurídica de tributo.

Paulo de Barros Carvalho tem o mesmo entendimento de que as contribuições sociais "são entidades tributárias, subordinando-se em tudo e por tudo às linhas definitórias do regime constitucional peculiar aos tributos"[4]. Parece que o constituinte não teve muita técnica jurídica ao tentar falar do sistema tributário nacional, empregando inclusive expressões como *tributo e contribuição*, *imposto* e *contribuição* como sinônimas (§ 6º do art. 150 da Constituição e § 7º do mesmo artigo, de acordo com a Emenda Constitucional n. 3/93). Roque Antonio Carrazza leciona que as contribuições sociais:

> são, sem sombra de dúvida, tributos, uma vez que devem necessariamente obedecer ao regime jurídico tributário, isto é, aos princípios que informam a tributação, no Brasil. Estamos, portanto, que estas "contribuições sociais" são verdadeiros tributos (embora qualificados pela finalidade que devem alcançar)[5].

O fato de o art. 149 da Constituição fazer remissão ao art. 146 da mesma norma é mera redundância, explicitando que as contribuições previstas na primeira norma estão também adstritas às normas gerais de

---

[4] CARVALHO, Paulo de Barros. *Curso de direito tributário*. 4. ed. São Paulo: Saraiva, 1991, p. 35.

[5] CARRAZZA, Roque Antonio. *Curso de direito constitucional tributário*. 3. ed. São Paulo: Revista dos Tribunais, 1991. p. 304. Luiz Emygdio F. da Rosa Junior também entende ter natureza tributária a contribuição prevista no art. 149 da Constituição (*Manual de direito financeiro e direito tributário*. 7. ed. Rio de Janeiro: Renovar, 1991, p. 277).

Direito Tributário, principalmente à exigência de serem estabelecidas por lei complementar, pois poderiam estar sujeitas a apenas algumas delas, da forma como o faz o mesmo art. 149 ao se referir aos princípios que lhe são aplicáveis quanto ao art. 150 da Lei Maior.

8.2 Natureza jurídica da contribuição confederativa

Duas correntes antagônicas procuram justificar a natureza jurídica da contribuição confederativa. A primeira assevera que a contribuição confederativa tem natureza de tributo, de prestação pecuniária, compulsória, instituída em lei e cobrada mediante atividade administrativa plenamente vinculada. É a opinião de Fabio Leopoldo de Oliveira[6], que entende ser a contribuição confederativa uma espécie do gênero tributo, podendo este ser dividido em imposto, taxa, contribuição de melhoria, empréstimo compulsório e contribuições, espécie na qual se incluiria a contribuição confederativa[7]. A segunda corrente mostra que a natureza da contribuição confederativa não é de tributo[8], mas de uma contribuição privada.

---

6 OLIVEIRA, Fabio Leopoldo de. As fontes de custeio dos sindicatos e a Constituição de 1988. In: *Suplemento Trabalhista LTr*. São Paulo: LTr, n. 97/92, p. 615, 1992.

7 No mesmo sentido o entendimento de Pedro Zunkeller Júnior: a contribuição confederativa tem natureza tributária (As contribuições confederativas. In: *Suplemento Trabalhista LTr*. São Paulo: LTr, n. 98/92, p. 623, 1992), Antonio Carlos Aguiar (Contribuição confederativa. *Suplemento LTr.* São Paulo: LTr, n. 128/92, p. 794, 1992), Carlos Alberto Gomes Chiarelli (Op. cit. p. 60), e Antonio Nicácio (O poder de tributar dos sindicatos – art. 8º, IV, da Nova Constituição. In: *Suplemento Trabalhista LTr.* São Paulo: LTr, n. 37/89, p. 207, 1989).

8 Entendimento de Octavio Bueno Magano e Estevão Mallet (*O direito do trabalho na constituição*. Rio de Janeiro: Forense, 1993, p. 207), Ubiracy Torres Cuóco (Contribuição confederativa. In: *Revista LTr.* São Paulo: LTr, 57-01/35, 1993), Galba José dos Santos (Op. cit., p. 350), Luiz Mélega (Op. cit., p. 3.296) e Walter Barbosa Corrêa (Prescrição e decadência das contribuições sociais. In: *Repertório IOB de Jurisprudência*. São Paulo: IOB, n. 16/89, texto 1/2429, p. 259, ago. 1989).

A natureza jurídica da contribuição confederativa não é tributária[9], até mesmo porque a referida contribuição ainda não foi prevista em lei e tributo, por força da definição do art. 3º do CTN, é a contribuição instituída em lei. A contribuição confederativa não é a "criada por lei", mencionada na parte final do inciso IV do art. 8º da Lei Maior, que tem natureza de tributo, correspondendo justamente à contribuição sindical. Assim, ninguém está obrigado a pagar a contribuição confederativa, por não ser compulsória, que independe da vontade da pessoa em saldá-la ou não; ademais, ninguém é obrigado a filiar-se ou não ao sindicato (art. 8º, V, da Lei Magna). Dessa forma, só pode tratar-se de figura de um dos ramos do direito privado. A citada exigência também não é instituída por pessoa jurídica de direito público interno (União, Estados, Distrito Federal e Municípios) e o sindicato não pode mais ser considerado como tendo natureza pública, porque com a Constituição de 1988 deixou de exercer atividade delegada de poder público.

A Lei Suprema de 1988 também não delegou ao sindicato a competência para instituir contribuição com característica de tributo, no caso: a contribuição confederativa. Não há atividade administrativa plenamente vinculada para sua cobrança, por meio do lançamento, porque o Estado não se imiscui na arrecadação da mencionada contribuição, nem poderia, pelo comando inserto no inciso I do art. 8º da Constituição, que veda a interferência do Poder Público no sindicato[10]. A contribuição confederativa é totalmente destinada aos cofres da entidade sindical, ao contrário da contribuição sindical, que tem parte direcionada para o Estado (art. 589, IV, da CLT), pois é compulsória, decorrente de lei e cobrada mediante atividade administrativa plenamente vinculada, feita pelo lançamento do Ministério do Trabalho, como se observa do art. 606 da CLT. Logo, a contribuição confederativa não está incluída nas determinações do art. 3º do Código Tributário Nacional (CTN), que define tributo.

A Constituição emprega em vários artigos o substantivo *contribuição*, como no inciso III do art. 145, quando versa sobre a contribuição de me-

---

[9] No mesmo sentido já julgou o TST (Ac. da SDC do TST, RO DC 71.540/93.5, j. 15-12-1993, Rel. Min. Marcelo Pimentel, *DJU* I 18-2-1994, p. 1.882-1.883).

[10] No mesmo sentido o meu *Direito do trabalho* (36. ed. São Paulo: Saraiva, 2020, p. 1.074).

lhoria, espécie do gênero tributo; no art. 149, ao tratar de contribuições sociais de intervenção no domínio econômico e de interesse das categorias profissionais e econômicas; no parágrafo único do art. 149, quando estipula sobre a possibilidade de Estados, Distrito Federal e Municípios cobrarem de seus servidores contribuições para o custeio de sistema de previdência e assistência social; e no art. 195, ao especificar as contribuições que irão financiar o custeio do sistema da seguridade social. Todas essas contribuições têm natureza tributária, sendo espécies do gênero tributo. A contribuição prevista em lei que se verifica na parte final do inciso IV do art. 8º da Constituição também tem natureza tributária, pois trata-se da contribuição sindical, estando incluída nas determinações do art. 149 da Constituição.

Embora no inciso IV do art. 8º da Constituição esteja especificado duas vezes o termo *contribuição*, existem duas acepções diferentes nele empregadas. A segunda expressão *contribuição*, quando a Lei Maior usa a expressão *contribuição prevista em lei*, refere-se à contribuição sindical, que, como vimos, tem natureza tributária. No entanto, não seria crível que o constituinte tivesse outorgado ao sindicato duas contribuições que tivessem natureza tributária, pois uma delas era o antigo imposto sindical, que tem previsão em lei. Assim, depreende-se que o uso da primeira expressão *contribuição* não tem natureza tributária, pois foi empregado num sentido comum, não técnico, não na acepção de espécie do gênero tributo, mas como uma contribuição decorrente de associação de uma pessoa ao sindicato, de contribuição associativa, como ocorre com as pessoas sócias de um clube ou pertencentes a uma organização de pessoas.

Não se enquadra a contribuição em comentário na determinação do art. 149 da Constituição, pois não é a União que irá fixá-la, mas, sim, a assembleia geral do sindicato. Não se trata a contribuição confederativa de uma forma de intervenção no domínio econômico, pois as entidades sindicais não possuem domínio econômico, além de, em nosso sistema jurídico, não poderem exercer atividades econômicas (art. 564 da CLT) ou políticas (art. 521, *d*, da CLT). O Estado intervém no domínio econômico com fundamento em seu poder de polícia ou visando impor restrições ou limitações de direitos, o que não ocorre com o sindicato, que não tem esse poder. Não se trata de contribuição social, pois estas são as contribuições previdenciárias ou as contribuições sobre o lucro ou faturamento, destinadas ao custeio da seguridade social.

A instituição das contribuições pela União é feita "como instrumento de sua atuação nas respectivas áreas", contudo a União não atua na referida área, sendo inclusive vedada sua intervenção e interferência no sindicato (art. 8º, I, da Lei Fundamental). A contribuição confederativa é um meio de atuação financeira do sindicato e não da União, como ocorre com as contribuições sociais. De outro lado, o inciso IV do art. 8º da Constituição não está incluído no capítulo da Lei Maior que versa sobre o sistema tributário nacional e sim no capítulo que trata dos direitos sociais. O Estado não transferiu para o sindicato, para uma entidade de direito privado, o poder de impor uma contribuição confederativa, não lhe outorgando soberania fiscal.

Na Alemanha, o art. 24 de sua Constituição permite "transferir, por via legislativa, direitos de soberania a instituições internacionais". A Comunidade Europeia do Carvão e do Aço, criada em 1951, prevê no art. 49 do respectivo tratado a competência da Comunidade em estabelecer "quotas" sobre a produção do carvão e do aço, que acabam constituindo-se em verdadeiros impostos. Na hipótese citada, há um poder tributário derivado, determinado pela Constituição alemã a uma instituição internacional, o que não ocorre no caso da contribuição confederativa, pois apenas a assembleia geral irá fixar a contribuição, não tendo o sindicato soberania fiscal para instituir tributo.

Verifica-se, assim, que a contribuição confederativa não será instituída pela União, como para a exigência de tributos, não sendo, portanto, uma contribuição social, espécie do gênero tributo. As contribuições que têm por base o art. 149 da Constituição só poderiam ser exigidas por meio de lei complementar (art. 146, III), respeitando os princípios da irretroatividade da lei e da anterioridade (art. 150, III, *a* e *b*). No caso da contribuição confederativa, por não ser tributo, não há necessidade da exigência da lei complementar, basta a lei ordinária; nem é preciso que se observe que a contribuição só pode ser exigida no ano seguinte ao de sua instituição, mas, ao contrário, pode ser exigida a partir do momento em que for fixada pela assembleia geral do sindicato. Seu fato gerador será a pessoa pertencer à categoria do sistema confederativo respectivo, e não em função de perceber salário; este poderá ser a base de cálculo em relação aos empregados.

A contribuição confederativa tem natureza privada, em razão de o nascimento da obrigação depender da vontade da pessoa que irá contribuir, inclusive participando da assembleia geral em que ela será fixada, pois é a assembleia que irá fixar o *quantum* da contribuição. A assembleia detém autonomia, nos termos do estatuto do sindicato, porém apenas em relação aos associados. Essa autonomia, contudo, não vai ao ponto de o sindicato poder impor a contribuição confederativa a quem não faz parte do sindicato, justamente porque a pessoa não detém a condição de associado. Logo, é possível a oposição à cobrança da contribuição confederativa pelos não filiados ao sindicato. Apenas os associados têm obrigação de pagar a contribuição confederativa, que são os que podem comparecer à assembleia. O sindicato, dentro da autonomia privada que possui, pode exigir ou não a contribuição confederativa, fixando ou não a referida exigência na assembleia geral, ao contrário da contribuição sindical a qual o sindicato não pode deixar de cobrar, justamente por ser compulsória. Isso mostra também não ter a contribuição confederativa natureza tributária[11].

Trata-se de uma contribuição de cunho privado[12], isto é, uma prestação pecuniária de direito privado[13]. Objetiva a contribuição confederativa o custeio do sistema confederativo, tendo como credores o sindicato da categoria profissional ou econômica, e como devedores os empregados, empregadores ou trabalhadores autônomos. Na verdade, o sindicato não detém soberania, que é inerente ao Estado (art. 1º, I, da Constituição), sendo exercida pelo povo por meio do voto (art. 14 da Lei Maior), mas autonomia[14].

---

[11] No mesmo sentido o entendimento de Brandão Machado e Valdir de Oliveira Rocha (A contribuição confederativa da Constituição de 1988. *Repertório IOB de Jurisprudência*. São Paulo: IOB, n. 21/89, texto 2/3137, p. 327, nov. 1989); José Martins Catharino (A "contribuição confederativa" sindical (aspectos principais). *Repertório IOB de Jurisprudência*. São Paulo: IOB, n. 8/92, texto 2/6209, p. 148, abr. 1992); Sacha Calmon Navarro Coelho (*Comentários à constituição de 1988:* sistema tributário nacional. 3. ed. Rio de Janeiro: Forense, 1990, p. 183).

[12] Roque Antonio Carrazza menciona que a contribuição confederativa tem natureza de direito privado (*Curso de direito constitucional tributário*. 3. ed. São Paulo: Revista dos Tribunais, 1991. p. 304).

[13] No mesmo sentido as lições de Brandão Machado e Valdir de Oliveira Rocha, op. cit., p. 325.

[14] Autonomia quer dizer dar leis a si mesmo, de *auto*: próprio e *nomia*: normas, leis.

A autonomia é uma prerrogativa política outorgada pela Constituição[15]. Já a autonomia sindical quer dizer a possibilidade de o sindicato estabelecer normas próprias em seu âmbito. Não significa, porém, que o sindicato possa fazer o que quiser, ou que tenha independência absoluta, pois estará adstrito às determinações que lhe foram outorgadas pela Constituição e também nos limites da lei, que é coisa completamente diversa, já que o sindicato não tem o poder impositivo decorrente da soberania, que envolve a autodeterminação. A autonomia do sindicato diz respeito apenas à atuação nas áreas de seu peculiar interesse, que são as profissionais e econômicas, e não em todas as áreas da sociedade civil, como ocorre com a soberania do Estado. O exercício da autonomia sindical é decorrente também da lei, que irá fixar seus contornos básicos, vedada apenas a interferência e intervenção do Poder Executivo no sindicato (art. 8º, I, da Lei Fundamental). Não tem, por conseguinte, a contribuição confederativa natureza tributária ou parafiscal, mas natureza privada, pelo fato de a pessoa pertencer ao sistema confederativo como associado.

É, por conseguinte, a contribuição confederativa uma obrigação de natureza privada. Não é obrigatória sua fixação para o sindicato, por meio da assembleia geral, podendo ser rejeitada por esta e não ser fixada, pois a assembleia entendeu que os trabalhadores já foram onerados com outras contribuições[16]. Isso mostra que, ao contrário da contribuição sindical, cuja natureza é tributária, não há compulsoriedade na exigência da contribuição confederativa pelo sindicato, bastando que este não a fixe na assembleia geral. Ressalte-se que até mesmo o inciso IV do art. 8º da Constituição não é uma norma cogente, pois não há sanção para a ocorrência do inadimplemento do pagamento da contribuição confederativa.

Como hoje o sindicato tem natureza privada, as contribuições que arrecada também têm essa natureza, inclusive a contribuição confederativa. A exceção seria a contribuição sindical, que possui natureza tributária.

Lembre-se que, em relação à contribuição confederativa, não se aplica o art. 606 da CLT, pelo qual o Ministério do Trabalho faz o respec-

---

15 MEIRELLES, Hely Lopes. *Direito municipal brasileiro*. 6. ed. São Paulo: Malheiros, 1994, p. 80.

16 Amauri Mascaro Nascimento entende que a contribuição confederativa tem natureza facultativa (*Direito sindical*. 2. ed. São Paulo: Saraiva, 1991, p. 220).

tivo lançamento, expede a certidão da dívida ativa da contribuição sindical, cuja cobrança se faz com os mesmos privilégios de que goza a Fazenda Pública, de acordo com a Lei n. 6.830/80, com exceção do foro especial. Logo, há a constituição do crédito da contribuição sindical pelo lançamento da autoridade do Ministério do Trabalho e sua inscrição como dívida ativa, fazendo-se a cobrança de acordo com as regras de execução fiscal (Lei n. 6.830/80).

No que diz respeito à contribuição confederativa, nada disso ocorre, pois não há autoridade fazendo o lançamento para a constituição do crédito do sindicato, que não pode ser chamado de crédito tributário, pois tal contribuição não tem natureza de tributo. O crédito, se não pago, não gera a inscrição em dívida ativa, que se refere a uma contribuição devida ao Estado ou fiscalizada por ele, nem o sindicato pode aplicar por analogia a Lei n. 6.830/80 para cobrar a contribuição confederativa não paga, ou seja, não há previsão na lei como a contribuição confederativa pode ser cobrada, presumindo-se que será cobrada como uma dívida comum, sem qualquer privilégio. A ação deverá ser proposta perante a Justiça Comum, pois não se trata de controvérsia entre empregado e empregador, nem a contribuição confederativa pode ser prevista em dissídio coletivo, o que importaria na incompetência da Justiça do Trabalho.

Com a Emenda Constitucional n. 3, de 17-3-1993, veio a lume um argumento a mais, corroborando o entendimento daqueles que sustentam não ter natureza tributária a contribuição prevista no art. 149 da Constituição, tendo em vista a distinção entre tributo e contribuição estabelecida pelo atual § 6º do art. 150 da Lei Magna, ao prever que:

> qualquer subsídio ou isenção, redução de base de cálculo, concessão de crédito presumido, anistia ou remissão, relativos a impostos, taxas ou contribuições, só poderá ser concedido mediante lei específica, federal, estadual ou municipal, que regule exclusivamente as matérias acima enumeradas ou o correspondente **tributo** ou **contribuição**, sem prejuízo do disposto no art. 155, § 2º, XII, *g*.

Poder-se-ia argumentar que, se o constituinte empregou duas expressões distintas, não o fez aleatoriamente; daí fazer menção à expressão *tributo ou contribuição*. Entretanto, no mesmo artigo já se verifica que o termo *contribuições*, seguido às expressões *impostos* e *taxas*, indica que as contribuições são espécies do gênero tributo. Aires Barreto esclarece, porém, que mesmo após a Emenda Constitucional n. 3/93 não houve nenhuma alteração da natureza jurídica da contribuição do art. 149 da Constituição, pois:

> como as palavras utilizadas pelo legislador não observam rigor científico, sua significação não pode ser tomada por sua singela literalidade, mas há de ser confirmada pelo sistema constitucional. Para ilustrar esse asserto basta aferir, entre tantos outros exemplos de equívocos de linguagem, o exibido pelo § 7º do art. 195. Ali se emprega a palavra isenção para estatuir o que, em verdade, é imunidade[17].

Isso mostra a falta de precisão do legislador constituinte no emprego das palavras, evidenciando mesmo a existência de equívoco no uso das expressões *tributo* ou *contribuição*. Se entendermos, contudo, que a contribuição social não tem natureza tributária, que não é o que preconizamos, e se pensarmos que a contribuição confederativa pode ser enquadrada no art. 149 da Constituição, mais um argumento para não considerá-la de natureza tributária, já que segundo essa concepção as contribuições não teriam natureza tributária.

Alterou também a Emenda Constitucional n. 3/93 a redação do § 7º do art. 150 da Constituição, usando as expressões imposto e contribuição:

> A lei poderá atribuir a sujeito passivo de obrigação tributária a condição de responsável pelo pagamento de **imposto** ou **contribuição**, cujo fato gerador deva ocorrer posteriormente, assegurada a imediata e preferencial restituição da quantia paga, caso não se realize o fato gerador presumido.

O emprego aqui da palavra contribuição tanto pode referir-se a contribuição social, como à contribuição de melhoria, mas parece que diz respeito à contribuição social, pois seria, à primeira vista, difícil imaginar a antecipação de contribuição de melhoria sem que houvesse obra pública, como se depreende do inciso III do art. 145 da Lei Maior. Contudo, ainda

---

17 BARRETO, Aires F. Natureza jurídica das contribuições dos arts. 149 e 195 da CF. *Repertório IOB de Jurisprudência*. São Paulo: IOB, n. 6/95, texto 1/8516, p. 116, mar. 1995.

é possível dizer que a contribuição a que se refere o parágrafo é espécie do gênero tributo. A contribuição a que alude também o citado comando legal não é com certeza a contribuição confederativa, pois esta não pode ser enquadrada no citado dispositivo legal, já que não há obrigação legal da figura do responsável tributário para a contribuição confederativa, nem existe no momento fato gerador que possa ocorrer posteriormente.

Se entendermos, portanto, que a Constituição faz distinção entre tributo e contribuição, e imposto e contribuição, como se verifica dos §§ 6º e 7º do art. 150 da Lei Maior, poderemos dizer que não tem natureza jurídica tributária a exigência contida no art. 149 da mesma norma, se pensarmos que a contribuição confederativa pode ali ser incluída.

Não tem a contribuição confederativa natureza tributária, mas privada, decorrente do fato de a pessoa participar do sindicato na condição de associado. Trata-se, portanto, de contribuição facultativa, voluntária, de natureza consensual. O próprio inciso IV do art. 8º da Constituição outorga competência à assembleia geral para fixar a contribuição confederativa, ficando ao alvedrio desta utilizá-la ou não, o que não ocorre com o tributo, que é compulsório. Assim, não tendo natureza tributária, mas privada, a contribuição confederativa não precisa observar o princípio da anterioridade previsto na alínea *b* do inciso III do art. 150 da Constituição, podendo a contribuição ser exigida de imediato, desde que haja lei para tanto, ou seja fixada na assembleia geral, em relação aos associados.

A contribuição confederativa é uma obrigação consensual, em razão de depender da vontade da pessoa que irá contribuir, inclusive participando da assembleia geral em que será fixada, pois é a assembleia que irá fixar o *quantum* da contribuição. A assembleia detém soberania, nos termos do estatuto do sindicato, porém, apenas em relação aos associados. Logo, a contribuição confederativa não é compulsória, com o que ninguém poderia se opor à sua cobrança.

O tributo é criado por lei, revertendo aos cofres públicos. A contribuição confederativa vai para os cofres do sindicato. No tributo há interesse público. Na contribuição confederativa o interesse é privado, da categoria.

Se a contribuição confederativa tivesse natureza tributária deveria estar especificada no Título VI – Da tributação e do orçamento da Constituição.

A contribuição confederativa é, por conseguinte, uma obrigação facultativa, espontânea, pois o sindicato pode, inclusive, exigi-la ou não, ficando a seu livre alvedrio estabelecê-la na assembleia sindical.

O STF entendeu que a contribuição confederativa não tem natureza tributária[18]. O seguinte acórdão é claro no sentido de que a contribuição confederativa não tem natureza tributária:

> Contribuição Confederativa. Art. 8º, IV, da Constituição. Trata-se de encargo que, por, despido de caráter tributário, não sujeita senão os filiados da entidade de representação profissional. Interpretação que, de resto, está em consonância com o princípio da liberdade sindical consagrado na Carta da República (STF, RE 189443-1, Rel. Ilmar Galvão, *DJU* 11-4-1997, p. 12.208).

---

[18] STF, 2ª T, RE 198.092-3/SP, j. 27-8-1996, Rel. Min. Carlos Velloso, *DJU* I 16-10-1996, p. 38.509, in *LTr* 60-12/1632; STF, 2ª T, RE 184.266/SP, j. 27-8-1996, Rel. Min. Carlos Velloso, in *LTr* 61-09/1191).

9

Autoaplicabilidade do Inciso IV do Art. 8º da Constituição

É preciso lei para regulamentar a contribuição confederativa, prevista no inciso IV, do art. 8º da Constituição?

Duas correntes podem ser apontadas sobre o tema: a) a primeira, entende não ser o inciso IV do art. 8º da Constituição autoaplicável, inexistindo eficácia plena, mas limitada, necessitando de regulação infraconstitucional[1]; b) a segunda, afirma ter o referido dispositivo constitucional eficácia plena, sendo autoaplicável, não precisando de complementação por meio de legislação ordinária[2]. A assembleia geral

---

[1] PITAS, José. Questões jurídicas II – Fator TR de atualização etc., *Suplemento Trabalhista LTr.* São Paulo: LTr, n. 103/93, p. 652, 1993; DONATO, Messias Pereira. Contribuições sociais e assistência jurídica. *Revista de Direito do Trabalho*. São Paulo: Revista dos Tribunais, n. 79/92, p. 25. A SDC do TST entendeu também que o inciso IV do art. 8º da Constituição não é autoaplicável (SDC do TST, EDecl. em DC 27.042/91.8, j. 17-5-1993, Rel. Min. Antonio Amaral, *DJU* I 24-9-1993, p. 19.962).

[2] Pensamento de Aurélio Pires (Contribuição para custeio do sistema confederativo. Suplemento Trabalhista LTr. São Paulo: *LTr* n. 021/93, p. 128-129, 1993) e Antonio Nicácio (Legislação trabalhista, previdenciária e sindical – informações – esclarecimentos – comentários. Suplemento Trabalhista LTr. São Paulo: *LTr* n. 077/93, p. 512, 1993). A 9ª Câmara do Tribunal de Justiça de São Paulo decidiu da mesma forma (TJ SP, Ap. 181.892-2-9-9..C, j. 28-5-1992, Rel. Des. Debatin Cardoso. Revista *LTr* 57-04/500).

do sindicato pode simplesmente fixar a contribuição confederativa e esta ser cobrada. Temos, portanto, que analisar essas argumentações para emitirmos nosso parecer.

Leciona José Afonso da Silva que:

> não há norma constitucional alguma destituída de eficácia. Todas elas irradiam efeitos jurídicos, importando sempre numa inovação da ordem jurídica preexistente à entrada em vigor da constituição a que aderem, e na ordenação da nova ordem instaurada. O que se pode admitir é que a eficácia de certas normas constitucionais não se manifesta na plenitude dos efeitos jurídicos pretendidos pelo constituinte, enquanto não se emitir uma normação jurídica ordinária ou complementar executória, prevista ou requerida[3].

Nesse ponto podemos dizer que o inciso IV do art. 8º da Constituição tem vigência a partir de 5-10-1988, tendo também eficácia. Deve-se verificar se há necessidade de a norma constitucional ser complementada pela lei ordinária para poder ter eficácia plena e pôr em execução o dispositivo constitucional, ou se a contribuição confederativa pode ser cobrada, mesmo antes da edição da lei ordinária que vier a tratar do tema.

É preciso analisar a norma constitucional de acordo com as várias formas possíveis de interpretação, inclusive a sistemática, sendo desaconselhável ser feita apenas a interpretação literal, pois poderá conduzir o intérprete a erros.

Como ensina Carlos Maximiliano:

> não se encontra um princípio isolado em ciência alguma; acha-se cada um em conexão íntima com outros (...) [4].
>
> Cada preceito, portanto, é membro de um grande todo; por isso do exame em conjunto resulta bastante luz para o caso em apreço[5].

---

3 SILVA, José Afonso da. *Aplicabilidade das normas constitucionais*. São Paulo: Revista dos Tribunais, 1968, p. 75.

4 MAXIMILIANO, Carlos. *Hermenêutica e aplicação do direito*. 8. ed. Rio de Janeiro: Freitas Bastos, 1965, p. 140.

5 Idem, ibidem, p. 140.

A análise do caso concreto deve ser feita partindo-se das hipóteses especiais para os princípios dirigentes do sistema; indagando-se se obedecendo a uma determinação não se estará violando outra; inquirindo-se as consequências possíveis de cada exegese isolada. Lembre-se que em Roma o juiz não deveria decidir apenas com base numa parte da lei, mas deveria examinar a norma em seu conjunto[6].

Nota-se, assim, que a Constituição deve ser interpretada na íntegra, devendo ser analisada em seu conjunto. É preciso contemplar o dispositivo constitucional em análise com outros semelhantes, que formam o mesmo capítulo, examinando também a matéria em relação aos princípios gerais; em suma, todo o sistema em vigor.

Adotando-se as lições do professor José Afonso da Silva, as normas constitucionais podem ser classificadas em três categorias distintas, a saber: "de eficácia plena" (que produzem efeitos desde a entrada em vigor da Constituição, tendo aplicabilidade, portanto, direta, imediata e integral); "de eficácia contida" (de aplicabilidade direta, imediata, mas não integral); e "de eficácia limitada ou reduzida" (que produzem efeitos desde a entrada em vigor da Constituição, porém deixa a tarefa da normatividade ao legislador ordinário ou a outro órgão do Estado)[7].

Acompanhando o mestre, podemos dizer que a norma constitucional prevista no inciso IV do art. 8º da Constituição é uma norma de eficácia limitada, que deixa ao legislador complementar a tarefa de completá-la, pois não possui todos os elementos necessários para sua observância, como iremos demonstrar. Enquanto não for promulgada lei ordinária para tratar da contribuição confederativa, o sindicato não pode exigir a referida contribuição, salvo no que diz respeito aos associados, como iremos ver mais adiante.

À primeira vista, seria possível afirmar que o inciso IV do art. 8º da Constituição, ao tratar da contribuição confederativa, dispensou a exigência de lei para sua cobrança, pois emprega a expressão *independentemente da contribuição prevista em lei*. Assim, como existem duas contribuições previstas no citado mandamento constitucional, uma precisaria de lei para

[6] Idem, ibidem, p. 141.

[7] SILVA, José Afonso da. *Aplicabilidade*... op. cit., p. 76.

ter eficácia plena, que é a contribuição sindical estabelecida na CLT (arts. 578 e s.), a outra prescindiria da norma legal; caso contrário, o constituinte teria sido expresso nesse sentido.

Argumenta-se até mesmo que a Constituição não menciona que a assembleia geral iria fixar a contribuição confederativa, nos termos determinados pela lei. No entanto, essa interpretação praticamente literal pode conduzir o intérprete a erro. Na verdade, o que o constituinte quis dizer é que existem duas contribuições no inciso IV do art. 8º da Lei Magna: a contribuição confederativa e a contribuição sindical, inclusive como modo de contemporizar os interesses existentes na Assembleia Constituinte, em que havia grupos interessados na supressão da contribuição sindical.

O que o constituinte quis fazer, portanto, foi enfatizar a existência de duas contribuições, uma que já estava prevista em lei (a contribuição sindical) e a outra que estava sendo estabelecida pela primeira vez na Constituição (contribuição confederativa), de modo a distinguir uma contribuição da outra. Não se pode entender que a contribuição confederativa independa de lei, caso contrário o constituinte teria sido expresso nesse sentido.

Sem dúvida, inexistindo lei ordinária, o sindicato não tem condições de exigir a referida contribuição, pois a Constituição não determinou, como não poderia fazê-lo, todas as peculiaridades pertinentes a essa exigência. Não basta apenas a fixação na assembleia geral, há necessidade da definição de outros elementos, como veremos adiante. Assim, ante a inexistência da lei ordinária, o sindicato não poderá exigir a referida contribuição.

É preciso ser feita a interpretação sistemática da Constituição para analisar a auto aplicabilidade do citado preceito constitucional, observando que ninguém é obrigado a fazer ou deixar de fazer algo a não ser em virtude de lei: o consagrado princípio da legalidade (art. 5º, II, da Lei Fundamental), pois uma pessoa não está obrigada a cumprir certa obrigação que não for decorrente de lei ou de vontade dela própria, como ocorre no contrato.

Assim, a contribuição confederativa deve ser determinada por lei, não podendo ser exigida, à primeira vista, apenas pela fixação do *quantum* na assembleia sindical. Daí a necessidade de uma norma legal para a exigência da referida contribuição. O inciso IV do art. 8º da Lei Maior não regula o desconto em si, que depende de lei, pois tal matéria não é passível de ser fixada na Constituição, mas na lei ordinária, já que ninguém é obrigado a fazer ou deixar de fazer algo a não ser em virtude de lei.

Apesar de o inciso IV do art. 8º da Constituição não mencionar que a contribuição deve ser cobrada "nos termos da lei", "na forma da lei" ou "de acordo com os critérios definidos em lei" não quer dizer que tal dispositivo seja autoaplicável, pois não possui os elementos mínimos e indispensáveis para sua instituição. Verificamos, por exemplo, que o art. 7º da Lei Fundamental estabelece direitos aos trabalhadores urbanos e rurais, porém o seguro-desemprego (inciso II) e o FGTS (inciso III) não são direitos passíveis de se exigir de imediato, caso não houvesse lei ordinária tratando do tema.

Apesar de não haver nenhuma expressão adicionada nos referidos incisos como *nos termos da lei*, é necessária lei ordinária para estabelecer as regras gerais aplicáveis aos referidos preceitos constitucionais. O mesmo ocorre em relação à contribuição confederativa, pois o inciso IV do art. 8º da Lei Maior não contém todos os elementos necessários para que a contribuição confederativa possa ser exigida. Ressalte-se, inclusive, que não há nenhuma sanção pelo descumprimento da norma constitucional, nem mesmo o sindicato poderia exigir uma multa pelo inadimplemento da obrigação relativa à contribuição confederativa, justamente pelo fato de não haver lei determinando tais questões.

Não se diga que o § 1º do art. 5º da Lei Fundamental, ao mencionar que "as normas definidoras dos direitos e garantias fundamentais têm aplicação imediata", autorizaria de plano a cobrança da contribuição confederativa com base na decisão da assembleia geral, argumentando-se que o inciso IV do art. 8º da Lei Magna seria autoaplicável, quando, na verdade, tal preceito não é uma norma bastante em si. Outros direitos são previstos no art. 7º da Constituição, contudo, não têm aplicabilidade imediata, como o piso salarial proporcional à extensão e à complexidade do trabalho (inciso V), ou o adicional de penosidade (inciso XXIII).

O sindicato, porém, não detém soberania, que é inerente ao Estado (art. 1º, I, da Lei Magna), mas apenas autonomia sindical, que é coisa diversa, estando, por conseguinte, adstrito às determinações do que for previsto em lei para a exigência da contribuição confederativa.

O art. 13 da Lei n. 8.178, de 1º-3-1991, estabeleceu ser necessária a regulamentação do art. 8º da Constituição por meio de lei, deixando claro que o inciso IV do art. 8º da Lei Maior não é autoaplicável. Trata-se de interpretação autêntica do próprio legislador. Fábio Leopoldo de Oliveira, por exemplo, afirma que o citado dispositivo constitucional não é autoaplicável, esclarecendo que:

> a contribuição deverá ter seus contornos devidamente traçados em Lei Complementar e sua arrecadação será feita pelos Sindicatos através da técnica da parafiscalidade que será obrigatoriamente adotada[8].

Da mesma maneira pensa Pedro Zunkeller Júnior, que entende que a contribuição tem natureza tributária e necessita de lei complementar para fixar o fato gerador, base de cálculo e contribuinte da referida contribuição[9]. Divergimos dos citados autores no tocante aos contornos da referida contribuição, segundo os quais devem ser fixados por lei complementar. Entendemos que tal fixação deva dar-se por lei ordinária, pois a natureza da contribuição confederativa não é de tributo ou da contribuição prevista no art. 149 da Constituição, daí a necessidade apenas de lei ordinária para traçar seus contornos.

No mesmo sentido é a lição de Eduardo Gabriel Saad, que menciona "que se faz mister a regulamentação, por lei ordinária, da regra em foco", visto que a "aplicabilidade imediata tem de ser bastante em si. Com isto dizemos que ela deve encerrar todos os elementos de que o aplicador necessita para levá-la a incidir em situação concreta"[10].

Arion Sayão Romita também afirma que o inciso IV do art. 8º da Lei Maior "não é bastante em si, vale dizer, não é autoaplicável, depende da intermediação do legislador infraconstitucional para entrar em vigor"[11]. Em outro texto declara que o inciso IV do art. 8º da Constituição repre-

---

8 OLIVEIRA, Fabio Leopoldo. As fontes de custeio dos sindicatos e a Constituição de 1988. *Suplemento Trabalhista LTr*. São Paulo: LTr, 1992, n. 97/92, p. 618.

9 ZUNKELLER JUNIOR, Pedro. As contribuições confederativas. *Suplemento Trabalhista LTr*. São Paulo: LTr, n. 98/92, p. 623-624, 1992.

10 SAAD, Eduardo Gabriel. A constituição e a temática trabalhista IV. *Suplemento Trabalhista LTr*. São Paulo: LTr, n. 65/89, p. 336, 1989.

11 ROMITA, Arion Sayão. Corpo estranho. *Suplemento Trabalhista LTr*. São Paulo: LTr, n. 071/95, p. 502, 1995.

senta norma de eficácia limitada ou reduzida e não de eficácia plena[12].

Na verdade, a Lei Magna estabeleceu a contribuição confederativa, outorgando competência ao sindicato para cobrá-la. A lei irá institui-la e a assembleia irá fixar seu montante, de acordo com os ditames da lei, que servirá também para coibir os abusos em sua fixação. Verifica-se, portanto, que a Lei Maior não instituiu a contribuição confederativa, nem a criou, apenas outorgou competência à assembleia geral do sindicato para fixá-la e não a outro órgão sindical. Tal obrigação decorre de lei, pois ninguém é obrigado a fazer ou deixar de fazer algo a não ser em virtude de lei. Logo, a obrigação da pessoa de contribuir vai decorrer da determinação da lei.

Aplicando-se por analogia a regra de Direito Tributário, verifica-se que a Constituição outorga a competência para instituir tributos, a lei complementar fixa as regras gerais em matéria tributária, como fato gerador, base de cálculo, contribuinte etc., mas somente há a possibilidade de exigi-los por meio da lei ordinária. Assim, a Constituição outorgou competência para o sindicato exigir a contribuição confederativa, a lei ordinária irá instituí-la e a assembleia geral irá fixá-la. Se a lei ainda não existe, não há possibilidade da cobrança da contribuição confederativa. Dessa forma, a lei ordinária é que vai dar aplicabilidade ao inciso IV do art. 8º da Constituição, pois esta norma exige normatividade ulterior, dependente de lei ordinária para que possa ter eficácia plena. O sindicato tem, portanto, de se submeter à determinação da lei, como qualquer pessoa, seja física ou jurídica, norma essa que irá especificar a contribuição confederativa prevista no inciso IV do art. 8º da Lei Maior.

A regra esculpida no inciso IV do art. 8º do Estatuto Supremo não tem eficácia plena, ou é autoaplicável; ao contrário, é um comando constitucional de eficácia reduzida ou limitada, dependente da lei ordinária para ser aplicado, pois nem sequer há sanção por seu descumprimento. Somente após a edição da lei ordinária é que haverá sua eficácia plena, quando, então, serão fixados os contornos básicos da referida contribuição e será desenvolvida sua eficácia plena. O inciso IV do art. 8º da Lei Maior determina tão somente que a assembleia irá fixar a contribuição, porém a

---

[12] ROMITA, Arion Sayão. Contribuições corporativas. In: *Sindicalismo. Economia. Estado Democrático:* estudos. São Paulo: LTr, 1993, p. 111.

lei é que irá traçar os contornos necessários a essa fixação, fornecendo os dados imprescindíveis para a determinação do *quantum* e dos demais elementos a fim de que a assembleia geral venha a fixá-la, oferecendo, assim, plena normatividade ao referido dispositivo.

O preceito contido no mandamento legal em comentário é bastante genérico e oferece lacunas, não fornecendo a plena aplicabilidade que só existirá com a edição da lei ordinária. Nesse sentido, encontramos os pensamentos de Arnaldo Süssekind[13], Eduardo Gabriel Saad[14], Irany Ferrari[15], Arion Sayão Romita[16], Luiz Mélega[17], Ricardo Nacim Saad[18]. Afirma Arnaldo Süssekind, no que diz respeito à fixação da contribuição confederativa, que "a assembleia geral do sindicato só poderá fixar nos termos e condições que a lei dispuser, por não ser a norma citada de eficácia plena e imediata"[19]. Mais adiante, adverte que a contribuição confederativa não pode ser exigida de imediato:

> sob pena de admitir-se que a Carta Magna deu ao sindicato um poder de tributar maior do que o da União Federal, ter-se-á de concluir que, sem prévia lei disciplinadora dessa contribuição especial, a assembleia geral da aludida associação não poderá dispor sobre seu fato gerador, a periodicidade, a base de cálculo e os percentuais de distribuição entre as entidades componentes do "sistema confederativo da repre-

---

[13] SÜSSEKIND, Arnaldo et al. *Comentários à constituição*. Rio de Janeiro: Freitas Bastos, 1991, v. 2, p. 49.

[14] SAAD, Eduardo Gabriel. A constituição trabalhista IV. *Suplemento Trabalhista LTr.* São Paulo: LTr, n. 65, p. 336, 1989. No mesmo sentido em outra obra (*CLT comentada*. 28. ed. São Paulo: LTr, 1995, p. 392).

[15] FERRARI, Irany. Contribuição para o custeio do sistema confederativo. *Suplemento Trabalhista LTr*. São Paulo: LTr, n. 125, p. 599-600, 1990.

[16] ROMITA, Arion Sayão. Contribuições corporativas. In: *Sindicalismo. Economia. Estado Democrático:* estudos. São Paulo: LTr, 1993, p. 111.

[17] MÉLEGA, Luiz. Algumas reflexões sobre a contribuição confederativa. *Repertório IOB de Jurisprudência*. São Paulo: IOB, n. 22/91, texto n. 2/5683, p. 388, 1991.

[18] SAAD, Ricardo Nacim. A (des)organização sindical brasileira. *Revista LTr*. São Paulo: LTr, 55-02/147, 1991.

[19] SÜSSEKIND, Arnaldo. *Comentários à constituição*. Op. cit., p. 49.

sentação sindical respectiva", e, bem assim, fixar ilimitadamente o valor da prestação[20].

Ensina Wilson de Souza Campos Batalha que o inciso IV do art. 8º da Constituição não é autoaplicável, pois dá margem a existência de abusos[21], principalmente a possibilidade de deliberações de assembleias gerais, com diminuto número de associados, que iria impor a toda a categoria contribuições elevadas. Assevera Ariovaldo Lunardi no mesmo sentido: "a contribuição confederativa, art. 8º, inciso IV, CF, deverá ser disciplinada em lei, a fim de que não ocorra abusividade na sua fixação"[22]. Assim, a contribuição confederativa é uma norma de eficácia limitada ou reduzida, tendo aplicação apenas indireta ou diferida, como afirma Arion Sayão Romita[23].

O fato de o inciso IV do art. 8º da Lei Fundamental assegurar o direito de o sindicato fixar a contribuição confederativa, estipulando quem irá fazê-lo (no caso, a assembleia geral do sindicato), não implica dizer que o dispositivo constitucional é autoaplicável, pois a norma constitucional nada menciona, por exemplo, em relação à contribuição do empregador ou dos profissionais liberais, que também pertencem ao sistema confederativo, nem em relação ao *quantum*, o que realmente não deveria fazer, pois deve ser objeto da lei ordinária que irá regulamentar a Lei Maior.

Não existe, portanto, nenhum absurdo jurídico de a lei ordinária tratar do assunto, como ocorre em relação às questões da assembleia geral de condomínios ou das sociedades anônimas (Lei n. 6.404/76), pois posteriormente a questão poderá ser mais bem especificada nos estatutos da entidade sindical. Os parâmetros, portanto, não estão definidos para a aplicabilidade imediata da contribuição confederativa.

---

20 Idem, ibidem, p. 52.

21 BATALHA, Wilson de Sousa Campos. *Sindicato. Sindicalismo*. São Paulo: LTr, 1992, p. 141.

22 LUNARDI, Ariovaldo. Contribuição assistencial versos contribuição confederativa. *Suplemento Trabalhista LTr*. São Paulo: LTr, p. 27-28, jun. 1991.

23 ROMITA, Arion Sayão. Contribuição confederativa. In: *Sindicalismo*... Op. cit., p. 141.

O Tribunal de Justiça do Rio de Janeiro entendeu que, sem lei, a contribuição não pode ser cobrada: "Custeio do sistema confederativo de representação sindical. Imposição de cobrança por sindicato. Art. 8º, IV da Constituição Federal de 1988. Sem lei reguladora, não pode o sindicato impor contribuições"[24]. No TST, a Seção de Dissídios Coletivos já entendeu que o inciso IV do art. 8º da Constituição "não possui a natureza das normas constitucionais autoaplicáveis, posto que sua eficácia plena está a depender de regulamentação pela via infraconstitucional"[25].

De acordo com o art. 138 da Constituição de 1937, o sindicato tinha o direito de **impor** contribuições aos membros da categoria e exercia função delegada de poder público. A alínea *e* do art. 513 da CLT (proveniente da alínea *f* do art. 3º do Decreto-lei n. 1.402/39) adota a mesma orientação, no sentido de que o sindicato pode impor contribuições às categorias econômicas e profissionais. A Constituição de 1946 silenciou sobre o assunto. A Carta Magna de 1967 especificou que o sindicato exercia função dele-

---

[24] TJ RJ, Ac. 4. Câmara Cível, j. 20-12-91, Rel. Des. Semy Glans, *Revista LTr* 57-04/502. No mesmo sentido a orientação do TST (Ac. da SDC do TST, RO DC 71.540/93.5, Ac SDC 1437/93, j. 15-12-1993, Rel. Min. Marcelo Pimentel, *DJU* I 18-2-1994, p 1.882-1.8833), TJ SP (14ª C. Civil, Ap C. 238.630.2/3, j. 6-9-1994, Rel. Des. Ruiter Oliva, conforme *Repertório IOB de Jurisprudência* n. 321/94, ementa 2/9479, p. 357).

[25] SDC do TST, E. Decl. em DC 27.042/91.8, j. 17-5-1993, Rel. Min. Antonio Amaral, *DJU* I 24-9-1993, p. 19.962. No mesmo sentido outras decisões da SDC do TST: RO DC 97626-93.6, Rel. Min. Almir Pazzianotto Pinto, *DJ* de 21-10-1994, p. 28.503; RO DC 69839/93.1, Rel. Min. Manoel Mendes de Freitas, in *DJ* 27-5-1994, p. 13.314; RO DC 116.879/94.5-23ª R, j. 6-2-1995, Rel. Min. Manoel Mendes de Freitas, *DJU* I 10-3-1995, p. 5.038/9. No mesmo sentido o seguinte julgado: "Contribuição Federativa. Prevista no art. 8º, item IV, da Carta Magna, a qual esta Seção de Dissídios Coletivos tem entendido, de forma reiterada e há muito já pacificada, que carece de regulamentação por lei ordinária, não se tratando, portanto, de norma constitucional autoaplicável. Por outro lado, imposta a contribuição a todos os empregados, filiados ou não aos sindicatos da categoria, tem-se clara infringência ao princípio constitucional da liberdade de não filiação a sindicato (art. 8º, item V), princípio que constitui cânone de Direito Internacional do Trabalho (Convenção n. 87 da OIT, art. 2º)" (TST, SDC, RO. AA, 189021/95.2, Rel. Min. Ursulino Santos, *DJU* 17-5-1996, p. 16.523).

gada de poder público (art. 159), podendo "arrecadar, na forma da lei, contribuições para o custeio" de suas atividades (§ 1º do art. 159).

A Emenda Constitucional n. 1, de 1969, repetiu as mesmas orientações no art. 166 e em seu § 1º. Hoje o sindicato não mais detém poderes de impor contribuições, pois nada menciona a atual Norma Magna sobre o tema. Isso implica dizer que a alínea *e*, do art. 513, da CLT foi derrogada na parte em que o sindicato poderia impor contribuições. Agora, o sindicato só poderá exigir a contribuição prevista em lei (contribuição sindical, conforme o art. 580 da CLT), as contribuições prescritas nas normas coletivas e a mensalidade dos associados. Outras contribuições poderão ser exigidas, desde que haja previsão legal, em decorrência do princípio constitucional de que ninguém é obrigado a fazer ou deixar de fazer algo a não ser em virtude de lei, além das contribuições decorrentes da condição de associado. Assim, o sindicato, hoje, não mais detém o poder de impor contribuições, nem exerce função delegada de poder público, pois nada menciona a atual Norma Magna sobre o assunto.

Veja-se, também, que a Carta Magna de 1967 (§ 1º do art. 159) e a Emenda Constitucional n. 1, de 1969 (§ 1º do art. 166) declaravam a necessidade da existência de lei para a exigência de contribuições, que não pode ser prescindida mesmo em relação à contribuição confederativa prevista no inciso IV do art. 8º da Constituição.

Assim, pode-se entender que a Constituição de 1988 não recepcionou integralmente a alínea *e* do art. 513 da CLT, quando menciona que o sindicato pode impor contribuições, que já havia sido derrogada pela Lei Maior de 1967, pois a única contribuição do sindicato que tinha natureza compulsória é a contribuição sindical, visto que a partir da Carta Magna de 1967 o sindicato não poderia impor contribuições, mas arrecadá-las, nem detém função delegada de poder público na atual Constituição. Não se pode, portanto, dizer que a contribuição confederativa possa ser fixada pelo livre arbítrio do sindicato enquanto inexistir lei.

Caso se entendesse de modo contrário, o sindicato poderia estabelecer pela assembleia geral, com qualquer votação, a contribuição confederativa, inclusive com um número reduzido de pessoas que estariam representando a categoria e decidindo por ela, além de fixar de modo abusivo a contribuição. Mostra o professor Octavio Bueno Magano que, se a contribuição confederativa "for fixada em nível exageradamente elevado tornar-se-á passível de impugnação, já que o abuso de direito constitui uma das dimensões do ilícito"[26]. Impossível, portanto, pensar que a contribuição confederativa pode ser fixada pelo livre arbítrio da assembleia sindical em qualquer valor ou porcentual, pois necessita-se de lei para se estabelecer esses contornos[27].

Argumenta-se que o sindicato tem autonomia privada, decorrendo disso a imposição de contribuições. Como já vimos, a faculdade de impor contribuições decorria da Constituição de 1937, sendo que a atual Lei Magna não repete essa disposição. O sindicato deixou de exercer função delegada de poder público, tornando-se uma entidade privada como qualquer outra. A autonomia, porém, não se confunde com soberania, que é inerente ao Estado. O sindicato não detém soberania, isto é, o poder de impor regras sobre outras pessoas por meio de lei. Assim, não poderia o constituinte, ao reconhecer a autonomia do sindicato, ter-lhe outorgado um verdadeiro cheque em branco para impor contribuições às pessoas, mas sim nos exatos termos da Constituição e da lei.

Inexistindo, por conseguinte, lei que disponha sobre a contribuição confederativa é impossível saber: qual o efetivo fato gerador da contribuição; o *quorum* das deliberações para a fixação da contribuição; qual o porcentual a ser aplicado, inclusive para o empregador, ou até se em valor fixo, pois o empregador não tem folha de pagamento para que se desconte a contribuição, não se sabendo sobre o que a contribuição irá incidir, como por exemplo se sobre o capital, como ocorre com a contribuição sindical. Acontece que certos empregadores não têm capital, pois não são organizados na forma de sociedade, por serem profissionais autônomos; a base de cálculo a ser utilizada, se sobre o capital, para o empregador, ou sobre o salário, horas extras, ou até sobre as gorjetas, aproximando-se do conceito de remuneração, no caso do empregado; a periodicidade do pa-

---

26 MAGANO, Octavio Bueno. *Manual de direito do trabalho:* direito coletivo do trabalho. 3. ed. São Paulo: LTr, 1993, v. III, p. 149.

27 Assevera Ricardo Nacim Saad que a "contribuição confederativa deveria ter sua fixação regulada por lei, de tal sorte que seu valor (ou percentual), cobrança, periodicidade etc., não ficassem ao livre arbítrio daqueles que são os grandes beneficiários dessa generosa fonte de receita: as cúpulas sindicais" (Op. cit., *Revista LTr* 55-02/147).

gamento (anual, trimestral, mensal); a época do pagamento, como ocorre com a contribuição sindical, bem como o prazo em que a empresa teria de reter a contribuição do empregado e recolhê-la ao sindicato; o porcentual que caberia a federações e confederações do montante arrecadado pelo sindicato, visto que a contribuição é para o custeio do sistema confederativo e o estatuto do sindicato não poderia fixar quanto caberia à federação ou confederação, o que poderia dar margem a destinação de pequeno porcentual às duas últimas entidades; a fixação dos limites dos valores a serem cobrados; critérios para garantir a intangibilidade dos salários, quanto ao desconto no salário do empregado, quando for o caso; a retenção na fonte da contribuição confederativa; o repasse pelo sindicato da receita da contribuição confederativa aos demais entes do sistema confederativo; a forma da cobrança em relação aos profissionais liberais e aos trabalhadores autônomos.

Inexiste até mesmo um limite para a cobrança da contribuição confederativa, que pode ser exigida, *v. g.*, num porcentual de 1% ou até de 100% sobre o salário. A assembleia do sindicato poderia perfeitamente fixar uma contribuição de 40% do salário do empregado, de maneira mensal, o que seria um absurdo e um exercício abusivo de direito. Lembre-se, também, que, na orientação do Direito Tributário, se não houver lei fixando a base de cálculo, o tributo não pode ser exigido (art. 97, IV, do CTN). O mesmo ocorreria no caso presente, aplicando-se por analogia a ideia de que, se não há a base de cálculo da contribuição, não há como cobrá-la.

Nota-se, assim, que o inciso IV do art. 8º da Constituição, no que diz respeito à contribuição confederativa, não tem aplicabilidade imediata, mas reduzida, no aguardo da lei ordinária para dar-lhe eficácia plena. Não existindo lei, não pode ser a contribuição confederativa cobrada pelos sindicatos, como na prática estes estão fazendo. O mais absurdo é que na assembleia geral comparecem apenas os associados do sindicato que poderiam estabelecer, à primeira vista, uma contribuição com efeito *erga omnes* para toda a categoria, inclusive a quem não tem interesse em se associar ao sindicato. Isso mostra um exercício ilícito do direito, pois sujeita a condição ao arbítrio exclusivo de uma das partes, privando a parte totalmente do efeito do ato, como se verifica a *contrario sensu* do art. 122 do Código Civil. Trata-se de cláusula puramente potestativa, que não pode ser admitida em Direito.

Não se pode dizer também que, ante a impossibilidade da exigência da contribuição confederativa, o sindicato iria ficar privado de receita sindical, pois o sindicato ainda tem outras receitas: a mensalidade sindical, a contribuição assistencial e também a contribuição sindical. Assim, não ficará inviabilizado o normal andamento das atividades do sindicato.

Há argumentos de que a alínea *b* do art. 548 da CLT daria respaldo à cobrança da contribuição confederativa, pois menciona que constituem patrimônio dos sindicatos: "as contribuições dos associados, na forma estabelecida nos estatutos ou pelas assembleias gerais"[28]. Entretanto, tal alínea refere-se à contribuição associativa, à mensalidade dos associados, pois a própria CLT menciona que se trata de contribuição de associados. Esta pode ser prevista tanto nos estatutos do sindicato, como por meio de decisão em assembleia sindical.

A contribuição confederativa, porém, não é apenas uma contribuição dos associados, mas destinada ao custeio do sistema confederativo. Ademais, tal dispositivo legal é anterior à atual Constituição, não podendo o legislador ordinário prever que futuramente iria ser criada uma contribuição confederativa. Assim, entendemos, também, que a alínea *b* do art. 548 da CLT não dá suporte legal para a cobrança da contribuição confederativa, que, portanto, necessita de lei ordinária própria para que possa ser exigida, salvo em relação à contribuição dos associados fixada na assembleia geral.

Alguém poderia, ainda, dizer que a existência de lei para estabelecer os contornos da contribuição confederativa iria implicar interferência do Estado no sindicato. Inexistiria, porém, interferência, pois a Constituição veda a intervenção e interferência do Poder Executivo no sindicato, como se depreende do inciso I do art. 8º da Lei Maior e não do Poder Legislativo, pois ninguém é obrigado a fazer ou deixar de fazer algo a não ser em virtude de lei (art. 5º, II, da Lei Maior).

Sem dúvida, inexistindo lei ordinária, o sindicato não tem condições de exigir a referida contribuição, pois a Constituição não determinou,

[28] Este é o pensamento de Edgar Troppmair (Contribuição às entidades sindicais. *Suplemento Trabalhista LTr*, São Paulo: LTr, n. 108, p. 677, 1992).

como não poderia fazê-lo, todas as peculiaridades pertinentes a essa exigência. Não basta apenas a fixação na assembleia geral, há necessidade da definição de outros elementos, como a divisão entre sindicatos, federação e confederação, os porcentuais da contribuição, qual a base de cálculo para o empregador e o autônomo, a periodicidade do pagamento etc.

Em razão de todos os argumentos anteriormente expendidos e do fato de haver várias questões que não são hoje resolvidas e que trazem problemas práticos, concluímos que somente a lei ordinária poderá solucionar as situações anteriormente indicadas, pois a ata da assembleia sindical não pode substituir a lei, não sendo autoaplicável o inciso IV do art. 8º da Constituição. É, portanto, necessária a lei para a exigência da contribuição confederativa, justamente para estabelecer os limites dessa cobrança, evitando os abusos que possam ser cometidos pelos sindicatos e traçando os contornos básicos da referida contribuição. Essa lei não é a complementar, pois a natureza da contribuição confederativa é de contribuição de caráter privado, sendo necessária apenas lei ordinária.

O STF entende, porém, que a contribuição confederativa, prevista no inciso IV do art. 8º da Constituição, é autoaplicável:

> Art. 8º, IV, da Constituição Federal. Contribuição para custeio do sistema confederativo da representação sindical de categoria profissional. Norma cuja eficácia não depende de lei integrativa, havendo estabelecido, de pronto, a competência para fixação da contribuição, a destinação desta e a forma do respectivo recolhimento. Recurso conhecido e provido (Ac. STF, 1ª T., RE 191022-4/SP, Rel. Min. Ilmar Galvão, *DJU* 14-2-97, p. 1.989).

10

Objeto

10.1 Objeto

O objeto da contribuição confederativa não é o de custear o sistema sindical, mas o confederativo, do qual fazem parte os sindicatos, federações e confederações, não só da categoria profissional, como também da categoria econômica.

A Constituição ainda consagra o sistema confederativo (art. 8º, IV), segundo o qual o sindicato não pode ter base inferior à área de um município (art. 8º, II), sendo que geralmente tem base municipal ou mesmo estadual. As federações são a reunião de pelo menos cinco sindicatos (art. 534 da CLT), geralmente constituídas por Estados (§ 2º do art. 534 da CLT), correspondendo ao segundo grau do sistema sindical. As confederações são organizadas com o mínimo de três federações, tendo âmbito nacional e sede em Brasília (art. 535 da CLT), compreendendo o terceiro grau do sistema sindical[1]. Nota-se que a contribuição confederativa não vai, portanto, financiar o sindicato, a federação ou a confederação, isoladamente, mas sim o sistema confederativo, que inclui as três entidades. O sistema confederativo, assim, é composto do sindicato, da federação e da confederação, tanto de empregados, como de empregadores e de trabalhadores autônomos. Assim, se o sindicato não integra federação e federação

---

1 O STF entendeu que a atual Constituição recepciona o sistema confederativo composto de sindicato, federação e confederação (Pleno, MS 21.305/DF, j. 28-8-1991, Rel. Min. Marco Aurélio, *DJU* 29-11-1991, p. 17.326).

não integra confederação, não se pode exigir a contribuição confederativa. Trata-se a contribuição confederativa de uma receita com destino vinculado, isto é, custear o sistema confederativo.

O fato de o inciso IV do art. 8º da Constituição prever que, em se tratando de categoria profissional, a contribuição confederativa "será descontada em folha", para o custeio do sistema confederativo da representação sindical dos empregados, não impede, sendo inclusive necessário, que haja também contribuição confederativa para custear o sistema confederativo patronal. Esta não poderá ser descontada em folha, pois os empregadores não têm folha de salário, mas a lei irá determinar um critério para a base de cálculo das categorias econômicas. A ideia do constituinte, ao utilizar a expressão *desconto em folha*, foi adotar um sistema semelhante ao do tributo cobrado na fonte, como do imposto de renda na fonte, ou da contribuição devida à Seguridade Social, em que o empregador irá fazer o desconto no salário do empregado, isto é, trata-se de obrigação de fazer, porém em relação ao empregador ainda não há a base de cálculo, que só será definida na lei.

O próprio inciso IV do art. 8º da Constituição usa a expressão *representação sindical respectiva* referindo-se ao custeio do sistema confederativo, mostrando a existência de mais de uma representação, envolvendo não só a dos empregados, como também a dos empregadores.

A norma legal irá prever quanto caberá a cada um dos participantes do sistema confederativo (sindicato, federação, confederação), podendo até mesmo utilizar um critério parecido com o do art. 589 da CLT, logicamente deixando de destinar uma parcela da contribuição para a conta especial de emprego e salário, que não mais deveria existir, em razão da vedação da intervenção e interferência do Poder Executivo no sindicato (art. 8º, I, da Norma Magna), conforme entende Octavio Bueno Magano[2].

10.2 Sujeito ativo da contribuição confederativa

O sujeito ativo que pode exigir a contribuição confederativa é o sindicato, que possui a assembleia geral para fixá-la.

2 MAGANO, Octavio Bueno. *Manual de direito do trabalho:* direito coletivo do trabalho. 3. ed. São Paulo: LTr, 1993, p. 149.

Não são sujeitos ativos a federação e a confederação, que não têm assembleia geral para fixar a contribuição

As centrais sindicais (CUT, USI, CGT etc.), por não integrarem o sistema confederativo, não são beneficiárias da contribuição confederativa, pois são entidades livremente formadas pelos interessados, ficando à margem do sistema confederativo. Devem, portanto, ter custeadas suas atividades pelos próprios interessados ou sócios das referidas entidades e não por meio da contribuição confederativa.

Os Conselhos Federais e Regionais fiscalizadores do exercício de profissões liberais (OAB, CRC, CRM, CREA etc.) também não têm direito de exigir a contribuição confederativa, por se tratar de pessoas jurídicas de direito público não pertencentes ao sistema confederativo. A finalidade de tais órgãos é apenas fiscalizar o exercício profissional. Suas atividades são custeadas por meio da contribuição anual devida à própria instituição. Não se poderá exigir contribuição confederativa para o custeio de tais entidades, que não fazem parte do sistema confederativo.

Em relação às associações, tampouco haverá o custeio de suas atividades pela contribuição confederativa, pois não fazem parte do sistema confederativo. Antigamente as associações eram o embrião do sindicato. Este tinha que necessariamente ter passado pelo estágio inicial, que seria a associação, para efeito de se transformar em sindicato. A carta de reconhecimento sindical era expedida em relação à associação que assim fosse reconhecida (art. 520 da CLT), o que hoje não mais acontece. Assim, o custeio das atividades das associações deve ser suportado por seus associados ou filiados, por meio da contribuição associativa e não por intermédio da contribuição confederativa.

Será a contribuição confederativa devida, porém, ao sindicato que tenha base territorial no local da prestação dos serviços do empregado, ou em relação à filial ou agência a que estiver subordinado.

É possível também a exigência da contribuição confederativa por parte do sindicato de trabalhadores autônomos, que faz parte de nossa organização sindical, além de servir para o custeio do sistema confederativo da representação sindical respectiva, pois se trata de categoria profissional.

No âmbito rural, os sindicatos só podem exigir a contribuição confederativa ou sindical juntamente com a cobrança do imposto territorial rural, pelo mesmo órgão arrecadador. O § 2º do art. 10 do ADCT é claro no sentido de que "até ulterior disposição legal, a cobrança das contribuições para o custeio das atividades dos sindicatos rurais será feita juntamente com a do imposto territorial rural". Como não existe lei dispondo de maneira diversa até o momento, aplicam-se as regras do Decreto-lei n. 1.166/71 quanto à contribuição sindical, sendo que a contribuição confederativa só poderá ser exigida juntamente com a cobrança do imposto territorial rural e não mediante guia em separado, pois tal contribuição está incluída no custeio das atividades dos sindicatos rurais, que fazem parte do sistema confederativo respectivo.

11

Fixação

A Constituição usa de linguagem imperativa ao mencionar que a assembleia geral "fixará" a contribuição confederativa (art. 8º, IV). O referido dispositivo, contudo, não tem natureza cogente, mas de mera faculdade nele explicitada, pois inexiste sanção para o inadimplemento da obrigação. Na verdade, a Constituição apenas outorga competência ao sindicato para a cobrança da contribuição confederativa, não criando a última. Quem irá instituir a contribuição é a lei, sendo que a assembleia geral do sindicato é que irá fixar o respectivo *quantum*. Assim, quem irá fixar a contribuição confederativa será a assembleia geral do sindicato, após a edição da lei instituindo a citada contribuição. Essa prerrogativa é da assembleia geral do sindicato e não de outro órgão da agremiação.

Nota-se, por conseguinte, que a federação e a confederação não poderão fixá-la, pois não têm como órgão a assembleia geral, mas apenas a diretoria, o conselho de representantes e o conselho fiscal (art. 538 da CLT). Dessa forma, a contribuição confederativa só poderá ser fixada pelo órgão sindical de primeiro grau, que é o sindicato, pois é o único que tem assembleia geral (art. 522 da CLT). Só, portanto, a assembleia geral do sindicato poderá fixar a contribuição confederativa.

Inexiste sanção pela não fixação da contribuição confederativa, apesar da linguagem imperativa da Constituição. A Federação e a Confederação poderão compelir a assembleia do sindicato a fixar a contribuição? Não, pois os associados são livres em sua manifestação de vontade, ao decidirem em assembleia a não fixação da contribuição confederativa.

A fixação da contribuição confederativa não será feita em acordo ou convenção coletiva, ou em negociação coletiva, mas na própria assembleia sindical, pois está excluída da pauta de reivindicações da negociação coletiva. Não poderá, também, a fixação ser feita ou estabelecida em dissídio coletivo, pois o § 2º do art. 114 da Constituição não dá tal competência à Justiça do Trabalho para esse fim, porque se trata de uma questão entre a entidade sindical e seus associados, não dizendo respeito às empresas e a seus empregados, estando, portanto, fora do alcance da sentença normativa[1], mesmo que a assembleia geral do sindicato tenha referendado a citada contribuição. Não é, portanto, hipótese de conflito coletivo típico. Assim, a fixação da contribuição confederativa deve ser determinada em assembleia geral e não pode ser postulada na petição inicial do dissídio coletivo.

O mesmo pode-se dizer quanto à inclusão de cláusula de contribuição confederativa em dissídio coletivo que diga respeito às entidades de empregadores, pois a relação seria entre sindicato e empresa, não se tratando de criação de normas e condições de trabalho, mesmo porque não haveria o repasse da contribuição, como ocorre com a contribuição do empregado que lhe é descontada e recolhida pelo empregador. A contribuição da empresa não pode ser descontada em folha, pela inexistência desta. Não se trata, assim, de um conflito coletivo típico. Logo, deve ser solucionada no âmbito interno do sindicato, pois se trata de questão *interna corporis*, e não por meio de sentença normativa. As normas coletivas devem conter cláusulas normativas e/ou obrigacionais.

A contribuição confederativa, contudo, não é uma cláusula normativa, nem obrigacional. Logo, há impossibilidade jurídica de se constar cláusula a respeito de contribuição confederativa na sentença normativa, mesmo que em acordo celebrado em dissídio coletivo[2], pois se a contribuição é fixada em assembleia geral, o exercício do poder normativo da Jus-

---

1 SDC do TST, RO DC 54.191/92.5-1ª R, j. 5-5-1993, Rel. Min. Wagner Pimenta, *DJU* I 21-5-1993, p. 9.834.

2 O TST já decidiu: "Contribuição Confederativa. Impossibilidade de constar como cláusula de norma coletiva. As normas coletivas podem conter cláusulas normativas e/ou obrigacionais. A Contribuição Confederativa, pela sua natureza, não pode ser considerada como cláusula normativa e muito menos obrigacional. Consequentemente, é impossível, juridicamente, que possa constar como cláusula de uma sentença normativa mesmo resultante de conciliação celebrada em processo de dissídio coletivo" (Ac. da SDC do TST RO DC 61.481/92.4, j. 6-6-1994, Rel. Juiz Rider Nogueira de Brito, Convocado, *DJU* 1 1-7-1994, p. 17.723-17.724.

tiça do Trabalho fica afastado[3]. Se por algum motivo, contudo, a contribuição confederativa for prevista em acordo em dissídio coletivo – ainda que inconstitucional tal orientação –, transitada em julgado a sentença normativa, será competente a Justiça do Trabalho para apreciar o cumprimento da referida decisão. O TST vem evitando, contudo, que aconteça tal fato quando há recurso ordinário da Procuradoria do Trabalho quanto a este aspecto. A Procuradoria Regional do Trabalho tem legitimidade para recorrer da decisão normativa homologatória de acordo que objetiva a exclusão de cláusula que infringe o ordenamento jurídico, principalmente no tocante à cláusula instituidora de contribuição confederativa[4].

Tratando-se de questão que diz respeito à relação entre o trabalhador e o sindicato da categoria, não há necessidade de decisão normativa sobre o tema. A contribuição confederativa deve ser fixada pela assembleia geral e não em dissídio coletivo, ainda que meramente homologatório, pois nem mesmo a referida contribuição foi instituída por lei, além de não estar inserida no âmbito do poder normativo da Justiça do Trabalho. Ainda que a contribuição confederativa já tenha sido fixada pela assembleia geral do sindicato, não poderá ser estabelecida como cláusula de dissídio coletivo, justamente porque a Justiça do Trabalho não tem competência

---

3 SDC do TST, RO DC 57.391/92.7, j. 23-6-1993, Rel. Min. Ursulino Santos, *DJU* I 20-8-1993, p. 16.442; SDC do TST RO DC 37.148/91.8-1ª R., j. 30-3-1993, Rel. Min. Wagner Pimenta, *DJU* I 30-4-1993, p. 7.642-7.643.

4 A SDC do TST já entendeu da mesma forma: "Dissídio coletivo- acordo – contribuição para custeio do sistema confederativo – Recurso Ordinário da Procuradoria Regional – A D. Procuradoria Regional tem legitimidade para recorrer de decisão normativa homologatória de acordo, se visa o recurso à exclusão de cláusula que infringe o ordenamento jurídico. A contribuição de empregado para custeio do sistema confederativo, prevista no art. 8º, IV, ainda carece de 'regulamentação' por lei ordinária definidora dos detalhes básicos do novo ônus associativo, não cabendo à Justiça do Trabalho e aos sindicatos antecipar-se à definição legal, servindo-se, para tal fim, do poder normativo, direto ou homologatório. Recurso ordinário provido para excluir-se, do acordo homologado, a cláusula que instituiu a Contribuição Confederativa" (Ac. da SDC do TST, RO DC 68.857/3.6-2ª R, j. 23-5-1994, Rel. Min. Manoel Mendes de Freitas, *DJU* I 1-7-1994, p 17.728-17.729).

para apreciar a questão, mesmo cuidando-se de mera homologação de acordo, além do que não se trata de cláusula normativa, tampouco obrigacional.

O Poder Judiciário somente intervirá na ocorrência de abuso na fixação da contribuição confederativa pela assembleia geral, porque "a lei não excluirá da apreciação do Poder Judiciário lesão ou ameaça de direito" (inciso XXXV do art. 5º da Lei Magna). A Constituição não estabeleceu os limites para a cobrança da contribuição, que dependem de lei ordinária para tanto; todavia, se a contribuição for exigida em nível elevado, será considerada abusiva e ilícita, podendo ser questionada e revista perante o Poder Judiciário. O órgão competente para dirimir a questão será a Justiça Comum Estadual, por não se tratar de controvérsia entre empregado e empregador, mas entre sindicato e empregado ou empregador, nem por versar sobre cumprimento de sentença de dissídio coletivo (art. 114 da Constituição)[5].

Entretanto, a Lei n. 8.984/95 determina que as controvérsias entre sindicatos ou entre sindicato de trabalhadores e empregador, a respeito de cumprimento de acordo ou convenção coletiva, são de competência da Justiça do Trabalho. Sendo a contribuição confederativa prevista em acordo ou convenção coletiva, se a questão posta em juízo for entre sindicatos ou entre sindicato de trabalhadores e empregador, a competência será da Justiça do Trabalho.

Mais se evidencia a facultatividade da contribuição confederativa quando se nota que a assembleia geral do sindicato poderia, à primeira vista, fixar uma contribuição entre 0 e 100% sobre o salário do empregado ou o capital das empresas. Poderia o sindicato, assim, fixar a contribuição do empregado no porcentual de 1%, 2% etc., mas também poderia ter o interesse de não fixá-la, por entender que as receitas que têm lhe são suficientes, prejudicando as federações e confederações, que não podem fixar a contribuição confederativa, por não terem assembleia geral, privando-as da receita da citada exigência, inclusive para a manutenção de suas atividades normais, que são inerentes ao sistema confederativo.

---

5 No mesmo sentido a orientação do TRT da 9ª R (2ª T, RO 6669/91, j. 14-1-1993, Rel. Juiz Zeno Simm, *DJ* PR 4-6-1993, p. 36).

Isso mostra que o sindicato tem o poder de fixar a contribuição por meio da assembleia geral, desde que exista lei para tanto, segundo nosso entendimento, o que corresponde a uma faculdade: o sindicato pode entender de cobrar a contribuição, como de não a exigir. Tal fato demonstra a facultatividade da cobrança da contribuição e não sua compulsoriedade. Caso houvesse compulsoriedade, o sindicato não poderia deixar de cobrar a referida contribuição, o que inocorre no caso em tela.

O *quantum* a ser fixado pela assembleia geral não há de exceder, porém, o custeio do sistema confederativo, podendo o integrante da categoria opor-se ao pagamento que exceder tal valor. Caso o sindicato venha a cobrar judicialmente a contribuição, deveria o réu requerer perícia para apurar o valor do custeio do sistema confederativo para o pagamento de sua respectiva parte. O valor do custeio não poderá permanecer integralmente com o sindicato, devendo ser repassado para a federação e a confederação da categoria. O sindicato, para cobrar a contribuição confederativa, deverá integrar federação e confederação.

Logo, a fixação determinada pela lei e posteriormente pela assembleia geral deve atender ao princípio da razoabilidade, sob pena de se cometer abuso de direito, que poderá ser questionado em juízo, principalmente se o valor fixado for excessivo, interpretando-se a *contrario sensu* o inciso I do art. 180 do Código Civil. A fixação, contudo, deverá atender ao critério da necessidade-possibilidade[6], sendo que seria razoável que a lei ordinária determinasse que a base de cálculo da contribuição seria o salário, para os empregados, e o capital social, para os empregadores.

Todavia, poder-se-ia discutir uma espécie indireta de *bis in idem* em relação à contribuição sindical, pois a mesma entidade estaria exigindo duas contribuições em decorrência de praticamente a mesma situação[7],

---

[6] Art. 1.695 do Código Civil, aplicado por analogia.

[7] Emílio Gonçalves assevera que haveria bitributação, pois "ambas têm como fato gerador a participação do trabalhador em determinada categoria profissional; ambas têm a mesma base de incidência, o salário do empregado; ambas se destinam ao custeio do sistema federativo da organização sindical" (Desconto da contribuição assistencial em favor da entidade profissional. In: *Direito do trabalho aplicado*. São Paulo: LTr, 1994, p. 172); e ambas têm também o mesmo contribuinte, que seria

embora uma tenha natureza de tributo e a outra não, havendo porém expressa autorização constitucional nesse sentido (art. 8º, IV).

A fixação pela assembleia poderá ser por prazo determinado ou indeterminado. Irá prevalecer a fixação da assembleia até que outra determinação desta venha modificar a orientação anterior. Seria recomendável que a fixação fosse anual, pois a cada ano há modificações na estrutura econômica, podendo existir alterações na política econômica governamental que venham a influenciar tal fixação.

A assembleia sindical, entretanto, deve contar com a significativa parcela dos associados, de forma a se verificar o princípio democrático, decorrente indiretamente do art. 1º da Constituição. Assim, assembleias sindicais de poucas pessoas não poderão ter legitimidade para fixar a contribuição confederativa, por falta de representatividade em relação à categoria.

Será vedado às assembleias gerais fixar, *v. g.*, contribuição de 5% para os associados e de 10% para os não associados, visto que o *caput* do art. 5º da Lei Fundamental disciplina que todos são iguais perante a lei, sem distinção de qualquer natureza. É de se destacar que o fato de se impor contribuição mais elevada para os não associados implica uma forma compulsória de fazê-los associar-se ao sindicato, o que é defeso pelo inciso V do art. 8º do Estatuto Supremo[8].

---

a pessoa que pertence à categoria. Arnaldo Süssekind também entende que há bitributação, por ter identidade de fundamentos, finalidades e destinação das contribuições (*Comentários à constituição*. 4. ed. Rio de Janeiro: Freitas Bastos, 1991, p. 50). Não se poderia, porém, falar em bitributação, pois há o mesmo ente a exigir a contribuição e não entes diversos, mas em *bis in idem*. Embora a natureza jurídica das contribuições seja distinta, pois a contribuição confederativa não tem natureza tributária, o destino da arrecadação é praticamente o mesmo e os fatos geradores, bases de cálculo e contribuintes são os mesmos, mostrando a existência de uma espécie indireta de *bis in idem*. Temos, portanto, duas contribuições ou uma dupla incidência de contribuições, tendo aproximadamente o mesmo fundamento, objetivo e destinação.

8 O TRT da 3ª R. já entendeu que a fixação de porcentuais diferenciados para trabalhadores associados e não associados viola o princípio da livre sindicalização (1º Grupo de Turmas do TRT da 3ª R., DC 412/89,

A fixação da contribuição tampouco poderá atentar contra o princípio da capacidade econômica do contribuinte, aplicando-se por analogia o § 1º do art. 145 da Constituição, embora a natureza da contribuição confederativa não seja de tributo, pois ninguém poderá pagar contribuição além das suas possibilidades econômicas. Exigida contribuição sem a observância de tal princípio, haverá abusividade em sua cobrança, podendo ser discutida no âmbito do Poder Judiciário[9]. Entretanto, a contribuição confederativa poderá ser exigida de imediato, desde que haja lei a prevendo ou apenas em relação aos associados, quando fixada na assembleia geral, não se observando, assim, o princípio da anterioridade da lei, porém não poderá ter efeito retroativo.

Inexistindo sindicato, deve-se entender que a contribuição pode ser fixada pela federação e inexistindo esta, pela confederação. Nestes casos, existe um sistema confederativo, que é composto por federação e confederação ou só por esta última. É a aplicação por analogia do raciocínio do art. 590 da CLT. Se não houver confederação, inexistindo sindicato e federação, a contribuição não poderá ser exigida, nem irá uma parte de sua arrecadação para o governo, como na contribuição sindical, pois a contribuição confederativa não tem natureza tributária. Entretanto, nos casos indicados, a contribuição só poderá ser exigida dos associados, que têm de cumprir os estatutos da federação ou confederação.

Rel. Juiz Aguinaldo Paoliello, j. 21-6-1990, Minas Gerais II 10-7-1990, p. 29). A SDC do TST julgou discriminatória tal situação em relação à contribuição assistencial (RO DC 71.493/93.8-1ª R, j. 29-8-1994, Rel. Min. Ursulino Santos, *DJU* I 17-2-1994, p. 2.887-2.888).

[9] MAGANO, Octavio Bueno. Contribuição confederativa. In: *Política do trabalho*. São Paulo: LTr, 1992, p. 93.

12

Contribuintes

12.1 Contribuintes

Neste ponto, é preciso analisar quem são os contribuintes que irão pagar a contribuição confederativa. Duas correntes são aqui encontradas: a que entende que a contribuição confederativa pode ser exigida apenas dos associados[1] e a que adota a orientação de que pode ser exigida de todos os integrantes da categoria, incluindo os não associados[2]. É mister também se verificar se os não associados podem opor-se à referida cobrança.

Contribuinte é a pessoa que está ligada direta e pessoalmente à causa da obrigação. Os contribuintes da contribuição confederativa são as pessoas pertencentes ao sistema confederativo, isto é, à categoria profis-

[1] Pensamento de Georgenor de Sousa Franco Filho (Os trabalhadores não sindicalizados e a contribuição confederativa. *Jornal do 8º Congresso Brasileiro de Direito Coletivo do Trabalho*. São Paulo: LTr, p. 63, nov. 1993) e José Martins Catharino (A contribuição sindical e a Constituição. *Revista de Direito do Trabalho*. São Paulo: Revista dos Tribunais, n. 79/92, p. 19, 1992).

[2] Por não associados ao sindicato (As fontes de receita dos sindicatos na nova constituição federal. In: TEIXEIRA FILHO, João de Lima (Coord.). *Relações coletivas de trabalho:* estudos em homenagem ao Ministro Arnaldo Süssekind. São Paulo: LTr, 1989, p. 341). O mesmo entendimento tem Galba José dos Santos (Contribuições sindicais obreiras na constituição federal. TEIXEIRA FILHO, João de Lima (Coord.). *Relações coletivas de trabalho*. Op. cit. p. 346) e Délio Maranhão e Luiz Inácio B. Carvalho (*Direito do trabalho*. 16. ed. Rio de Janeiro: FGV, 1992, p. 266).

sional, econômica ou de trabalhadores autônomos. Assim, os contribuintes da contribuição confederativa são os empregadores, os empregados e os trabalhadores autônomos. O empregador também terá de pagar a contribuição confederativa, pois faz parte do sistema confederativo[3], pertencendo à categoria dos empregadores, assim como os trabalhadores autônomos.

O servidor público não pode ser considerado como sujeito passivo da contribuição confederativa. O inciso IV do art. 8º da Constituição é aplicado apenas às pessoas de direito privado e não de direito público. O § 3º do art. 39 da Lei Maior não faz remissão ao art. 8º da Lei Magna, de modo que este não pode ser aplicado em relação a funcionários públicos[4]. Assim, os contribuintes da contribuição confederativa são pertencentes ao setor privado, não sendo funcionários públicos. Há necessidade, portanto, de lei para instituição e cobrança de uma contribuição confederativa dos servidores públicos estatutários. Se se entender que o inciso IV do art. 8º da Constituição se aplica ao servidor público, que não é o nosso pensamento, pode-se aplicar a alínea *c* do art. 240 da Lei n. 8.112/91, que determina o desconto "em folha, sem ônus para a entidade sindical a que for filiado, o valor das mensalidades e contribuições definidas em assembleia geral da categoria". De outro lado, se o servidor público não for filiado ao sindicato, não lhe poderá ser cobrada a contribuição confederativa.

Os empregados de empresas públicas, sociedades de economia mista e outras entidades que explorem atividade econômica estarão sujeitos à contribuição confederativa, pois tais empresas deverão cumprir as obrigações trabalhistas.

---

[3] "Contribuição para o custeio do sistema confederativo. Parcela não vinculada ao número de empregados. É devida a contribuição para o custeio do sistema confederativo ainda que não possua a empresa nenhum empregado, quando não vinculada tal parcela ao número de empregados" (Ac. da 1ª T. do TRT da 4. R, RO 93.019962-6, Rel. Juíza Belatrix Costa Prado, j. 26-10-1994, *DJ RS* 28-11-1994, p. 23, 116).

[4] O STF parece entender o contrário, orientando-se no sentido de que o art. 8º da Constituição se aplica aos servidores públicos. Sendo assim, inclusive o inciso IV deveria ser observado (STF, 1ª T., MS 21.758/1, Rel. Min. Sepúlveda Pertence, *DJU* I 4-11-1994, p. 29.831).

12.2 Exigência de não associados

Seria possível fazer a seguinte assertiva: a contribuição confederativa somente pode ser exigida dos associados do sindicato[5], porque o *caput* do art. 8º da Constituição determina que "é livre a associação profissional ou sindical" e o inciso V do mesmo art. estabelece que ninguém é obrigado a se filiar ou a manter-se filiado a sindicato. Assim, os não associados não deveriam pagar a contribuição[6]. É a forma sistemática de interpretar tais dispositivos. Temos, portanto, que interpretar os incisos a partir do *caput*, que especifica a liberdade de associação sindical, reafirmada no inciso V, pelo qual a pessoa pode livremente filiar-se ou não ao sindicato. Ao se falar em liberdade sindical, a pessoa deve ser livre de ingressar ou não no sindicato, pagando, portanto, a contribuição destinada à agremiação, em decorrência de sua filiação. Não sendo filiada, não tem obrigação de contribuir para o sindicato. O mesmo ocorre em relação à contribuição confederativa, que, portanto, não é compulsória, até porque não é prevista em lei, nem é tributo.

O parecer da Advocacia Geral da União, n. GQ-05, de 24-8-1993[7], adotou orientação do Consultor da União, Dr. L. A. Paranhos Sampaio, acolhendo manifestação do Prof. Roberto Santos, Consultor Jurídico do Ministério do Trabalho, reportando-se ao pensamento da assessora Dra.

---

[5] Renato Rua de Almeida pensa da mesma forma, dizendo que a contribuição confederativa vincula apenas os associados do sindicato, diante da regra do inciso V do art. 8º da Constituição (As contribuições sindicais e a composição da diretoria versus autonomia. In: *Direito:* programa de pós-graduação em direito. PUC-SP. São Paulo: Max Limonad, 1995, n. 1, p. 176-177). Da mesma maneira entende Sacha Calmon Navarro Coelho, no sentido de que os não sindicalizados não são obrigados a pagar a contribuição confederativa, salvo se houver lei específica sobre o assunto ou por vontade própria (*Comentários à constituição de 1988*... Op. cit., p. 183).

[6] FRANCO FILHO, Georgenor de Sousa. *Os trabalhadores não sindicalizados*... op. cit., p. 63. No mesmo sentido, do mesmo autor: Da fixação da contribuição confederacional. *Repertório IOB de Jurisprudência*. São Paulo: IOB, n. 20, texto 2/4321, p. 328, out. 1990.

[7] *DOU* de 9-9-1993.

Eliana Corrêa de Aquino. Nele se entendeu pelo não cabimento da contribuição confederativa aos não associados, em matéria suscitada pela Confederação Nacional dos Trabalhadores na Indústria. Esse pensamento tem base não só no art. 8º da Lei Maior, mas também no art. 544 da CLT, que informa que é livre a associação profissional ou sindical. Não pode haver condição que sujeite uma parte ao arbítrio exclusivo da outra, nos termos do art. 115 do Código Civil, principalmente quando se fixa por meio da assembleia geral a contribuição confederativa a pessoas que não são associadas ao sindicato, isto é, a terceiros, que não podem concordar ou discordar expressamente (*pacta tertiis nec nocent, nec prosunt*), pois não podem comparecer a tal assembleia.

O não associado não ajudou a criar o sindicato, nem faz parte de seu quadro, sendo apenas um terceiro, que não pode ser obrigado a pagar contribuição sem sua concordância, pois caso contrário o não associado estaria sujeitando-se ao arbítrio exclusivo de uma das partes, que seria o sindicato. O Verbete n. 324 da Comissão de Liberdade Sindical da OIT, que trata da quota de solidariedade dos trabalhadores não associados, mostra que não contraria o princípio da liberdade sindical se a lei estabelecer a cobrança de uma quota de solidariedade aos não associados, desde que estes se beneficiem das disposições de uma norma coletiva, não podendo esse desconto ser superior a 2/3 do valor devido pelos associados[8]. No caso de convenção ou acordo coletivo seria facultativa a contribuição aos não associados, desde que deles se beneficiem e limitada a 2/3 do valor devido pelos associados[9]. A mesma orientação poderia ser adotada quanto à contribuição confederativa.

O Sindicato dos Advogados de São Paulo vinha pretendendo a cobrança da contribuição confederativa em relação a todos os advogados inscritos na Ordem dos Advogados do Brasil (OAB), fossem ou não sócios da agremiação. A OAB, por meio da Seção de São Paulo, de acordo com aprovação de seu Conselho em 15-5-1992, conforme voto do Conselheiro Homero Alves de Sá, concluiu que:

---

[8] OIT. *La libertad sindical*. 3. ed. Genebra: OIT, 1985, p. 69.

[9] Idem, ibidem, p.69.

a) A norma constitucional invocada (art. 8º, IV) não pode criar uma obrigação, a ser fixada por assembleia de qualquer entidade, aplicável a pessoas estranhas a seu quadro associativo, ainda que pertencentes à mesma categoria profissional. Vale dizer, a não sócios!

A propósito, no Parecer n. MTPS/DJ 592/90, a Coordenadoria das Relações de Trabalho do Ministério do Trabalho e Previdência Social já se manifestara no sentido da indigitada contribuição confederativa ser devida apenas pelos associados das respectivas entidades.

b) os advogados (empregados ou autônomos) estão obrigados tão somente ao pagamento da contribuição devida a seu órgão de classe, a Ordem dos Advogados do Brasil[10].

Há parecer semelhante da Associação dos Advogados de São Paulo entendendo que não pode ser cobrada a contribuição confederativa dos não associados do sindicato. "Não resiste o entendimento de que a Constituição Federal em seu art. 8º, inciso IV, teria outorgado competência a sindicatos para a criação de contribuições com o significado de tributos, valendo-se, para tanto, de mera decisão assemblear"[11].

A cobrança de contribuições dos não associados, prevista no inciso IV do art. 8º, depende de prévia autorização da lei[12]. Assim, os não associados poderão pagar contribuição desde que haja lei nesse sentido, pois ninguém é obrigado a fazer ou deixar de fazer alguma coisa a não ser em virtude de lei (art. 5º, II, da Lei Fundamental). O não associado, inclusive, não faz parte formalmente do sindicato, não tendo de cumprir o seu estatuto. Mesmo Romita esclarece que a assembleia geral é soberana apenas em relação aos associados[13]. Isso quer dizer que ela não tem poderes sobre os não associados.

Os associados do sindicato devem, portanto, respeitar as disposições de sua assembleia, pois a ela podem comparecer para discutir as questões

[10] *Jornal do Advogado*. São Paulo: OAB, n. 191, p. 24, 1992.

[11] *Boletim da Associação dos Advogados de São Paulo*. São Paulo: AASP, n. 1.912, p. 2, 16-22 ago. 1995.

[12] ROMITA, Arion Sayão. Contribuição para custeio do sistema confederativo. In: *Os direitos sociais na constituição e outros estudos*. São Paulo: LTr, 1991. p. 237.

[13] Idem, ibidem.

ali ventiladas. Podem não só comparecer à assembleia, como também objetar a cobrança da contribuição. O associado que não comparece à assembleia concorda tacitamente com o estabelecimento da contribuição. O que comparece e é vencido em sua posição de não a querer, deve curvar-se à vontade da maioria, que autorizou a fixação do desconto da contribuição confederativa, de maneira democrática.

A pessoa, ao não se associar ao sindicato, não pode discutir a contribuição confederativa que será deliberada na assembleia geral. Logo, resta uma maneira indireta de fazer com que a pessoa se associe para poder participar da assembleia e discutir a contribuição confederativa. Assim, pode-se dizer também que se a pessoa está impedida de comparecer à assembleia, não tem obrigação de pagar uma contribuição sobre a qual não pode opinar.

Poder-se-ia entender que a assembleia não seria sindical, mas da categoria e que o não associado a ela poderia comparecer; entretanto, mesmo assim deve ser assegurado o direito de oposição à cobrança da contribuição confederativa, pois caso contrário implicaria uma forma dissimulada de o não associado se filiar ao sindicato. Contudo, a assembleia só pode ser a geral, do sindicato, impedindo que os não associados a ela compareçam. Pensar de outra forma seria estipular uma contribuição sem a participação do obrigado[14], que logicamente não estaria compelido a saldar a obrigação.

O Tribunal do Distrito Federal, por exemplo, já decidiu que a contribuição confederativa "é inexigível de quem não seja filiado", tanto em relação à pessoa física como à jurídica[15].

Dizer, contudo, que o empregador pode induzir o empregado ou influenciá-lo a não contribuir para o sindicato com o objetivo de desaparelhar ou desagregar a base do sindicato é bastante relativo, pois o empregado pode livremente filiar-se ou não ao sindicato, podendo assim ter

---

14 ZAHLOUTH JUNIOR, Carlos. Aspectos sobre a contribuição confederativa. *Revista do TRT da 8ª Região*. Belém: TRT da 8ª Região, v. 28, n. 54, p. 113, jan./jun. 1995.

15 Ac. un. da 3ª T. Cível do TJ DFT, ac. 28.201, j. 13-12-1993, Rel. Des. Estevem Maia, *DJU* 3, 13-4-1994, p. 3.759.

interesse em ser beneficiário dos serviços prestados pelo sindicato, como entender de modo contrário. O fato de o empregado entender de se filiar ao sindicato mostra sua liberdade de procurar a agremiação para se sentir mais protegido em relação ao empregador, para receber orientações do sindicato e também para obter vantagens dessa associação, como assistência médica, colônia de férias etc.

Para tanto, irá pagar as contribuições determinadas pelo estatuto ou pela assembleia sindical. Já o não sindicalizado não terá essa obrigação. De outro lado, não se pode conceber a contribuição confederativa como uma receita mensal para a manutenção do sistema confederativo, como dá a entender Herbert Maciel[16], pois analisada dessa forma implica a mesma coisa que a pessoa pagar a mensalidade sindical, sendo que ninguém é obrigado a filiar-se ou a manter-se filiado a sindicato.

O Precedente n. 119 da SDC do TST mostra que a contribuição confederativa não pode ser exigida do não associado, pois fere o princípio da liberdade de associação. A fixação da contribuição confederativa para o não associado não poderá ser feita tanto em sentença normativa, como em acordo ou convenção coletiva de trabalho.

O Precedente n. 74 do TST mencionava o direito de oposição pelo empregado. O Precedente n. 119 do TST fala atualmente na impossibilidade do desconto do não associado. Houve, portanto, uma evolução, pois agora não há apenas o direito de oposição, mas a impossibilidade do desconto do não associado.

Há vários julgados do STF entendendo que a contribuição confederativa só pode ser exigida dos associados e não dos não associados ao sindicato:

> Constitucional. Sindicato. Caráter não tributário. Não compulsoriedade. Empregados não sindicalizados: Impossibilidade do desconto. CF art. 8º IV. I – A contribuição confederativa, instituída pela assembleia geral – CF art. 8º IV – distingue-se da contribuição sindical,

[16] MACIEL, Herbert. Contribuição confederativa e contribuição assistencial. CF art. 8º, inciso IV, – CLT, art. 513, alínea *e* – desconto em folha compulsório – inoponibilidade. *Jornal do 8º Congresso de Direito Coletivo do Trabalho*. São Paulo: LTr, p. 66, nov. 1993.

> instituída por lei, com caráter tributário – CF art. 149 – assim compulsória. A primeira é compulsória apenas para os filiados do sindicato. II – RE não conhecido (STF, 2ª T., RE 198.092-3/SP, j. 27-8-1996, Rel. Min. Carlos Velloso, *DJU* I, 16-10-1996, p. 38.509, *LTr* 60-12/1632).
>
> A contribuição confederativa, instituída pela assembleia geral – CF, art. 8º, IV – distingue-se da contribuição sindical, instituída por lei, com caráter tributário – CF, art. 149 – assim compulsória. A primeira é compulsória apenas para os filiados do sindicato. RE não conhecido (STF, 2ª T., RE 184.266/SP, j. 27-8-1996, Rel. Min. Carlos Velloso, *LTr* 61-09/1191).
>
> Contribuição Confederativa. Art. 8º, IV, da Constituição. Trata-se de encargo que, por, despido de caráter tributário, não sujeita senão os filiados da entidade de representação profissional. Interpretação que, de resto, está em consonância com o princípio da liberdade sindical consagrado na Carta da República (STF, RE 189.443-1, Rel. Ilmar Galvão, *DJU*, 11-4-1997, p. 12.208).

No mesmo sentido, os seguintes julgamentos do STF: RE 178.927-1, Rel. Min. Ilmar Galvão, *DJU*, 7-3-1997, p. 5.409; 1ª T., RE 195.978-9/SP, j. 22-4-1997, Rel. Min. Moreira Alves, *DJU* I, 12-9-1997, p. 43.737.

A contribuição confederativa de que trata o inciso IV do art. 8º da Constituição só é exigível dos filiados ao sindicato respectivo (Súmula Vinculante 40 e Súmula 666 do STF).

Dispõe o inciso XXVI do art. 611-B da CLT que o trabalhador não pode sofrer, sem sua expressa e prévia anuência, qualquer cobrança ou desconto salarial estabelecidos em convenção coletiva ou acordo coletivo de trabalho. Isso inclui também a contribuição confederativa, se for fixada em norma coletiva.

12.3 Direito de oposição do não filiado

Há a possibilidade de oposição à cobrança da contribuição confederativa. Da mesma forma pensa o professor Arion Sayão Romita[17].

---

[17] ROMITA, Arion Sayão. Contribuições corporativas. *Sindicalismo. Economia. Estado democrático:* estudos. São Paulo: LTr, 1993, p. 113.

Dispõe o inciso IV do art. 8º da Lei Maior que a contribuição confederativa "será descontada em folha", em se tratando de categoria profissional, para o custeio do sistema confederativo da representação sindical respectiva. Para alguns, tal preceito é imperativo, contudo, nada se fala em relação à contribuição da categoria econômica, o que demonstraria então a falta de imperatividade para a cobrança da contribuição confederativa da referida categoria. Esta afirmação não seria verdadeira, em razão de a categoria econômica também pertencer ao sistema confederativo, mas, quando existir a lei determinando a cobrança da citada contribuição da categoria econômica, será possível fazê-lo.

O art. 545 da CLT dispõe também que "os empregadores ficam obrigados a descontar na folha de pagamento dos seus empregados, desde que por eles devidamente autorizados, as contribuições devidas ao Sindicato". Há necessidade, assim, de que os obreiros concordem com o desconto, ressalvada a contribuição sindical, que independeria da vontade do operário, por ser compulsória e ter natureza tributária (art. 149 da Constituição c/c art. 3º e art. 217, I, do CTN). A jurisprudência do TST interpretava o art. 545 da CLT no sentido de que o trabalhador deveria opor-se ao desconto da contribuição assistencial nos 10 dias anteriores ao primeiro pagamento salarial reajustado (antigo Precedente n. 74 do TST), em relação à contribuição assistencial prevista em dissídio coletivo.

Assim, o art. 545 da CLT vem a complementar o preceito constitucional, pois não é contrário ao inciso IV do art. 8º da Lei Fundamental, sendo, por conseguinte, recepcionado por esta, podendo ser aplicado em relação à contribuição confederativa. Pode, portanto, o empregado opor-se ao desconto da contribuição confederativa, utilizando-se por analogia da regra contida no art. 545 da CLT, que parece ser o pensamento de José Martins Catharino[18]. Assim, os empregadores só ficam obrigados a descontar a contribuição confederativa dos empregados quando por estes expressamente autorizados, conforme é a redação textual do art. 545 da CLT, o que incluiria tanto o empregado sindicalizado, como o não associado, pois do contrário feriria o princípio da intangibilidade salarial, que

18 CATHARINO, José Martins. "Contribuição confederativa" sindical (aspectos principais). *Repertório IOB de Jurisprudência*. São Paulo: IOB, n. 8, texto 2/6209, p. 147, 1992.

tem por objetivo proteger o trabalhador. Não podem, ao reverso, fazer descontos de contribuição confederativa no salário de seus empregados se por estes não forem autorizados. Dessa forma, o empregador não será responsável pelo recolhimento da contribuição, caso seus empregados não autorizem o referido desconto.

O fato de a Constituição mencionar que a contribuição é devida em relação à categoria e não aos associados, não quer dizer que aqueles que não são associados sejam obrigados a pagar a referida contribuição. Em primeiro lugar, inexiste lei determinando tal fato. Em segundo lugar, o não associado pode opor-se à cobrança da contribuição, justamente pelo fato de não ser filiado ao sindicato[19]. Em relação aos associados, a contribuição só pode ser exigida depois de fixada pela assembleia geral, em que aquela pessoa pode discutir a determinação da contribuição.

De outro lado, a questão da unicidade sindical não implica que a pessoa se filie automática e obrigatoriamente ao sindicato de sua categoria, tem ela a liberdade positiva ou negativa de se filiar ou não ao sindicato. Caso entenda por não se filiar, não é obrigada a pagar uma contribuição se não quiser ingressar na agremiação. O princípio da autonomia privada coletiva também não pode ser indicado como objeção, no caso presente, para a cobrança da contribuição confederativa sem oposição do não associado, pois este não quis associar-se livremente, não tendo que pagar contribuições a entidades às quais não pertence nem tem interesse em pertencer, porque a ele nada prestam a título de serviços.

Num regime democrático o trabalhador tem não só o direito de não se filiar ao sindicato, como também de entender de não pagar contribuições que não lhe beneficiam, por não pertencer à agremiação sindical. A única exceção seria a contribuição sindical, que decorre de lei, sendo compulsória e o empregado a ela não pode opor-se. Entender de modo diverso seria interpretar a Constituição no sentido de que esta dá com uma das mãos a liberdade de a pessoa entrar ou não no sindicato, tirando-a com a outra, por meio da imposição econômica de uma contribuição, isto é, a liberdade do indivíduo se associar ou não ao sindicato, pois o pagamento

---

19 No mesmo sentido o entendimento de Renato Rua de Almeida (op. cit. p. 177).

compulsório implica filiação econômica forçada. A autonomia sindical não dá respaldo à cobrança da contribuição confederativa dos não associados, justamente porque as disposições da assembleia geral só alcançam os filiados ao sindicato. Uma pessoa jurídica de direito privado, como o sindicato, não pode impor contribuições a outras pessoas que dela não participam, como é o caso dos não associados, apenas em relação aos sindicalizados.

Não se permitir ao trabalhador, ou até mesmo ao empregador, a oposição ao desconto da contribuição confederativa, implicaria indiretamente a filiação obrigatória daqueles sujeitos ao sindicato, quando o inciso V do art. 8º da Constituição dispõe que "ninguém será obrigado a filiar-se ou a manter-se filiado a sindicato". O próprio *caput* do mesmo artigo estabelece que "é livre a associação profissional ou sindical". Nesse caso, estar-se-ia impondo uma contribuição, instituindo-se um verdadeiro tributo, a uma pessoa que não deseja associar-se ao sindicato ou não quer ser por este representado, isto é, o pagamento importa filiação econômica forçada ao sindicato.

O Ministro aposentado do TST, Indalécio Gomes Neto, também entende que os não associados podem opor-se ao desconto da contribuição confederativa, sob pena de ferir o princípio contido no inciso V do art. 8º da Lei Maior[20]. A assembleia geral não pode, portanto, dispor ilimitadamente, obrigando também os não filiados, pois não teria limites na lei, indo além do poder que o sindicato possui para cobrar a contribuição. Exigir a contribuição confederativa dos não associados seria determinar uma contribuição dobrada, visando coagi-los a se associarem ou mesmo castigá-los pela recusa em se associar.

Ressalte-se que o associado pode comparecer à assembleia em que será deliberada a cobrança da contribuição confederativa, enquanto o não associado não o poderá, justamente porque não detém a condição de filiado do sindicato (art. 612 c/c art. 524, *e*, da CLT), ficando impedido, portanto, de manifestar seu ponto de vista, ou de se opor à fixação da contri-

---

20 GOMES NETO, Indalécio. Características do sindicalismo brasileiro. *Revista LTr*, São Paulo: LTr 94, 58-03/270, 19. No mesmo sentido é a orientação do TRF da 5ª R. (1ª T., REO 23796/PB, j. 23-6-1993, Rel. Juiz Hugo Machado, *DJU* 2, 20-5-1994, p. 24.257).

buição. Os não associados, entretanto, não conferem mandato tácito aos associados do sindicato para representá-los na assembleia, até porque nesta só votam os associados. Assim, os não associados não têm obrigação compulsória de prover a manutenção de uma entidade que não lhes interessa, até mesmo porque nessas assembleias são poucos os que comparecem, normalmente apenas os membros da diretoria, que decidem pela suposta categoria. Logo, o sindicato não pode instituir uma verdadeira exação por meio da assembleia sindical, quando já tem a contribuição sindical, que é compulsória e o empregado não pode a ela se opor. A agremiação, portanto, não tem um poder ilimitado que seria superior ao do Estado, quando este impõe contribuições por meio de lei, de acordo com o princípio da legalidade.

O Brasil é uma República Federativa, constituindo um Estado Democrático de Direito (art. 1º da Constituição) e não uma república sindicalista, pois o sindicato, como qualquer pessoa, tem de se submeter aos ditames da lei. A 12ª Câmara Cível do Tribunal de Justiça de São Paulo já julgou que o não integrante da categoria econômica, não associado, não deve pagar a contribuição confederativa[21]. Nesse caso ficou esclarecido que o poder que é determinado à assembleia geral não pode suplantar o

---

21 TJSP, 12ª Câmara Cível, Apelação cível 192.502-2/6, j. 16-6-1992, Rel. Des. Erix Ferreira, *RT* 688/86. No mesmo sentido os julgados: da 8ª Câmara Cível do Tribunal de Alçada do Paraná (Ac. 58.533-1, j. 28-3-1994, Rel. Juiz Ruy Cunha Sobrinho, *DJ PR* 6-5-1994, p. 76); do TJDFT (Ac. un. da 3ª T. Civ., Ac. 28.201, j. 13-12-1993, Rel. Des. Estevam Maia, *DJU 3* 13-4-1994, p. 3.759); do TJRS (EI 594.013.237- 2º G Civ. – j. 13-5-1994, Rel. Des. Ramon G von Berg, *Síntese Trabalhista*, n. 69, p. 90, mar. 1995); do TAMG (1ª C Civ., EIAC 151.530-4/01, j. 14-12-1993, Rel. Juiz Páris Pena, Minas Gerais II 15-9-1994, p.10-11); do TJSP (14ª C. Civ. Ap. C. 238.630.2/3, j. 6-9-1994, Rel. Ruiter Oliva, publicado no *Repertório IOB de Jurisprudência*, n. 21/94, ementa 2/9479, p. 357; do TJSP (18ª C. Civ., Ap. Civ. 201.214-2, j. 8-2-1993, Rel. Des. Theodoro Guimarães, *RJTJESP* 143/103), do TAMG (1ª C. Civ., Ap. Civ. 158.366-2, j. 17-8-1993, Rel. Juiz Herondes de Andrade, Minas Gerais II 15-4-1994, p. 10); TJRJ (1ª C. Civ. Ap. C. 77/94, j. 3-5-1994, Rel. Des. C. A. Menezes Direito, *DJ RJ* 17-11-1994, p. 224); TAPR (8ª C. Civ., AC 58.533-1, j. 28-3-1994, Rel. Juiz Ruy Cunha Sobrinho, *DJ PR* 6-5-1994, p. 76).

poder do Estado de tributar, pois não teria limites inclusive na lei, isto é, seria ilimitado, afrontando o inciso II do art. 5º da Constituição, já que nenhuma obrigação existirá a não ser em virtude de lei, além do que o poder de tributar é inerente ao Estado e não ao sindicato.

A 19ª Câmara Cível do Tribunal de Justiça de São Paulo expressou-se no sentido de que:

> a atuação do Sindicato em favor da categoria e a imposição de contribuição, como prerrogativa sua em face de todos os que participam da categoria econômica ou profissional perdem a legitimidade por força do princípio constitucional da liberdade associativa. Pode o sindicato, para a consecução de seus objetivos, impor a seus associados, contribuições instituídas de acordo com seus estatutos, porém, é vedada aos que dele não participam por não revestirem-se da condição de associados. Vale dizer: havendo oposição do trabalhador, não se lhe pode impor a contribuição, pois sua anuência pela adesão ao Sindicato, através de manifestação de vontade livre e autônoma, é imprescindível[22].

Em relação à contribuição assistencial o próprio Supremo Tribunal Federal já entendeu que, para a cobrança da referida exigência, há necessidade de que o empregado não se oponha ao desconto[23]. A mesma orientação deve ser seguida em relação à contribuição confederativa.

Os associados, entretanto, não podem opor-se à cobrança da contribuição, pois estavam ou deveriam estar presentes à assembleia geral quando houve a discussão a respeito da cobrança da contribuição confederativa. Ainda que a cobrança da contribuição seja deliberada por maioria, o associado pôde externar seu ponto de vista, sendo que aquele que foi vencido deve acatar a deliberação da maioria.

O Parecer n. 11 do Coordenador de Análise, Orientação e Normas do Ministério do Trabalho, de 30-11-1992, em resposta à consulta da Fe-

---

22 Ac. da 19ª Câmara Cível do TJSP, Apelação cível 209.159-2/6, da Comarca de São Paulo, Rel. Des. Telles Correa. Ação declaratória, Ac. n. 2.868/91, da 22ª Vara Cível da Capital.

23 STF, RE-88.022/SP, Ac. TP 16-11-1977, Rel. Min. Moreira Alves, *Revista LTr* 43/1.146.

deração dos Trabalhadores na Agricultura do Estado de São Paulo, declarou que o desconto da contribuição confederativa é indevido, sem prévia oitiva do trabalhador não associado à entidade sindical. Esclarece que há necessidade de se dar oportunidade de manifestação àqueles que livremente entenderam por não se associar ao sindicato. Mostra que a assembleia geral, ao exigir ônus extensivo aos não associados, afronta o inciso V do art. 8º da Constituição, pois embora todos os trabalhadores da categoria sejam onerados, apenas uma parte – os associados – gozaria dos direitos oferecidos pela entidade[24]. Poder-se-ia dizer que todos os trabalhadores seriam onerados, mas os associados gozam das vantagens oferecidas pela entidade, como assistência médica, judiciária, colônia de férias etc., enquanto os não associados não se beneficiam de tais direitos.

A contribuição imposta por lei aos integrantes do sindicato viola o princípio da liberdade sindical, visto que implica pagamento compulsório ao sindicato, ou filiação indireta ao sindicato, independentemente de a vontade do trabalhador aderir à agremiação. O Comitê de Liberdade Sindical, que aprecia, no âmbito da OIT, as queixas por violação de direitos sindicais, entende que as contribuições impostas por lei aos integrantes da categoria violam o princípio da liberdade sindical contido na Convenção n. 87 da OIT, pelo fato de que a pessoa fica compelida indiretamente à participação compulsória na vida do sindicato, inclusive por ser incompatível com o regime de pluralidade e liberdade sindical, que importa o direito de filiação, desfiliação e não filiação[25]. O Verbete n. 227, do Comitê Central de Liberdade Sindical já esclareceu que:

> a faculdade de impor obrigatoriamente a todos os trabalhadores da categoria profissional interessada o pagamento de contribuição ao único sindicato (...) não é compatível com o princípio de que os trabalhadores devem ter o direito de filiar-se às organizações que estimem convenientes. Em tais circunstâncias, a obrigação legal de pagar quotizações ao monopólio sindical, estejam ou não os

[24] *Orientador Trabalhista Mapa Fiscal* – Suplemento de Legislação, Jurisprudência e Doutrina, São Paulo: IOB, n. 9, p. 597-596, 1993.

[25] OIT. *La liberté syndicale et négociation collective*. Genebra: BIT, 1983, p. 48-50.

trabalhadores filiados a ele, representa uma nova consagração e consolidação do dito monopólio[26].

O que a OIT tem admitido, por meio do Verbete n. 324 do Comitê de Liberdade Sindical[27], é uma quota de solidariedade na convenção coletiva ajustada pelo sindicato, paga exclusivamente pelos não associados, como condição para que tenham as vantagens estabelecidas no instrumento coletivo[28]. Se entendermos, porém, que a contribuição confederativa pode ser exigida de não associados do sindicato, apenas pela fixação na assembleia geral do sindicato, a referida contribuição também atrita contra a liberdade sindical preconizada pela Convenção n. 87 da OIT, pois será exigida de não associados independentemente de estar prevista em uma norma coletiva, mas apenas por ser criada pela assembleia sindical.

De outro lado, a cobrança da contribuição confederativa do empregado não sindicalizado atenta ainda mais contra o princípio da livre filiação ao sindicato. Não se pode atribuir a possibilidade de o sindicato cobrar contribuições de quem não está obrigado a cumprir seus estatutos. Os não sócios não estariam obrigados ao pagamento da contribuição confederativa, pois nem sequer gozam dos benefícios conferidos pela agremiação. Logo, a contribuição confederativa somente pode ser exigida das pessoas que forem sindicalizadas, que estão obrigadas a cumprir os estatutos do sindicato e acatar as decisões da assembleia geral.

Todos aqueles que não são sócios do sindicato têm o direito de se opor à cobrança da contribuição confederativa, tanto os empregados, como

---

[26] *Comitê central de liberdade sindical*. 3. ed. Genebra: OIT, 1985, p. 49.

[27] *Comitê de liberdade sindical*. Verbete n. 324. 3. ed. Genebra: OIT, 1985, p. 70.

[28] No Verbete n. 324 ficou consignado o seguinte: "Num caso em que a lei facultava a cobrança de uma quota de solidariedade, pelo sistema de desconto da remuneração, a trabalhadores que não estavam filiados à organização sindical parte num contrato coletivo, que desejam, no entanto, beneficiar-se das disposições do mesmo (quota fixada em não mais de dois terços das contribuições pagas pelos trabalhadores sindicalizados da mesma categoria), o Comitê estimou que esse sistema, ainda que não esteja coberto pelas normas internacionais do trabalho, não parece, em si mesmo, incompatível com os princípios da liberdade sindical" (Op. cit., p. 69).

a empresa e os trabalhadores autônomos[29]. A cada nova fixação deve haver nova oposição[30].

A oposição deve ser dirigida ao empregador, que é quem faz os descontos. Para evitar dúvidas, deve também o empregador ou o empregado comunicar o sindicato, indicando o motivo de o desconto não estar sendo feito.

12.4 Desconto da contribuição

Em alguns países, como na França, o desconto de contribuições sindicais no salário do empregado é considerado violador da liberdade sindical, como leciona Gérard Couturier[31]. É vedado ao empregador descontar do salário de seus empregados, sejam eles associados ou não ao sindicato, contribuições sindicais, sendo que isso nem mesmo é possível ser feito por meio de norma coletiva. Na Itália, Gino Giugni faz referência ao art. 1.269 do Código Civil italiano, no sentido de que o desconto realizado pelo empregador só pode ser feito sob expressa delegação do trabalhador[32].

Alguém poderia dizer que o desconto só seria lícito se fosse feito mediante convenção ou acordo coletivo, diante do princípio da irredutibilidade salarial (art. 7º, VI, da Constituição) ou do art. 462 da CLT, porém o desconto é autorizado no próprio inciso IV do art. 8º da Constituição, em se tratando de empregado, que entendemos que é o sindicalizado, pois o não filiado não está adstrito às determinações da assembleia geral.

O empregador, contudo, não é obrigado a efetuar o desconto em folha da contribuição fixada pela assembleia do sindicato em relação ao empregado, inclusive o sindicalizado, salvo se houver expressa autorização

---

29 No mesmo sentido é a posição do professor Arion Sayão Romita (*Contribuições corporativas*. Sindicalismo. Op. cit., p. 113).

30 Da mesma forma já nos posicionamos em nosso *Contribuição confederativa* (São Paulo: LTr, 1996, p. 186).

31 COUTURIER, Gérard. *Droit du travail:* les relations colletives du travail. 2. ed. Paris: PUF, 1993, p. 318-319.

32 GIUGNI, Gino. *Direito sindical.* São Paulo: LTr, 1991, p. 84.

do empregado para tanto, nos termos do art. 545 da CLT. A única contribuição que prescinde da autorização do empregado para seu desconto é a contribuição sindical, como se depreende também do art. 545 da CLT, além de ter natureza tributária, não podendo o contribuinte a ela opor-se. Se o empregador, porém, for fazer o desconto, o empregado não associado deve se opor expressamente ao procedimento daquele, tomando por base a mesma orientação do art. 545 da CLT.

É possível, assim, concluir que do empregado não sindicalizado não se pode exigir a contribuição confederativa, pois somente o filiado ao sindicato pode cumprir seus deveres com respeito ao próprio sindicato; estabelecer uma contribuição a quem não é filiado é a mesma coisa que tornar obrigatória a filiação, pois se chega ao mesmo resultado final, implantando, assim, uma filiação forçada, porém sem os direitos de filiado, somente com o dever de quotização. Assim, entendemos que se trata de violação ao princípio de liberdade sindical.

Caso o não associado pague a contribuição confederativa, estará fazendo uma doação à entidade sindical, por não ter obrigação jurídica de contribuir.

Se a empresa, porém, não possui empregados, não poderá o sindicato da categoria profissional pretender exigir a contribuição confederativa em relação a empregados, somente poderá exigi-la do empregador, na condição de membro da categoria econômica.

Nesse caso, somente o sindicato de empregadores poderia exigir da empresa a contribuição confederativa, por pertencer a empresa à categoria econômica.

Não será possível exigir a contribuição confederativa dos condomínios, que não exercem atividade econômica ou profissional. O mesmo ocorre com o empregador doméstico, que não tem atividade lucrativa, nem pertence a categoria econômica, visto que não exerce essa atividade.

13
Prescrição

13.1 Considerações iniciais

Não vou discutir neste capítulo conceitos de prescrição ou de decadência, mas apenas mencionar qual a influência desses institutos especificamente sobre a cobrança da contribuição confederativa. Lembramos apenas a definição histórica de Clóvis Beviláqua a respeito de prescrição: "é a perda da ação atribuída a um direito, e de toda sua capacidade defensiva, em consequência do não uso delas, durante um determinado espaço de tempo"[1]. A decadência também é chamada de caducidade ou de prazo extintivo, importando na perda do direito pelo decurso de prazo e não na perda do direito de ação.

13.2 Desenvolvimento do tema

No que diz respeito às contribuições de natureza tributária, a decadência corresponde ao direito da constituição do referido crédito, importando na perda do direito se não for observado. A prescrição seria a perda do direito de ação pelo decurso de tempo para a cobrança do crédito pertinente às citadas contribuições.

Os prazos de prescrição e decadência normalmente decorrem da natureza jurídica do instituto a que estão ligados. Se entendermos que a

1 BEVILÁQUA, Clóvis. *Teoria geral do direito civil*. 2. ed. Histórica. Rio de Janeiro: Rio, 1980, p. 286.

contribuição confederativa tem natureza tributária, os prazos de decadência e prescrição são os previstos no Código Tributário Nacional, que não é nosso pensamento, pois inexiste lei específica tratando do tema na CLT ou em lei ordinária. Não tendo a contribuição confederativa natureza tributária, o prazo de constituição de seu crédito não é de cinco anos, como prevê o art. 173 do CTN para a decadência do lançamento de tributos, nem o prazo de prescrição é de cinco anos para ser cobrada a referida contribuição (art. 174 do CTN). Assim, o prazo para a cobrança da contribuição confederativa é o estabelecido no Código Civil para questões de natureza privada, ou seja, de 10 anos, pois não há outra regra específica para esse fim (art. 205).

Pode-se concluir, também, que não há prazo de decadência para a constituição do crédito relativo à contribuição confederativa, por não haver previsão nesse sentido na lei, apenas existindo prazo de prescrição. Por ter natureza privada a contribuição confederativa, há somente o prazo de prescrição de 10 anos para cobrar a contribuição não recolhida, inexistindo um prazo para a constituição do crédito e outro para cobrança, apenas um para a cobrança. Assim, o sindicato terá apenas um prazo de 10 anos a contar da data em que a contribuição poderia ser exigida, isto é, do não pagamento na data oportuna, para ajuizar a competente ação de cobrança.

O novo prazo de 10 anos é menor do que o anterior, que era de 20 anos (art. 177 do Código Civil de 1916), mas mesmo assim é longo, trazendo insegurança jurídica, justamente porque as empresas terão de guardar os documentos pertinentes à contribuição confederativa durante o referido lapso de tempo.

O sindicato também não terá as prerrogativas do art. 606 da CLT para a cobrança da contribuição confederativa, pois sua natureza jurídica não é de tributo, não tendo, portanto, qualquer privilégio para sua exigência. Assim, não será o Ministério do Trabalho que irá expedir certidão para a cobrança da dívida da contribuição confederativa, tampouco terá os privilégios da Fazenda Pública previstos na Lei n. 6.830/80. A forma de cobrança será, portanto, o procedimento ordinário ou sumário, dependendo do caso. Mesmo em caso de falência da empresa, o crédito do sindicato, relativo à contribuição confederativa, será um crédito comum, não sendo privilegiado como o crédito da Fazenda Pública, não se lhe aplicando o disposto no art. 186 do CTN, nem se assemelhando a privilégios decorrentes de crédito trabalhista (dos empregados) ou de acidente do trabalho etc.

A competência para julgar a exigência da contribuição confederativa é da Justiça do Trabalho (art. 114, III, da Constituição), desde que a ação seja proposta por Sindicato de empregado ou de empregador contra o empregador.

Parte IV

Contribuição Assistencial

14

Contribuição Assistencial

14.1 Denominação

A contribuição assistencial é também denominada taxa assistencial, taxa de reversão, contribuição de solidariedade ou desconto assistencial.

14.2 Conceito

É a contribuição assistencial a prestação pecuniária, voluntária, feita pela pessoa pertencente à categoria profissional ou econômica ao sindicato da respectiva categoria, em virtude de este ter participado das negociações coletivas, de ter incorrido em custos para esse fim, ou para pagar determinadas despesas assistenciais realizadas pela agremiação.

14.3 Distinção

Alguns autores confundem a contribuição confederativa com a contribuição assistencial[1]. Há até entendimentos de que a referida contribui-

---

[1] É o caso de Aluysio Mendonça Sampaio (As fontes de receita dos sindicatos na nova Constituição Federal, in Relações coletivas: In: TEIXEIRA FILHO, João de Lima (Coord.). *Estudos em homenagem ao Ministro Arnaldo Süssekind*. São Paulo: LTr, 1989, p. 341-342) e Galba José dos San-

ção confederativa teria substituído a contribuição assistencial[2].

Tem respaldo a contribuição assistencial na alínea *e* do art. 513 da CLT, enquanto a contribuição confederativa está prevista no inciso IV do art. 8º da Constituição.

A natureza jurídica das duas contribuições é distinta: a contribuição confederativa é destinada a custear o sistema confederativo da representação sindical patronal ou profissional; já a contribuição assistencial é encontrada nas sentenças normativas, acordos e convenções coletivas, visando custear as atividades assistenciais do sindicato, principalmente pelo fato de o sindicato ter participado das negociações para obtenção de novas condições de trabalho para a categoria e compensar a agremiação com os custos incorridos naquela negociação. Dessa forma, ambas as contribuições são cumuláveis, pois distintas suas destinações e objetivos.

O objetivo da contribuição assistencial é a cobertura dos serviços assistenciais prestados pelo sindicato, inclusive por ter participado das negociações coletivas ou da propositura do dissídio coletivo, enquanto a contribuição confederativa diz respeito ao custeio do sistema confederativo em sua totalidade. A contribuição assistencial não é dividida entre a federação e a confederação, enquanto a contribuição confederativa irá ser repartida nesse sentido, pois visa ao custeio não do sindicato, mas do sistema confederativo, que compreende o sindicato, a federação e a confederação. Não resulta a contribuição confederativa de acordo, convenção ou sentença normativa, mas das disposições da assembleia geral. A contribuição assistencial geralmente é paga apenas pelos empregados, enquanto a contribuição confederativa será paga não só pelos empregados, mas também pelos empregadores, visando ao custeio do sistema confederativo.

---

tos (Contribuições sindicais obreiras na constituição federal. In: TEIXEIRA FILHO, João de Lima. Op. cit., p. 344). Na jurisprudência há acórdãos no mesmo sentido (SDC do TST, EDecl. em DC 27.042/91.8, j. 17-5-1993, Rel. Min. Antonio Amaral, *DJU* I, 24-9-1993, p. 19.962; TRT 15ª R., Seção Especializada, DC 231/92, j. 12-5-1993, Rel. Juiz Carlos Alberto Moreira Xavier, *DJ SP* 16-8-1993, p. 146-147).

2 CARDONE, Marly A. A contribuição sindical, a contribuição assistencial e a contribuição constitucional. In: *Orientador Trabalhista Mapa Fiscal*, n. 1/90, p. 41.

Assim, a contribuição confederativa não absorveu a contribuição assistencial, pois inclusive suas finalidades são distintas[3], podendo ser cobrada cumulativamente com esta última.

Diferencia-se, porém, a contribuição assistencial da contribuição de solidariedade ou taxa de reversão. Estas são devidas apenas pelos não associados que foram beneficiados dos reajustes previstos na norma coletiva, do dever do não associado de verter quotizações para o sindicato, pois o associado já paga contribuições ao último; enquanto a primeira é devida tanto por associados, como por não associados ao sindicato.

Não se confunde a contribuição assistencial com a contribuição sindical, pois a primeira não é prevista em lei, mas em normas coletivas, enquanto a segunda é disciplinada nos arts. 578 a 610 da CLT. A contribuição assistencial é devida pelo fato de o sindicato ter incorrido em custos nas negociações coletivas, além de ser destinada a atividades assistenciais. A contribuição sindical tem o destino de sua arrecadação previsto no art. 592 da CLT, porém não serve para reembolsar os custos incorridos pelo sindicato nas negociações coletivas, mas, de um modo geral, a atividade do sindicato.

A contribuição assistencial, porém, não vai cobrir atividades assistenciais do sindicato, mas o fato dele ter participado da negociação coletiva e ter um custo para isso.

14.4 Natureza jurídica

A contribuição assistencial não tem natureza tributária, pois não é destinada ao Estado, nem é exercida atividade administrativa plenamente vinculada (art. 3º do CTN), por meio do lançamento, visando a sua cobrança.

---

3 No mesmo sentido o pensamento da Ricardo Nacim Saad (A (des)organização sindical brasileira. *Revista LTr*, 55-02/147) e José Martins Catharino (A "contribuição confederativa" sindical (aspectos principais). *Repertório IOB de Jurisprudência*. São Paulo: IOB, n. 8, texto 2/6209, p. 148, abr. 1992).

É um desconto de natureza convencional[4], facultativo, estipulado pelas partes e não compulsório, que seria proveniente de lei. A contribuição assistencial decorre da autonomia da vontade dos contratantes ao pactuarem o desconto pertinente na norma coletiva, embora a referida contribuição também possa ser estabelecida em sentença normativa.

Délio Maranhão entende que se a contribuição assistencial for autorizada pelo empregado corresponderá a doação[5]. Isso se justifica pelo fato de a contribuição não ter natureza compulsória, nem o não associado tem obrigação de contribuir, fazendo-o por vontade própria, daí se falar em doação.

14.5 Fonte

A contribuição assistencial é exigida com fundamento na alínea *e* do art. 513 da CLT[6], sendo encontrada nas sentenças normativas, acordos e convenções coletivas, visando custear a participação do sindicato nas negociações coletivas para obtenção de novas condições de trabalho para a categoria e também da prestação de assistência jurídica, médica, dentária etc. A fonte, por conseguinte, da contribuição assistencial é a norma coletiva, seja ela o acordo, a convenção coletiva ou a sentença normativa.

14.6 Fundamento da exigência

Há autores que entendem não haver fundamento legal para a exigência da contribuição assistencial, como Octavio Bueno Magano. O art. 548 da CLT seria taxativo quanto à exigência de contribuições pelo sindicato[7]. Entretanto, a lei não é precisa. Na verdade, tal comando legal não é taxa-

---

4 O STJ já entendeu da mesma forma (1ª T., REsp 56.500-6/SP, j. 14-12-1994, Rel. Min. Demócrito Reinaldo, *DJU* 1, 13-2-1995, p. 2.222).

5 MARANHÃO, Délio. *Direito do trabalho*. Rio de Janeiro: FGV, 1978, p. 200.

6 Nesse sentido também é o pensamento de Fabio Leopoldo de Oliveira (Fontes de custeio dos sindicatos e a Constituição de 1988. *Suplemento Trabalhista LTr*. São Paulo: LTr, n. 97, p. 615, 1992).

7 MAGANO, Octavio Bueno. *Direito coletivo do trabalho*. São Paulo: LTr, 1986, p. 134.

tivo sobre as contribuições que o sindicato pode exigir, pois trata do patrimônio sindical, em sentido genérico.

A alínea *e* do art. 513 da CLT determina que o sindicato pode impor contribuições aos membros da categoria. Tal mandamento legal não foi, porém, elevado ao âmbito de dispositivo constitucional no inciso IV do art. 8º da Lei Maior, pois se refere a contribuição assistencial, visto que, ao atribuir a imposição de contribuições, faz referência a categorias econômicas ou profissionais ou das profissões liberais, dando margem à existência da contribuição sindical e da assistencial, que são as contribuições exigidas em relação às categorias econômicas e profissionais.

Já o inciso IV do art. 8º da Constituição não mencionou expressamente a hipótese de imposição de contribuição a categorias econômicas ou profissionais, mas estabeleceu a possibilidade de a assembleia geral do sindicato fixar a contribuição para o custeio do sistema confederativo da representação respectiva, que é completamente distinta e nova em relação à anterior, que era a assistencial.

O constituinte não quis usar a expressão *contribuição assistencial* porque esta já existia e estava sendo cobrada, não podendo utilizar a mesma nomenclatura para disciplinar situações distintas. As finalidades das contribuições assistencial e confederativa são diversas: uma tem o objetivo de custear o sistema confederativo, a outra de atender necessidades assistenciais do sindicato, inclusive pelo fato de que este participou das negociações coletivas. Não há, portanto, a absorção da contribuição assistencial pela contribuição confederativa, porque os objetivos são diversos.

Pode-se dizer também que não é mais possível ao sindicato impor contribuições como está escrito na alínea *e* do art. 513 da CLT, que decorria do art. 138 da Constituição de 1937, pois o sindicato não tem soberania como o Estado. Este sim pode impor contribuições, decorrentes de seu poder de império, que decorre da lei. O sindicato pode **arrecadar** as contribuições que lhe são pertinentes. O Poder Público delegou-lhe a possibilidade de arrecadar contribuições, como se verificava do § 1º do art. 159 da Constituição de 1967 que mencionava que:

> entre as funções delegadas de poder público, compreende-se a de arrecadar, na forma da lei, contribuições para o custeio da atividade dos órgãos sindicais e profissionais e para a execução de programas de interesse das categorias por eles representadas.

O § 1º do art. 166 da Emenda Constitucional n. 1, de 1969, apenas repete o dispositivo da Constituição de 1967 já citado. Assim, entende-se que foi modificado o sentido da alínea *e* do art. 513 da CLT, quando usa a expressão impor contribuições, pois agora a acepção correta diz respeito à permissão conferida ao sindicato para arrecadar as contribuições que lhe são pertinentes, como pessoa jurídica de Direito Privado. Ressalte-se que o próprio art. 7º e seu § 3º do CTN admitem a possibilidade de que a função de arrecadar ou fiscalizar tributos seja feita por outras pessoas, mas nunca a competência tributária, que é indelegável.

O sindicato deixou, portanto, de ter a possibilidade de impor contribuições, estando derrogada a alínea *e* do art. 513 da CLT, que deve ser lida no sentido de que o sindicato tem poderes de arrecadar contribuições e não mais impor contribuições, tanto da entidade patronal como dos trabalhadores, entre elas a assistencial. O sindicato não mais exerce atividade delegada de poder público para poder impor contribuições. Logo, só pode exigir contribuições dos seus associados. A exceção é a contribuição sindical, que é compulsória (art. 545 da CLT).

Assim, com base na alínea *e* do art. 513 da CLT passa o sindicato a arrecadar contribuições. Usa-se a expressão contribuição no sentido genérico e não específico, que seria correspondente à espécie do gênero tributo. A CLT emprega, ainda, a expressão *contribuições*, no plural e não no singular, permitindo assim a exigência da contribuição assistencial, que é uma espécie do gênero "contribuições sindicais". Refere-se, ainda, o citado dispositivo a categoria e não a associados, o que mostra que as contribuições sindicais são devidas por todos os membros da categoria. A alínea *e* do art. 513 da CLT não dá respaldo apenas a exigência de contribuição estatutária ou associativa, mas também de outras contribuições, como a assistencial.

Permite o art. 462 da CLT descontos no salário do empregado desde que decorrentes de contrato coletivo (leia-se acordo ou convenção coletiva).

Autoriza o art. 545 da CLT descontos salariais de contribuições devidas ao sindicato, desde que haja permissão do obreiro, salvo em relação à contribuição sindical, que, por ser compulsória, independe da vontade do empregado de contribuir.

O inciso XXVI do art. 7º da Lei Maior dispõe sobre o reconhecimento das convenções e acordos coletivos, mas desde que sejam observadas as demais regras do ordenamento jurídico, como de livre filiação ao sindicato e livre pagamento de contribuições.

Há, portanto, previsão em nossa legislação para a cobrança da contribuição assistencial.

O TST entende que a Constituição só dispõe sobre duas contribuições: sindical e confederativa, não dando margem à criação da contribuição assistencial imposta em dissídio coletivo.

14.7 Constitucionalidade

José Alberto Couto Maciel entende que o desconto da contribuição assistencial não pode ser determinado em dissídio coletivo, pelo fato de que "uma simples expectativa de impugnação do empregado possa transformar em constitucional a referida cláusula", nem seria condição de trabalho[8]. Poder-se-ia afirmar, ainda, que tal desconto não estaria inserido no poder normativo que os tribunais têm de estabelecer normas e condições de trabalho, justamente porque o desconto da contribuição assistencial não diz respeito a condições de trabalho a serem exercidas na empresa.

Entretanto, se há previsão legal no art. 462 na alínea *e* do art. 513 e no art. 545, todos da CLT, quanto a contribuições devidas ao sindicato, nada impede a complementação da matéria em dissídio coletivo, pois será uma forma de exercício do poder normativo da Justiça do Trabalho. Como menciona Pedro Vidal, o poder normativo envolve a efetivação do direito vigente[9] e, dizemos nós, sua complementação. É possível, portanto, a fixação da contribuição assistencial na norma coletiva, em função de o sindicato ter participado da negociação coletiva, por ter incorrido em custos. Seria uma de suas cláusulas obrigacionais. O STF já entendeu que:

> não contraria a Constituição cláusula, em dissídio coletivo, de desconto, a favor do sindicato, na folha de pagamento dos empregados,

---

8 MACIEL, José Alberto. Problema de desconto salarial em favor da entidade sindical. In: *Sindicalismo*. São Paulo: LTr, 1986, p. 170.

9 VIDAL NETO, Pedro. *Do poder normativo na justiça do trabalho*. São Paulo: edição do autor, 1982, p. 150.

> de percentagem do aumento referente ao primeiro mês, desde que não haja oposição do empregado, até certo prazo antes desse pagamento.

A Súmula 190 do TST esclarece não ser possível criar ou homologar condições de trabalho em dissídio coletivo que o STF julgue iterativamente inconstitucionais. Assim, se o STF entende que a contribuição assistencial pode ser incluída como cláusula em dissídio coletivo, nada impede de o TST julgar ou homologar cláusula nesse sentido ao proferir a sentença normativa.

Pode-se dizer também que a cláusula pertinente à contribuição assistencial tem reflexos no contrato de trabalho, inclusive no que diz respeito ao seu desconto, daí haver a necessidade de ser disciplinada na sentença normativa.

Não é inconstitucional, portanto, a previsão do desconto assistencial em dissídio coletivo.

Em relação ao desconto assistencial previsto em acordo ou convenção coletiva, há também que se argumentar a autonomia privada coletiva das partes de inserirem na norma coletiva aquilo que desejarem, já que se trata de um negócio jurídico privado. De outro lado, o inciso XXVI, do art. 7º da Constituição reconhece as convenções e os acordos coletivos e, por conseguinte, seu conteúdo.

O STF já entendeu que:

> AGRAVO REGIMENTAL EM AGRAVO DE INSTRUMENTO. VERIFICAÇÃO DE REQUISITOS DE ADMISSIBILIDADE DE RECURSO TRABALHISTA. MATÉRIA INFRACONSTITUCIONAL. OFENSA INDIRETA. CONTRIBUIÇÃO CONFEDERATIVA. CONTRIBUIÇÃO ASSISTENCIAL. PRECEDENTES. 1. A decisão que nega seguimento a recurso trabalhista, reconhecendo não atendidos requisitos previstos em normas processuais ordinárias, não é suscetível de impugnação por meio de recurso extraordinário. Hipótese de ofensa indireta à Constituição. 2. Esta Corte firmou o entendimento no sentido de que a matéria relativa à contribuição assistencial não tem porte constitucional, sendo insuscetível de análise em sede extraordinária. 3. A contribuição confederativa só pode ser exigida dos filiados ao sindicato. Agravo regimental a que se nega provimento (1ª T., AI 499046 AgR/SP, j. 15-2-2005, Rel. Min. Eros Grau, *DJ* 8-4-2005).

1. Recurso extraordinário trabalhista: descabimento: questão relativa à contribuição assistencial estipulada em convenção coletiva, de natureza infraconstitucional: precedente (RE 220.120, Pertence, *DJ* 22.5.1998): alegada ofensa reflexa à Constituição; incidência, *mutatis mutandis*, da Súmula 636. 2. Recurso extraordinário: inadmissibilidade: fundamento suficiente à manutenção do acórdão recorrido não atacado no RE: incidência da Súmula 283" (1ª T., AI 233784 AgR/SP, Rel. Min. Sepúlveda Pertence, j. 22-2-2005, *DJ* 18-3-2005).

Agravo Regimental no Agravo de Instrumento. Trabalhista. Contribuição assistência. Matéria infraconstitucional. Contribuição confederativa. Súmula n. 666. 1. A controvérsia relativa à exigibilidade da contribuição assistencial tem caráter infraconstitucional, insuscetível de análise na instância extraordinária (STF, 2ª T, AI-AgR 612502/RS, Rel. Min. Eros Grau, j. 18-12-2006, *DJ* 23-2-2007, p. 33).

14.8 Oposição

Discute-se se o empregado pode opor-se ao desconto da contribuição assistencial. O sindicato quer exigir a contribuição assistencial com o fundamento de que a empresa estava representada por seu sindicato patronal na negociação da norma coletiva e não pode deixar de descontar do empregado a referida exigência, ainda que haja oposição do obreiro, pois fica sujeito à multa prevista na norma coletiva. O empregador, se atender a orientação do sindicato, procedendo ao desconto, poderá ficar sujeito a ser acionado na Justiça do Trabalho pelo empregado, que entende inexistir sua autorização para o desconto, razão pela qual não poderia ser este realizado a sua revelia. Afinal, quem tem razão?

O empregado não associado pode opor-se ao desconto, por não ser membro do sindicato, pois do contrário haveria violação do princípio da liberdade sindical[10]. O TST editou o Precedente n. 119, que declara que a

[10] O STJ vem entendendo, inclusive, que o não associado não está obrigado a pagar a contribuição assistencial, pois feriria o inciso V, do art. 8º, da Constituição (1ª T., REsp. 56.310-0/SP, j. 30-11-1994, Rel. Min. Garcia Vieira, *DJU* 1, 20-2-1995, p. 3.161; 1ª T., REsp 56.500-6/SP, j. 14-12-1994, Rel. Min. Demócrito Reinaldo, *DJU* 1, 13-2-1995, p. 2.222).

contribuição assistencial é indevida pelo não associado, pois fere o direito de livre ingresso no sindicato. Já o associado terá de pagar a contribuição, justamente em decorrência da sua condição de sindicalizado.

Os descontos de contribuição assistencial só podem ser feitos em relação a associados do sindicato e não aos não filiados. O inciso IV do art. 8º da Constituição deve ser examinado de forma sistemática com o inciso V do mesmo comando legal. O inciso V do art. 8º da Constituição é claro no sentido de que ninguém é obrigado a se filiar ou manter-se filiado a sindicato. A pessoa é livre para entrar ou sair do sindicato, como indica a Convenção n. 87 da OIT. Se não é filiado, não tem obrigação de pagar contribuição assistencial. Entender de forma contrária, implicaria filiação forçada ao sindicato, em razão da necessidade do pagamento da contribuição. Estabelecendo-se contribuição indistintamente para todas as pessoas, é ferido o princípio da livre adesão ao sindicato, como acima mencionado.

Embora os incisos III e IV do art. 8º da Constituição façam referência a categoria, o sindicato só pode impor contribuições aos seus sócios. Quem não é sócio do sindicato não é obrigado a pagar contribuições à agremiação.

O inciso V do art. 8º da Constituição é claro no sentido de que ninguém é obrigado a se filiar ou manter-se filiado a sindicato. Se não é filiado, não tem obrigação em relação à contribuição assistencial.

Estabelecendo-se indistintamente para todas as pessoas, é ferido o princípio da livre adesão ao sindicato, como acima mencionado.

Esclarece Orientação Jurisprudencial n. 17 da SDC do TST que as cláusulas coletivas que estabeleçam contribuição em favor de entidade sindical, a qualquer título, obrigando trabalhadores não sindicalizados, são ofensivas ao direito de livre associação e sindicalização, constitucionalmente assegurado, e, portanto, nulas, sendo passíveis de devolução, por

---

O TST entendeu que "é inconstitucional a cláusula que prevê contribuição assistencial abrangendo os empregados que não são sindicalizados e obrigando a permanência dos associados que desejam sair. Recurso ordinário provido" (Ac. SDC do TST, RO DC 143.029/94.1 – 2ª R., j. 13-11-1995, Rel. Min. Valdir Righetto, *DJU* I, 2-2-1996, p. 997).

via própria, os respectivos valores eventualmente descontados.

Não se permitindo que o trabalhador se oponha ao desconto da contribuição assistencial, há uma forma indireta de obrigar o obreiro a se filiar ao sindicato, quando o inciso V do art. 8º da Lei Maior dispõe que "ninguém será obrigado a filiar-se ou a manter-se filiado a sindicato". O Verbete n. 227 do Comitê de Liberdade Sindical da OIT entende que não contraria o princípio da liberdade sindical a cobrança de contribuições previstas em normas coletivas, desde que o empregado também possa a elas se opor. Esses fundamentos mostram também a natureza facultativa do desconto da contribuição assistencial.

O argumento de que os empregados são beneficiados pelas normas coletivas da categoria e por essa razão teriam de pagar as contribuições não colhe. Os empregados já pagam a contribuição sindical, que serve para custear as atividades do sindicato. Tal contribuição, se não são filiados ao sindicato.

O próprio STF admitiu que, para a cobrança da contribuição assistencial, há necessidade de o empregado não se opor ao desconto, desde que até certo prazo antes do pagamento dos salários reajustados, que seria de 10 dias antes do primeiro pagamento do salário reajustado[11]. Tal orientação é embasada no princípio da intangibilidade salarial (art. 462 da CLT) e, também, no art. 545 da CLT. Este especifica que "os empregadores ficam obrigados a descontar na folha de pagamento dos seus empregados, **desde que por eles devidamente autorizados**, as contribuições devidas ao sindicato". Há necessidade, portanto, de que os obreiros concordem com o desconto, com exceção da contribuição sindical, que independeria da vontade do operário, por ser compulsória e ter natureza tributária (art. 149 da Constituição c/c arts. 3º e 217, I, do CTN).

Deve o trabalhador opor-se ao desconto da contribuição nos 10 dias anteriores ao primeiro pagamento salarial reajustado, com fundamento analógico no parágrafo único do art. 545 da CLT, que contém o prazo de 10 dias para o recolhimento das contribuições descontadas pelo empregador do empregado. Esta orientação passou a ser adotada em dissídios

11 STF Pleno, RE 88.022/SP, Ac. TP, j. 16-11-1977, Rel. Min. Moreira Alves, *Revista LTr*, 43/1.146.

coletivos, culminando com o antigo Precedente n. 74 do TST em dissídios coletivos. Há, assim, a necessidade da concordância expressa do obreiro com o desconto, podendo manifestar sua oposição.

Pouco importa se existe ou não cláusula na norma coletiva prevendo a autorização do empregado para que o desconto seja efetuado, pois tal determinação já está contida na lei, no art. 545 da CLT, não precisando constar da norma coletiva. Logo, o fato de não haver previsão na cláusula da norma coletiva sobre a possibilidade de oposição do trabalhador à cobrança da contribuição assistencial, não impede que o empregado a ela se oponha, pois o direito de oposição decorre do princípio da intangibilidade salarial e da proteção legal. Para cada novo desconto deverá haver nova oposição, pois uma única será insuficiente, já que se trata de ato continuativo.

O Precedente n. 119 do TST é expresso no sentido de que a contribuição assistencial não pode ser exigida do não associado por meio de dissídio coletivo, convenção ou acordo coletivo. O referido verbete vai mais além, dizendo que não pode ser exigida taxa de revigoramento ou fortalecimento sindical e outras da mesma espécie, pois fere o inciso V, do art. 8º da Constituição. Tem o precedente a seguinte redação:

> A Constituição da República, em seus arts. 5º, XX e 8º, V, assegura o direito de livre associação e sindicalização. É ofensiva a essa modalidade de liberdade cláusula constante de acordo, convenção coletiva ou sentença normativa estabelecendo contribuição em favor de entidade sindical a título de taxa para custeio do sistema confederativo, assistencial, revigoramento ou fortalecimento sindical e outras da mesma espécie, obrigando trabalhadores não sindicalizados. Sendo nulas as estipulações que inobservem tal restrição, tornam-se passíveis de devolução os valores irregularmente descontados.

O Precedente n. 74 do TST mencionava o direito de oposição pelo empregado. O Precedente n. 119 do TST fala atualmente na impossibilidade do desconto do não associado. Houve, portanto, uma evolução, pois agora não há apenas o direito de oposição, mas a impossibilidade do desconto do não associado.

O STF, porém, tem entendido que a cobrança da contribuição do não associado é válida, desde que os empregados a ela não se oponham:

> Sentença normativa. Cláusula relativa à contribuição assistencial. Sua legitimidade, desde que interpretada no sentido de assegurar-se, previamente, ao empregado, a oportunidade de opor-se à efetivação do desconto respectivo (1ª T, RE 220.700-1, j. 6-10-1998, Rel. Min. Octávio Gallotti, *DJU* 13-11-1998, in *LTr* 63-07/921).

> Contribuição – Convenção coletiva. A contribuição prevista em convenção coletiva, fruto do disposto no artigo 513, alínea *e*, da Constituição Federal, é devida por todos os integrantes da categoria profissional, não se confundindo com aquela versada na primeira parte do inciso IV do artigo 8º da Carta da República (STF, 2ª T., RE 189.960-3/SP, j. 7-11-2000, Rel. Min. Marco Aurélio, *DJU* 10-8-2001, p. 18).

Entretanto, como o empregado não sindicalizado vai fazer oposição a cobrança se não pôde participar da assembleia em que foi fixada, por não ser sócio da agremiação, além de não saber da existência de tal cláusula na norma coletiva? Simplesmente não poderá.

O empregado não pode fazer oposição no sindicato, pois não tem conhecimento de quando foi firmada a norma coletiva, além do que a lei não exige tal fato, principalmente pela circunstância de que o não sindicalizado não deve a contribuição. O não sindicalizado não pode participar da assembleia geral, como se verifica do art. 612 e seu parágrafo único e da alínea *e* do art. 524 da CLT, que estabelecem que apenas os associados participam da assembleia. Se o não associado não pode ir à assembleia, como vai manifestar que não tem interesse na fixação da contribuição.

De modo geral, a contribuição assistencial é devida à categoria a que o empregado ou empregador pertencer, pois também é cobrada a contribuição assistencial do empregador. A exceção diz respeito ao empregado não sindicalizado, como foi exposto no parágrafo anterior. Para que a empresa se obrigue a descontar a contribuição confederativa de trabalhador pertencente a categoria diferenciada deve ter participado como parte da norma coletiva respectiva, por intermédio de seu sindicato, seja em dissídio coletivo, ou em convenção ou acordo coletivo. Do contrário, as referidas normas coletivas não obrigam a empresa.

O fato de o empregado pertencer a categoria diferenciada ou a profissão regulamentada por lei (engenheiro, advogado, médico, contador etc.) não obriga o trabalhador a pagar a contribuição assistencial ao sindicato da respectiva profissão, salvo se a empresa tiver sido parte na norma coletiva. A contribuição assistencial será, assim, devida ao sindicato dos trabalhadores da categoria predominante na empresa. Não há regra semelhante ao art. 585 da CLT a ser aplicada, até em razão de que a contribuição assistencial não é prevista em lei, mas em norma coletiva.

A contribuição assistencial não abrange os empregados não sindicalizados, pois eles não são sócios do sindicato e não têm a obrigação de recolher a contribuição.

Não sendo compulsória, o empregado não filiado ao sindicato não é obrigado a pagar a contribuição assistencial.

O STF entende que o desconto da contribuição assistencial não pode ser feito do não associado (ARE 1.018.459/PR, Rel. Min. Gilmar Mendes, *DJe* 10-3-2017):

> AGRAVO DE INSTRUMENTO EM RECURSO DE REVISTA. 1. CLÁUSULAS CONVENCIONAIS. CONTRIBUIÇÕES DESCONTADAS DE EMPREGADOS NÃO FILIADOS. A decisão Regional está em consonância com o entendimento desta Corte, consubstanciado no Precedente Normativo n. 119 e na Orientação Jurisprudencial n. 17, ambos da SDC, quanto à inviabilidade de cobrança da contribuição assistencial dos empregados não filiados ao sindicato. 2. VALOR DA MULTA INIBITÓRIA. A Corte Regional deixou assentado que o valor da multa diária pelo descumprimento de obrigação de não fazer, além de não violar os princípios da razoabilidade e da proporcionalidade, não iria enriquecer o autor, porquanto a destinação eventual seria uma entidade pública a ser indicada pelo MPT. Nesse contexto, não há como entender-se afrontado o teor do artigo 884 do CC. Arestos inservíveis ao confronto. Incidência do artigo 896, alínea *a*, da CLT e da Súmula 296/TST. Agravo de instrumento conhecido e não provido (eDOC 27, p. 1).

Dispõe o inciso XXVI do art. 611-B da CLT que o trabalhador não pode sofrer, sem sua expressa e prévia anuência, qualquer cobrança ou desconto salarial estabelecidos em convenção coletiva ou acordo coletivo de trabalho. Isso inclui também a contribuição assistencial, se for fixada em norma coletiva.

14.9 Igualdade

Será vedado ao sindicato impor, *v. g.*, contribuição assistencial de 5% para os associados e de 10% para os não associados, pois o *caput* do art. 5º da Lei Maior prescreve que todos são iguais perante a lei, sem distinção de qualquer natureza. O fato de haver a imposição de uma contribuição maior para os não associados em relação aos associados implica uma maneira compulsória de fazer os primeiros se associar ao sindicato, o que é defeso pelo inciso V do art. 8º do Estatuto Supremo.

14.10 Competência

Se a contribuição assistencial for prevista em sentença normativa em dissídio coletivo, a competência será da Justiça do Trabalho para examinar a questão, por se tratar de cumprimento de decisão coletiva da citada Justiça especializada.

Sendo o desconto de contribuição assistencial previsto em convenção ou acordo coletivo, seria à primeira vista incompetente a Justiça do Trabalho para julgar a questão, como se verificava da orientação da Súmula 334 do TST e da Súmula 57 do STJ.

A Lei n. 8.984, de 7-2-1995, em seu art. 1º, estabeleceu que:

> compete à Justiça do Trabalho conciliar e julgar os dissídios que tenham origem no cumprimento de Convenções Coletivas de Trabalho ou Acordos Coletivos de Trabalho, mesmo quando ocorram entre sindicatos ou entre sindicato de trabalhadores e empregador.

O STF tem entendido que a Lei n. 8.984/95 não se atrita com a Constituição, pois é a lei de que trata a Lei Maior para regular as outras controvérsias decorrentes da relação de trabalho[12]. Assim, é possível que o sindicato de empregados ingresse com ação na Justiça do Trabalho postulando do empregador os descontos não efetuados a título da contribuição assistencial prevista em convenção ou acordo coletivo.

Se a matéria compreender questões entre sindicatos, entre sindicatos e trabalhadores e entre sindicatos e empregadores, a competência é da Justiça do Trabalho (art. 114, III, da Constituição).

---

[12] STF, RE 143.722-7/SP, Ac. 1ª T, j. 28-4-1995, Rel. Min. Ilmar Galvão, *Revista LTr*, 59-11/1519.

14.11 Prescrição

A contribuição assistencial não tem natureza tributária, mas de contribuição de natureza privada. Assim, seu prazo de prescrição não é o do CTN, mas o do Código Civil para questões de natureza privada, ou seja, de 10 anos (art. 205), por não haver hipótese específica para o caso examinado. Isso quer dizer que se inexiste prazo específico de prescrição para determinado instituto, como ocorre no caso vertente, o prazo é o geral do art. 205 do Código Civil.

Não há, porém, prazo de decadência para a constituição do crédito relativo à contribuição assistencial, por não haver previsão nesse sentido na lei, apenas existindo prazo de prescrição. Por ter natureza privada a contribuição assistencial, há somente o prazo de prescrição de 10 anos para cobrar a contribuição não recolhida, inexistindo um prazo para a constituição do crédito e outro para cobrança, apenas um para a cobrança. Assim, o sindicato terá apenas um prazo de 10 anos a contar da data em que a contribuição poderia ser exigida, isto é, do não pagamento na data oportuna, para ajuizar a competente ação de cobrança.

O sindicato também não terá as prerrogativas do art. 606 da CLT para a cobrança da contribuição assistencial, pois sua natureza jurídica não é de tributo, não tendo, portanto, qualquer privilégio para sua exigência. Assim, não será o Ministério do Trabalho que irá expedir certidão para a cobrança da dívida da contribuição confederativa, tampouco terá os privilégios da Fazenda Pública previstos na Lei n. 6.830/80. A forma de cobrança será, portanto, o procedimento ordinário ou sumário, dependendo do caso. Mesmo em caso de falência da empresa, o crédito do sindicato, relativo à contribuição assistencial, será um crédito comum, não sendo privilegiado como o crédito da Fazenda Pública, não se lhe aplicando o disposto no art. 186 do CTN, nem se assemelhando a privilégios decorrentes de crédito trabalhista (dos empregados) ou de acidente do trabalho etc.

Parte V

Mensalidade Sindical

15

Mensalidade Sindical

A mensalidade sindical é também denominada *contribuição associativa*. É a prestação pecuniária, voluntária, paga pelo associado ao sindicato em virtude de sua filiação à agremiação. Decorre a mensalidade sindical do fato de a pessoa ser filiada ao sindicato, tendo de observar o estatuto sindical.

Trata-se de uma contribuição paga em dinheiro, sendo voluntária, pois decorre da pessoa se associar ao sindicato.

O fundamento legal está na alínea *b* do art. 548 da CLT, que dispõe que o patrimônio sindical é constituído das contribuições dos associados, na forma estabelecida nos estatutos ou pelas assembleias gerais. Isso quer dizer que a mensalidade sindical pode tanto ser prevista no estatuto do sindicato, como determinada pela assembleia geral do sindicato. As contribuições previstas nas assembleias gerais normalmente são as contribuições assistenciais. Entretanto, a alínea *b* trata de contribuições de associados estabelecida em estatutos ou assembleia geral.

A contribuição assistencial e a confederativa são devidas tanto pelo associado como pelo não associado, sendo que a última é para o custeio do sistema confederativo. Logo, seu fundamento legal não é a alínea *b* do art. 548 da CLT. A contribuição assistencial tem base na alínea *e* do art. 513 da CLT. Hoje o inciso IV do art. 8º da Constituição prevê a contribuição confederativa, que será fixada na assembleia geral sindical. O fundamento legal da contribuição confederativa não é a letra *b* do art. 548 da CLT, mas o inciso IV do art. 8º da Lei Maior, que foi editado posteriormente à CLT. Não havia na época como prever uma contribuição que só seria editada em 1988.

É paga a mensalidade sindical apenas pelos associados ao sindicato, sendo prevista pelo estatuto de cada entidade sindical. Assim, apenas os filiados ao sindicato é que pagam a mensalidade sindical (art. 548, *b*, da CLT), pois beneficiam-se dos serviços prestados pelo sindicato, como atendimento médico, dentário, assistência judiciária etc. É, portanto, a mensalidade sindical decorrente da previsão do estatuto do sindicato. Dois são os requisitos necessários ao pagamento da mensalidade sindical: a pessoa ser filiada ao sindicato e o estatuto da entidade sindical prever seu pagamento.

A mensalidade sindical não tem natureza tributária, mas de contribuição de natureza privada. Não é exatamente contribuição, pois não tem natureza jurídica tributária. Assim, seu prazo de prescrição não é o do CTN, mas o do Código Civil para questões de natureza privada, ou seja, de 10 anos (art. 205), pois não há hipótese específica para o caso examinado. Isso quer dizer que se inexiste prazo específico de prescrição no Código Civil para determinado instituto, como ocorre no caso vertente, o prazo é o geral do art. 205 da mesma norma. Não há, porém, prazo de decadência para a constituição do crédito relativo à mensalidade sindical, por não haver previsão nesse sentido na lei, apenas existindo prazo de prescrição.

Por ter natureza privada a mensalidade sindical, há somente o prazo de prescrição de 10 anos para cobrar a contribuição não recolhida, inexistindo um prazo para a constituição do crédito e outro para cobrança, apenas um para a cobrança. Assim, o sindicato terá apenas o prazo de 10 anos a contar da data em que a contribuição poderia ser exigida, isto é, do não pagamento na data oportuna, para ajuizar a competente ação de cobrança.

O sindicato também não terá as prerrogativas do art. 606 da CLT para a cobrança da mensalidade sindical, pois sua natureza jurídica não é de tributo, não tendo, portanto, qualquer privilégio para sua exigência. Assim, não será o Ministério do Trabalho que irá expedir certidão para a cobrança da dívida da mensalidade sindical, tampouco terá os privilégios da Fazenda Pública previstos na Lei n. 6.830/80. A forma de cobrança será, portanto, o procedimento ordinário ou sumário, dependendo do caso. Mesmo em caso de falência da empresa, o crédito do sindicato, relativo à mensalidade sindical, será um crédito comum, não sendo privilegiado como o crédito da Fazenda Pública, não se lhe aplicando o disposto no art. 186 do CTN, nem se assemelhando a privilégios decorrentes de crédito trabalhista (dos empregados) ou de acidente do trabalho etc.

Se a matéria compreender questões entre sindicatos, entre sindicatos e trabalhadores e entre sindicatos e empregadores, a competência é da Justiça do Trabalho para analisar a cobrança da mensalidade sindical (art. 114, III, da Constituição).

Conclusões

Esta obra teve sua preocupação voltada ao exame das contribuições sindicais. Ao ser redigido o inciso IV do art. 8º da Constituição, o constituinte trouxe uma série de problemas de interpretação da referida norma, principalmente no que diz respeito a sua auto aplicabilidade e consequências.

Ao final do trabalho, algumas conclusões merecem destaque, diante da divergência doutrinária sobre a matéria e da solução jurisprudencial.

A melhor forma de liberdade sindical é a possibilidade de livre criação de entidades sindicais em número indeterminado, o que é da essência da própria liberdade sindical, podendo a pessoa ingressar, permanecer ou se retirar da agremiação, na forma como o desejar, pagando as contribuições sindicais decorrentes da condição de filiado.

O Brasil deveria ratificar a Convenção n. 87 da OIT para que fosse admitida a possibilidade da plena liberdade sindical. No entanto, há no momento um impedimento de ordem constitucional, pois o inciso II do art. 8º da Constituição veda a criação de mais de uma organização sindical, em qualquer grau, na mesma base territorial, que não pode ser inferior à área de um município, além de existir a cobrança de uma contribuição sindical prevista em lei, que também atenta contra a liberdade sindical, pois implica o pagamento compulsório de uma importância ao sindicato, só pelo fato de a pessoa pertencer à categoria, independentemente de sua vontade de ingressar na agremiação.

Deveriam ser revistos os dispositivos constitucionais inibidores da plena liberdade sindical, assegurando no bojo da Lei Maior apenas a liberdade de constituição de sindicatos, abolindo a contribuição sindical, e o poder normativo da Justiça do Trabalho, que são ranços do corporativismo adotado por Getúlio Vargas, pois os três primeiros decorrem da época em que o sindicato exercia função delegada de poder público, que hoje não mais existe e havia interesse do Estado em formar um sindicalismo participativo e não contestatório. Os sindicatos deveriam ser formados livremente, podendo as pessoas filiar-se ou não às agremiações, pagando as contribuições que entenderem necessárias em virtude dessa filiação. Iriam sobreviver apenas os sindicatos mais fortes, que tivessem condição de oferecer bons serviços a seus filiados, isto é, conseguindo boas condições de trabalho para a categoria. Isso permitiria, inclusive, a ratificação pelo Brasil da Convenção n. 87 da OIT.

Deveria ser extinta a contribuição sindical, pois é oriunda do corporativismo, não mais se compatibilizando com a orientação da Convenção n. 87 da OIT, da ideia de liberdade sindical, da pessoa poder livremente filiar-se ou não ao sindicato e inclusive pagar voluntariamente as contribuições devidas a essa agremiação, já que até mesmo os não sindicalizados têm de pagar a citada exação. Trata-se de um subsídio estatal às organizações sindicais, que decorre do paternalismo estatal do sistema corporativo. Tal contribuição cria também problemas até mesmo no nível do Mercosul, pois os demais países integrantes da referida organização não têm uma contribuição compulsória exigida dos trabalhadores e empregadores, com natureza tributária, mas o Brasil ainda a possui.

A extinção da contribuição sindical não trará a plena liberdade sindical, mas já será um passo, pois somente com a mudança do inciso II do art. 8º da Constituição, no sentido de que seria livre a associação sindical, é que obteríamos a plena liberdade sindical, assegurando, inclusive, uma forma de democracia e autonomia sindical. A eliminação da contribuição sindical também representa uma forma de minorar os encargos sobre os salários dos trabalhadores, as despesas das empresas e profissionais liberais.

O melhor entendimento, porém, é o de que as pessoas poderão livremente filiar-se ou não ao sindicato, devendo este subsistir por meio da mensalidade de seus associados, prestando a estes bons serviços e, por consequência, aumentando o número de sócios com os bons serviços prestados e também sua receita, porém não por intermédio de contribuições impostas a quem não quer participar daquelas agremiações ou por contribuições asseguradas pelo Estado. É, portanto, uma forma de democracia, de pluralismo político, tal qual determinado de maneira genérica no inciso V do art. 1º da Lei Maior.

A revogação da contribuição sindical não trará prejuízos ao sindicato, pois este ainda tem as contribuições confederativa, assistencial e a mensalidade dos sócios.

Não se pode mais conceber a imposição de contribuição sindical pelo sindicato, quando é livre a filiação e desfiliação ao sindicato (art. 8º, V, da Constituição), além do que o sindicato não tem soberania, que é inerente ao Estado, mas apenas autonomia sindical.

Atualmente existem quatro contribuições que o sindicato pode exigir: a contribuição assistencial, a confederativa, a sindical e a mensalidade dos associados.

A denominação constitucional para a contribuição confederativa é *contribuição para o custeio do sistema confederativo*, embora na prática utilizemos a expressão *contribuição confederativa*, que será a destinada ao custeio do sistema confederativo, não sendo a fixada em normas coletivas sindicais em decorrência da participação do sindicato nas negociações, nem a mensalidade proveniente da condição de associado.

A contribuição assistencial não se confunde com a contribuição confederativa, pois a primeira decorre da participação dos sindicatos nas negociações coletivas da categoria, para compensar a agremiação com os custos incorridos naquela negociação e para atender ao custeio de certas prestações de serviços feitas pelo sindicato. A contribuição confederativa visa o custeio do sistema confederativo e é fixada na assembleia geral, enquanto a outra é determinada em acordos, convenções coletivas ou dissídios coletivos. Não absorveu, portanto, a contribuição confederativa a exação cobrada sob a denominação *contribuição assistencial.*

Tem a contribuição confederativa natureza jurídica privada e não tributária, pois não pode ser enquadrada no art. 149 da Constituição, não é a União que a exige, mas o sindicato, nem há atividade administrativa plenamente vinculada por intermédio de lançamento para constituí-la. O sindicato, com a Constituição de 1988, tem natureza jurídica de pessoa jurídica de direito privado, não mais exercendo atividade delegada de poder público. Logo, a contribuição confederativa também tem natureza privada e não pública.

Quem irá fixar a contribuição confederativa é a assembleia geral do sindicato e não outros órgãos sindicais, nem por intermédio da federação ou confederação, que não têm assembleia geral, mas conselho de representantes. Dentro do nosso sistema sindical, a contribuição confederativa só poderá, portanto, ser exigida pelas entidades sindicais e não por centrais sindicais, que não pertencem à nossa organização sindical, nem por órgãos de fiscalização da profissão, como OAB, CREA etc. Terá a contribuição confederativa por objeto o custeio do sistema confederativo da representação sindical respectiva, envolvendo sindicatos de empregados, de empregadores e de profissionais liberais.

Enquanto não houver lei determinando as regras gerais para a cobrança da contribuição confederativa, esta não poderá ser exigida, pois o inciso IV do art. 8º da Lei Maior não é uma norma de eficácia plena, mas limitada, precisando ser complementada. O STF, porém, entende que o referido dispositivo tem aplicabilidade imediata, sendo desnecessária a edição de lei ordinária. A exceção diz respeito aos associados do sindicato, sejam empregados, empregadores ou profissionais liberais, pois a agremiação pode estabelecer a contribuição confederativa em assembleia geral e exigi-la dos primeiros, em razão de sua condição de filiados. Quanto aos não associados, há a liberdade negativa de a pessoa não se filiar ao sindicato (art. 8º, V, da Constituição), que somente pode exigir contribuições das pessoas a ele sindicalizadas. A contribuição confederativa só obriga, portanto, os associados do sindicato, que podem comparecer à assembleia geral sindical para aprovar ou não a referida exigência, que, inclusive, poderá não ser fixada pela assembleia, de acordo com seu interesse.

O não associado ao sindicato poderá opor-se à cobrança da contribuição confederativa e também da assistencial, tanto o empregado, como o empregador e o trabalhador autônomo. Não está o empregador autorizado a descontar do empregado a referida contribuição, a não ser que o obreiro expressamente o permita.

Os prazos de prescrição para a cobrança das contribuições sindicais são de 10 anos, na forma do art. 205 do Código Civil.

Em futura reforma constitucional, preconizaríamos que não houvesse na Constituição nenhuma menção a contribuições devidas ao sindicato, pois não se trata de matéria constitucional, mas de lei ordinária. Esta deveria existir apenas para estabelecer procedimentos comuns das contribuições e para que não houvesse abusos em sua fixação e repartição.

As contribuições deveriam apenas pela pessoa que deseja se filiar ao sindicato e obter os benefícios da agremiação.

A lei ordinária que vier a tratar do tema deveria fixar os porcentuais da contribuição confederativa devidos a cada entidade sindical, da seguinte forma: 72% para o sindicato, 20% para a federação e 8% para a confederação, critério aproximado do previsto no art. 589 da CLT, que apenas não tem a parte pertinente ao governo, que é redistribuída às demais entidades.

O objetivo da fixação na lei da referida repartição é evitar abusos por parte do sindicato, que poderia querer ficar com toda ou quase toda a receita da arrecadação da contribuição confederativa, sem repassá-la para as outras entidades componentes do sistema confederativo. Inexistiria inconstitucionalidade dessa determinação, pois não se estaria destinando um porcentual da receita ao governo, nem se trataria de interferência ou intervenção do Poder Executivo na atividade sindical. O sindicato ficaria com a maior parte da arrecadação da contribuição confederativa, como já acontece em relação à contribuição sindical, em virtude de ter maiores despesas com suas atividades.

Da mesma forma, a lei ordinária poderia prever que a contribuição confederativa fosse cobrada apenas uma vez por ano, sendo que a do empregado seria correspondente a um dia de trabalho, eliminando-se, porém, a contribuição sindical; a dos empregadores seria de 0,02 a 0,8% do valor do capital social registrado, como está previsto hoje no inciso III do art. 580 da CLT em relação à contribuição sindical, em razão de que muitas empresas têm capital elevado e poderiam pagar uma importância onerosa a título de contribuição, se fosse utilizado um porcentual fixo sobre o capital, sendo mais adequada a proporcionalidade anteriormente mencionada; e a dos trabalhadores autônomos seria num valor arbitrado de R$ 30,00, pois não seria possível a vinculação ao salário mínimo (art. 7º, IV, da Constituição). O pagamento deveria ser feito pelos autônomos e pelas empresas até o dia 31 de janeiro.

O desconto dos empregados também seria feito no mês de janeiro, com recolhimento até o quinto dia útil do mês subsequente ao vencido, que coincidiria com a data de pagamento dos salários. Justifica-se essa orientação com o fato de que o sindicato deve arrecadar logo no começo do ano a contribuição confederativa para poder manter-se durante o restante do ano. Para que não houvesse nenhuma dúvida, a lei deveria estabelecer que os não associados teriam direito de oposição ao desconto da contribuição confederativa, no prazo de 10 dias contados da data em que tivessem conhecimento da deliberação da assembleia, mediante declaração escrita dirigida ao sindicato e ao empregador. Serviria, também, esse procedimento para que a pessoa que não quiser filiar-se ao sindicato tenha condição de se manifestar sobre a contribuição.

Outra possibilidade seria o não associado pagar a contribuição confederativa para ter direito aos benefícios decorrentes das normas coletivas sindicais, mas para isso seria necessário mudar a destinação e a denominação da contribuição, que não mais poderia ser para o custeio do sistema confederativo, apenas uma espécie de cânon de negociação, como nos sistemas espanhol e colombiano.

Deveria, ainda, ser fixado em cinco anos o prazo de prescrição para a cobrança da contribuição confederativa, disciplinando a matéria, inclusive para não se aplicar o longo prazo previsto no art. 205 do Código Civil (10 anos), além de evitar instabilidade e insegurança por parte do contribuinte, até mesmo em função da necessidade da guarda de documentos por muito tempo. O legislador poderia, também, modificar e adaptar os arts. 578 a 610 da CLT à contribuição confederativa, mediante nova redação a esses dispositivos, eliminando-se a contribuição sindical e adotando-se as sugestões anteriormente mencionadas.

Há projetos de regulamentação da contribuição confederativa que estabelecem que o não associado poderá comparecer à assembleia sindical para votar, sendo que isso não viola o inciso I do art. 8º da Constituição, pois a interferência é do Poder Legislativo e não do Executivo no sindicato. O valor da contribuição deve atender ao princípio da razoabilidade para que o sindicato não adote critério eminentemente subjetivo. As contribuições sindicais passariam a ser apenas duas: a confederativa e a associativa. Desapareceriam as contribuições assistencial e sindical.

Referências

AGUIAR, Antonio Carlos. Contribuição confederativa. *Suplemento Trabalhista LTr.* São Paulo: LTr, 1992. n. 128/92.

ALMEIDA, Renato Rua de. As contribuições sindicais e a composição da diretoria versus autonomia. In: *Direito:* programa de pósgraduação em direito – PUCSP. São Paulo: Max Limonad, 1995.

AROUCA, José Carlos. Contribuição para o custeio do sistema confederativo. *Revista LTr.* São Paulo: LTr, n. 5612/1437, 1992.

BAMBIER, Claude. *Les impots en France.* Paris: Dalloz, 1983.

BARRETO, Aires F. Natureza jurídica das contribuições dos artigos 149 e 195 da CF. *Repertório IOB de Jurisprudência.* São Paulo: IOB, n. 6/95, texto 1/8516, mar. 1995.

BASTOS, Celso, MARTINS, Ives Gandra da Silva. *Comentários à Constituição do Brasil.* São Paulo: Saraiva, 1988. v. 1, 1989. v. 2.

BATALHA, Wilson de Souza Campos. *Sindicatos Sindicalismo.* São Paulo: LTr, 1992.

BERNARDES, Hugo Gueiros. Contribuição sindical. In: ROMITA, Arion Sayão (Coord.). *Sindicalismo.* São Paulo: LTr, 1986.

BEVILÁQUA, Clóvis. *Teoria geral do direito civil.* 2. ed. Histórica. Rio de Janeiro: Editora Rio, 1980.

BOOTH, Neil D. *Social security contributions.* Londres: [s. n.], 1982.

BOTTALLO, Eduardo Domingos. Breves considerações sobre a natureza das contribuições sociais e algumas de suas decorrências. In: *Contribuições sociais:* questões polêmicas. São Paulo: Dialética, 1995.

BROADWAY, Robin W., KITCHEN, Harry M. *Canadian tax policy.* Toronto: [s. n.], 1984.

CAMPOS RIVERA, Domingo. *Derecho laboral colombiano.* Bogotá: Temis, 1978.

CARINCI, Franco, TAMAJO, Raffaele de Luca, TOSI, Paolo, TREU, Tiziano. *Il sistema giuridico italiano:* diritto del lavoro – i diritto sindacali. 3. ed. Turim: Utet, 1991.

CARRAZZA, Roque Antonio. *Curso de direito constitucional tributário.* 3. ed. São Paulo: Revista dos Tribunais, 1991.

CARRIÓ, Genaro. *Notas sobre derecho y lenguaje.* Buenos Aires: AbeledoPerrot, 1986.

CARVALHO, Paulo de Barros. *Curso de direito tributário.* 4. ed. São Paulo: Saraiva, 1989.

CATHARINO, José Martins. A "contribuição confederativa" sindical (aspectos principais). *Repertório IOB de Jurisprudência.* São Paulo: IOB, n. 8/92, texto 2/6209, abr. 1992.

________. A contribuição sindical e a constituição. *Revista de Direito do Trabalho.* São Paulo: Revista dos Tribunais, n. 79, 1992.

CHIARELLI, Carlos Alberto Gomes. *Trabalho na Constituição:* direito coletivo. São Paulo: LTr, 1990. v. 2.

COELHO, Sacha Calmon Navarro. *Comentários à Constituição de 1988:* sistema tributário. 2. ed. Rio de Janeiro: Forense, 1990.

CORDEIRO, Antonio Menezes. *Manual de direito do trabalho.* Coimbra: Almedina, 1991.

CÓRDOVA, Éfren. *A organização sindical brasileira e a Convenção n. 87 da OIT.* São Paulo: Ibrart, 1985.

________. *Atos antisindicais.* São Paulo: LTr, 1989.

________. *O trabalho no mundo socialista de Cuba.* São Paulo: LTr, 1993.

CORRÊA, Walter Barbosa. Prescrição e decadência das contribuições sociais. *Repertório IOB de Jurisprudência.* São Paulo: IOB, n. 16/89.

COUTURIER, Gérard. *Droit du travail:* les relations collectives de travail. 2. ed. Paris: PUF, 1993.

CRETELLA JR., José. *Comentários à Constituição brasileira de 1988.* São Paulo: Forense Universitária, 1989. v. 2.

CUÓCO, Ubiracy Torres. Contribuição confederativa. *Revista LTr.* São Paulo: LTr, n. 5701/33, 1993.

________. Realidade sindical. *Revista LTr.* São Paulo: LTr, n. 58 03/271, 1994.

DALLARI, Dalmo de Abreu. *Elementos de teoria geral do estado.* 19. ed. São Paulo: Saraiva, 1995.

DÄUBLER, Wolfgang. *Tarifvertragsrecht.* BadenBaden: NomosVerlagsgesellschaft, 1981.

DONATO, Messias Pereira. Contribuições sociais e assistência jurídica. *Revista de Direito do Trabalho.* São Paulo: Revista dos Tribunais, n. 79, 1992.

FERNANDES, Antonio Lemos de Monteiro. *Direito do trabalho – II:* relações coletivas de trabalho. 3. ed. Coimbra: Almedina, 1991.

FERRARI, Irany. Contribuição e custeio do sistema confederativo. *Jornal do 8º Congresso de Direito Coletivo do Trabalho.* São Paulo: LTr, nov. 1993.

________.Contribuição para o custeio do sistema confederativo. *Suplemento LTr.* São Paulo: LTr, n. 125, 1990.

FERREIRA, Pinto. *Comentários à constituição brasileira.* São Paulo: Saraiva, 1989. v. 1.

FERREIRA, Waldemar Martins. *História do direito brasileiro.* São Paulo: Saraiva, 1962. v. 1.

FERREIRA FILHO, Manoel Gonçalves. *Comentários à Constituição brasileira de 1988.* São Paulo: [s. n.], 1990, v. 1.

FRANCO FILHO, Georgenor de Souza. A cobrança da contribuição confederativa. *Revista do TST.* São Paulo: LTr, 1994.

________. Da contribuição confederativa para os trabalhadores não sindicalizados. *Suplemento Trabalhista LTr.* São Paulo: LTr, n. 33, 1992.

________, Da fixação da contribuição confederacional. *Repertório IOB de Jurisprudência.* São Paulo: IOB, n. 20, texto 2/4321, out. 1990.

________.Os trabalhadores não sindicalizados e a contribuição confederativa. *Jornal do 8º Congresso de Direito Coletivo do Trabalho.* São Paulo: LTr, nov. 1993.

GARBIN, Ana Lucia. Contribuição para custeio do sistema confederativo de representação sindical. *Jornal do 8º Congresso de Direito Coletivo do Trabalho.* São Paulo: LTr, nov. 1993.

GHEZZI, Giorgio, ROMAGNOLI, Umberto. *Il diritto sindacale.* Bolonha: Zanichelli, 1982.

GIUGNI, Gino. *Direito sindical.* São Paulo: LTr, 1991.

GOMES, Orlando, GOTTSCHALK, Elson. *Curso de direito do trabalho.* 12. ed. Rio de Janeiro: Forense, 1991.

GOMES NETO, Indalécio. Características do sindicalismo brasileiro. *Revista LTr.* São Paulo: LTr, n. 5803/267, 1994.

GONÇALVES, Emílio. *Direito do trabalho aplicado.* São Paulo: LTr, 1994.

GRISARD, Carlos Eduardo, TEIXEIRA JR., João Regis. O sindicato e a defesa dos membros da categoria: alguns aspectos da contribuição confederativa. *Jornal do 8º Congresso de Direito Coletivo do Trabalho.* São Paulo: LTr, nov. 1993.

INGROSSO, Giovanni. *I contributi nel sistema tributario italiano.* Nápoles: Dott. Eugênio Jovene, 1964.

JAVILLIER, Jean Claude. *Manual de direito do trabalho.* São Paulo: LTr, 1988.

JÈZE, Gaston. *Cours élementaire de science des finances et de législation financière.* 5. ed. Paris: M. Giard & Brière, 1912.

JONES, N. E. The agency shop. *Labor Law Journal,* nov. 1959.

KAMIMURA, Silvia Yuri. Custeio do sistema confederativo. *Jornal do 8º Congresso de Direito Coletivo do Trabalho.* São Paulo: LTr, nov. 1993.

LA CUEVA, Mario de. *El nuevo derecho mexicano del trabajo.* 2. ed. México: Porrúa, 1974.

LUNARDI, Ariovaldo. Contribuição assistencial versus contribuição confederativa. *Suplemento Trabalhista LTr.* São Paulo: LTr, jun. 1991.

MACHADO, Brandão. São tributos as contribuições sociais? *Direito Tributário Atual.* São Paulo: Resenha Tributária, n. 7/8, 1987.

________, ROCHA, Valdir de Oliveira. A contribuição confederativa da Constituição de 1988. *Repertório IOB de Jurisprudência.* São Paulo: IOB, n. 21, texto 2/3137, nov. 1989.

MACIEL, Herbert. Contribuição confederativa e contribuição assistencial – CF, art. 8º, inciso IV – CLT, art. 513, *e* – desconto em folha compulsório – Inoponibilidade. *Jornal do 8º Congresso de Direito Coletivo do Trabalho.* São Paulo: LTr, nov. 1993.

MACNATT, E. B. Checkoff. *Labor Law Journal,* Feb. 1953.

MAGANO, Octavio Bueno. A organização sindical na nova Constituição. *Revista LTr.* São Paulo: LTr, n. 531/38, 1989.

________.Contribuição confederativa. In: *Política do trabalho.* São Paulo: LTr, 1995, v. 2

________.*Manual de direito do trabalho:* direito coletivo do trabalho. 3. ed. São Paulo: LTr, 1993.

________.*Política do trabalho.* São Paulo: LTr, 1992.

________.Relações entre estado e sindicato. *Revista LTr.* São Paulo: LTr, n. 5502/143, 1991.

________,MALLET, Estêvão. *O direito do trabalho na Constituição.* Rio de Janeiro: Forense, 1993.

MANUS, Pedro Paulo Teixeira. *Direito do trabalho.* 3. ed. São Paulo: Atlas, 1993.

________.*Direito do trabalho na nova Constituição.* São Paulo: Atlas, 1989.

MARANHÃO, Délio, CARVALHO, Luiz Inácio B. *Direito do trabalho.* 16. ed. Rio de Janeiro: FGV, 1992.

MARTINS, Ildélio. A Convenção n. 87 e o sindicalismo brasileiro. *Revista LTr.* São Paulo: LTr, n. 516/645, 1987.

MARTINS, Ives Gandra da Silva, BASTOS, Celso. *Comentários à Constituição do Brasil.* São Paulo: Saraiva, 1988. v. 1.

________.*Comentários à Constituição do Brasil.* São Paulo: Saraiva, 1989. v. 2.

MARTINS FILHO, Ives Gandra da Silva. *Manual de contribuições especiais.* São Paulo: Revista dos Tribunais, 1987.

MARTINS, Nei Frederico Cano. O sindicato na Constituição de 1988 (exegese do artigo 8º da constituição federal). *Revista LTr.* São Paulo: LTr, n. 5501/26, 1991.

MARTINS, Sergio Pinto. Contribuição assistencial. *Jornal do VII Congresso Brasileiro de Direito Coletivo do Trabalho e Vl Seminário sobre Direito Constitucional do Trabalho.* São Paulo: LTr, nov. 1992.

________.Contribuição assistencial. *Orientador Trabalhista Mapa Fiscal, Suplemento de Legislação, Jurisprudência e Doutrina,* n. 8, ago. 1996.

________.Contribuição confederativa. In: Direito Sindical Brasileiro *Estudos em homenagem a Arion Sayão Romita.* São Paulo: LTr., 1998, p. 350.

________. *Contribuição confederativa*. São Paulo: LTr, 1996.

________. *Direito e processo do trabalho:* estudos em homenagem a Octavio Bueno Magano. São Paulo: LTr, 1996.

________. Receita sindical: contribuição sindical compulsória e contribuição confederativa. In: *Curso de direito coletivo do trabalho:* estudos em homenagem ao Ministro Orlando Teixeira da Costa. São Paulo: LTr, 1998.

________. *Direito do trabalho*. 35. ed. São Paulo: Saraiva, 2020.

________. *Comentários à CLT*. 23. ed. São Paulo: Saraiva, 2020.

________. Contribuição confederativa, Orientador Trabalhista Mapa Fiscal – Suplemento de Legislação, Jurisprudência e Doutrina, n. 6, jun. 1992, p. 320.

________. Contribuição confederativa, *Repertório IOB de Jurisprudência*, n. 18/96, set. 1996, texto 2/11658, p. 318.

________. Contribuição confederativa, Direito e Paz, Centro Universitário Salesiano de São Paulo, 1999, ano 1, n. 1, p. 91 (livro).

________. Contribuição sindical dos condomínios. *Orientador Trabalhista Mapa Fiscal*, n. 9/99, p. 7.

________. Contribuição sindical patronal rural. *Orientador Trabalhista Mapa Fiscal*, n. 9/2003, p. 3.

________. Exigência da contribuição assistencial de não associados, *Orientador Trabalhista*, n. 11/12, p. 3.

________. Exigência de contribuição assistencial de não associados, *Revista Síntese, Trabalhista e Previdenciária,* n. 334, abr. 2017, p. 9-16.

________. Contribuição sindical de microempresa, *Carta Forense*, abr. 2009, p. 12.

________. Contribuição sindical e a reforma trabalhista. *Revista Síntese – Trabalhista e Previdenciária*, n. 338, ago. 2017, p. 17; *Repertório IOB de Jurisprudência* 15/2017, ago. /2017, texto 2/36785, p. 479.

________. Contribuição sindical de funcionário público. *Orientador Trabalhista*, n. 10/08, p. 3.

________. Contribuição sindical: necessidade de lançamento e edital, *Orientador Trabalhista IOB*, n. 10/12, p. 3.

________.Contribuição negocial e a reforma sindical, Revista de Direito do Trabalho, *Revista dos Tribunais*, ano 31, n. 119, jul./set. 2005, p. 372; *Revista do Departamento de Direito do Trabalho e da Seguridade Social da Faculdade de Direito da USP*, n. 1, ano 1, São Paulo: USP, 2006, p. 187.

________. Contribuição assistencial. *Suplemento Trabalhista LTr* 037/06, p. 169.

________.Constitucionalidade da alteração da contribuição sindical, *Carta Forense*, jan. 2018, p. B-8.

________.Contribuição sindical pode ser alterada por lei ordinária federal, *Consultor Jurídico*, 11 jun. 2018.

________.A Reforma trabalhista e a contribuição sindical. *Suplemento LTr* 048/18, p. 247-253; *Revista Síntese Trabalhista e Previdenciária,* n. 349, jul. 2018, p. 9-23; *Repertório IOB de Jurisprudência*, fev. 2019, n. 2/19, 2/38282, p. 78-85.

________.Declaração dos direitos do homem, *Carta Forense*, ago. 2018, p. B-2.

________. Consequências da contribuição sindical facultativa, *Carta Forense*, set. 2018, p. B-2.

________.Contribuições sindicais. *Direito e Processo do Trabalho*: Estudos em homenagem a Octavio Bueno Magano. São Paulo: LTr, 1996, p. 313.

MAXIMILIANO, Carlos. *Hermenêutica e aplicação do direito.* 8. ed. Rio de Janeiro: Freitas Bastos, 1965.

MEIRELLES, Hely Lopes. *Direito municipal brasileiro.* 6. ed. São Paulo: Malheiros, 1991.

MÉLEGA, Luiz. Algumas reflexões sobre o regime jurídico das contribuições na Carta Política de 1988. *Direito Tributário Atual.* São Paulo: Resenha Tributária, n. 11/12, 1992.

________. Algumas reflexões sobre a contribuição confederativa. *Repertório IOB de Jurisprudência.* São Paulo: IOB, n. 22/91, texto n. 2/5683, 1991.

MELO, José Eduardo Soares de. Contribuições sociais. In: *Contribuições sociais:* questões polêmicas. São Paulo: Dialética, 1995.

MIRABEAU. *Théorie de l'impôt.* Haia: Aale, 1972.

MONTOYA MELGAR, Alfredo. *Derecho del trabajo.* 10. ed. Madri: Tecnos, 1989.

MORAES, Bernardo Ribeiro de. *Compêndio de direito tributário*. Rio de Janeiro: Forense, 1984.

MORAES FILHO, Evaristo de. A organização sindical perante o estado. *Revista LTr*. São Paulo: LTr, n. 5211/1302, 1988.

NAPOLETANO, Domenico. *Lo statuto dei lavoratori*. Nápoles: Liguori Editore, 1971.

NASCIMENTO, Amauri Mascaro. A organização sindical na perspectiva da Constituição. *Revista LTr*. São Paulo: LTr, n. 5201/5, 1988.

________. *Comentários às leis trabalhistas*. São Paulo: LTr, 1991, v. 1.

________. *Direito sindical*. 2. ed. São Paulo: Saraiva, 1991.

________. *Direito do trabalho na Constituição de 1988*. São Paulo: Saraiva, 1989.

________. *Iniciação ao direito do trabalho*. 21. ed. São Paulo: LTr, 1994.

NICÁCIO, Antonio. Legislação trabalhista – previdenciária e sindical - informações esclarecimentos – comentários. *Suplemento Trabalhista LTr*. São Paulo: LTr, n. 77, 1993.

________. O poder de tributar dos sindicatos – art. 8º, IV, da nova Constituição. *Suplemento Trabalhista LTr*. São Paulo: LTr, n. 37, 1989.

OIT. *El trabajo em el mundo (II)*. Genebra: OIT, 1985.

________. *La libertad sindical*. 3. ed. Genebra: OIT, 1985.

________. *La liberté syndicale et négociation collective*. Genebra: BIT, 1983.

________. *Situación sindical y relaciones laborales en España*. Genebra: OIT, 1985.

OLIVEIRA, Fabio Leopoldo. As fontes de custeio dos sindicatos e a Constituição de 1988. *Suplemento Trabalhista LTr*. São Paulo: LTr, n. 97, 1992.

PALOMEQUE LOPEZ, Carlos. *Derecho sindical espanol*. Madri: Tecnos, 1986.

PAPALEONI, Marco. *Il diritto del lavoro dei paesi a "Common Law"*. Pádua: Cedam, 1982, t. 2.

PASSOS, Edésio Franco, SALVADOR, Luiz. Fontes de custeio das entidades sindicais. Da contribuição confederativa e da extinção da contribuição sindical. *Suplemento Trabalhista LTr*. São Paulo: LTr, n. 49, 1993.

PASTORE, José. *Flexibilização dos mercados de trabalho e contratação coletiva.* São Paulo: LTr, 1994.

________.*Relações do trabalho no Japão.* 2. ed. São Paulo: LTr, 1994.

PERA, Giuseppe. *Dallo stato corporativo alla libertà sindacale.* Roma: Franco Angeli, s.d.p.

________, ASSANTI, Cecilia. *Commento allo statutto dei diritti dei lavoratori.* Pádua: Cedam, 1972.

PÉREZ, Benito. *Derecho del trabajo.* Buenos Aires: Astrea, 1983.

________.*El património sindical:* trabajo y seguridad social. Buenos Aires: [s. n.], 1986.

PEREZ PEREZ, Manuel. El descuento por el empresario del canon por negociación y la cuota sindical. In: *Comentarios a la ley de liberdad sindical.* Madri: Tecnos, 1986.

PHILBERT, André. *La politique sociale de la France.* Paris: Secrétariat Général du Gouvernement, 1960.

PIRES, Aurélio. Contribuição para custeio do sistema confederativo. *Suplemento Trabalhista LTr.* São Paulo: LTr, n. 21, 1993.

PITAS, José. Questões jurídicas II: fator TR de atualização etc. *Suplemento Trabalhista LTr.* São Paulo: LTr, n. 103, 1993.

PRADO, Roberto Barretto. *Curso de direito sindical.* 3. ed. São Paulo: LTr, 1992.

ROCHA, José Fernando Ximenes. Contribuição para custeio do sistema confederativo. *Suplemento Trabalhista LTr.* São Paulo: LTr, n. 7, 1994.

ROCHA, Valdir de Oliveira. Contribuições de seguridade social sobre faturamento incidência e não incidência. *Repertório IOB de Jurisprudência.* São Paulo: IOB, n. 23, Caderno 1, 1993.

________. Contribuições sociais. *Caderno de Pesquisas Tributárias.* São Paulo: Resenha Tributária, n. 17, 1992

________.*Determinação do montante do tributo.* São Paulo: IOB, 1992.

________.Natureza jurídica das contribuições do art. 149 da Constituição. *Repertório IOB de Jurisprudência.* São Paulo: IOB, n. 5, mar. 1995.

ROMITA, Arion Sayão. Contribuição assistencial diferenciada. In: *Sindicalismo. Economia. Estado democrático:* estudos. São Paulo: LTr, 1993.

________.Contribuição confederativa. In: *Sindicalismo. Economia. Estado democrático:* estudos. São Paulo: LTr, 1993.

________.Contribuição para custeio do sistema confederativo. In: *Os direitos sociais na Constituição e outros estudos.* São Paulo: LTr, 1991.

________.Contribuições corporativas. In: *Sindicalismo. Economia. Estado democrático:* estudos. São Paulo: LTr, 1993.

________.Contribuições corporativas. *Repertório IOB de Jurisprudência.* São Paulo: IOB. N. 7, texto 2/4889, abr. 1991.

________.Corpo estranho. *Suplemento Trabalhista LTr.* São Paulo: LTr, n. 0711995. *Direito sindical brasileiro.* Rio de Janeiro: Brasília, 1976.

________. Sindicalização por categoria. *Revista LTr.* São Paulo: LTr, n. 5903/295, 1995

ROSA JR., Luiz Emygdio F. da. *Manual de direito financeiro e direito tributário.* 7. ed. Rio de Janeiro: Renovar, 1991.

RUSSOMANO, Mozart Victor. *Princípios gerais de direito sindical.* 2. ed. Rio de Janeiro: Forense, 1995.

SAAD, Eduardo Gabriel. A constituição e a temática trabalhista IV. *Suplemento Trabalhista LTr.* São Paulo: LTr, n. 65, 1989.

________.*CLT comentada.* 28. ed. São Paulo: LTr, 1995.

________.*Constituição e direito do trabalho.* 2. ed. São Paulo: LTr, 1989.

SAAD, Ricardo Nacim. A (des)organização sindical brasileira. *Revista LTr.* São Paulo: LTr, n. 5502/145, 1991.

SALVETTI NETO, Pedro. *Curso de teoria do estado.* 4. ed. São Paulo: Saraiva, 1981.

SAMPAIO, Aluysio Mendonça. As fontes de receita dos sindicatos na nova constituição federal. In: TEIXEIRA FILHO, João de Lima (Coord.). *Relações coletivas do trabalho:* estudos em homenagem ao Ministro Arnaldo Süssekind. São Paulo: LTr, 1989.

SANSEVERINO, Luisa Riva. *Diritto sindacale.* 3. ed. Turim: Utet, 1976.

SANTOS, Galba José. Contribuições sindicais obreiras na constituição federal. In: TEIXEIRA FILHO, João de Lima (Coord.). *Relações coletivas do trabalho:* estudos em homenagem ao Ministro Arnaldo Süssekind. São Paulo: LTr, 1989.

SCOGNAMIGLIO, Renato. *Diritto del lavoro*. Nápoles: Dott. Eugênio Jovene, 1990.

SELIGMAN, Edwin R. A. *Essays in taxation*. New York: [s. n.], 1969.

SILVA, José Afonso da. *Aplicabilidade das normas constitucionais*. São Paulo: Revista dos Tribunais, 1968.

SOUSA, Joaquim José Caetano Pereira e. *Esboço de um dicionário jurídico*. Lisboa: [s. n.], 1827. t. 1.

SOUZA, Norberto Silveira de. Imposto sindical e a norma constitucional. *Revista LTr*. São Paulo: LTr, n. 5510/1155, 1991.

STOURM, René. Systèmes généraux d'impôts. 3. ed. Paris: PUF, 1912.

SÜSSEKIND, Arnaldo. *Convenções da OIT*. 2. ed. São Paulo: LTr, 1994.

________.*Direito internacional do trabalho*. São Paulo: LTr, 1987.

________.*Instituições de direito do trabalho*. 14. ed. São Paulo: LTr, 1993. v. 2.

________. Jurisprudência da OIT sobre a Convenção n. 87. *Revista LTr* 499/1043.

________.Os direitos sindicais nos tratados internacionais. *Revista LTr*. São Paulo: LTr, n. 513/360, 1987.

________et al. *Comentários à constituição*. Rio de Janeiro: Freitas Bastos. 1991. (Biblioteca Jurídica Freitas Bastos.)

TAVARES, Assis. *Curso de fiscalidade da empresa*. Lisboa: [s. n.], 1982.

TAYLOR, Benjamin J., WITNEY, Fred. *Labor relations law*. New Jersey: Prentice Hall, 1971.

THOMAZ, Manoel Fernandes. *Repertório geral das leis extravagantes do Reino de Portugal*. Coimbra: [s. n.], 1815. t. 1.

TITTO, Célia. *Contribuição assistencial:* enunciado n. 334 do TST. *Suplemento Trabalhista LTr*, n. 142, 1994.

TROPPMAIR, Edgar. Contribuição às entidades sindicais. *Suplemento Trabalhista LTr*. São Paulo: LTr, n. 108, 1992.

VALTICOS, Nicolas. *Derecho internacional del trabajo*. Madri: Tecnos, 1977.

VAZQUEZ VIALLARD, Antonio. *El sindicato em el derecho argentino*. Buenos Aires: Astrea, 1981.

VEGA HERRERO, Manuela. *Las contribuciones especiales.* Madri: Tecnos, 1975.

VERDIER, Jean Maurice. *Droit du travail 5:* syndicats et droit syndical, liberté structures action. Paris: Dalloz, 1987.

VIANA, Oliveira. *Problemas de direito sindical.* Rio de Janeiro: Max Limonad, s.d.p.

VIANNA, José de Segadas. *Direito coletivo do trabalho.* São Paulo: LTr, 1972.

VON JUSTI, Johan Heinrich Gottlob. *System des Finanzwsens.* Halle: Aale, 1969.

ZAHLOUTH JUNIOR, Carlos. Aspectos sobre a contribuição confederativa. *Revista do TRT da 8ª Região.* Belém, v. 28, n. 54, jan./jun. 1995.

ZANGARI, Guido. *Diritto sindacale comparato del paesi iberoamericani.* Milão: Giuffrè, 1990.

ZANZUCHI, Marco Tullio. *Instituzioni di diritto publico.* Milão: Giuffrè, 1948.

ZAPATERO RANZ, José Antonio. Sindicalismos y evolución: una perspectiva espanola. In: HECKSEHER, Charles C. (Org.). El nuevo sindicalismo: la participation del trabajador en la empresa em transformación. Madri: Ministério de Trabajo y Seguridad Social, 1993.

ZUNKELLER JUNIOR, Pedro. As contribuições confederativas. *Suplemento Trabalhista LTr.* São Paulo: LTr, n. 98, 1992.

Índice Remissivo*

A

Alemanha, 4.2.2
Argentina, 4.2.3
Áustria, 4.2.4

C

Canadá, 4.2.5
Colômbia, 4.2.6
contribuição sindical, 5
  aplicação, 5.12
  atraso, 5.13
  conceito, 5.2
  condomínios, 5.9.3
  competência, 5.19
  decadência e prescrição, 5.18
  denominação, 5.1
  desconto obrigatório, 5.6
  distinção, 5.3
  editais, 5.16
  empregadores 5.9
  empresas, 5.9.1
  lançamento, 5.15
  lei complementar, 5.5
  natureza jurídica, 5.4
  prestação de contas, 5.17
  recolhimento, 5.10
  repartição da arrecadação, 5.11
  servidores públicos, 5.7
  trabalhadores, 5.8; 5.14
contribuição assistencial, 14
  competência, 14.10
  conceito, 14.2
  constitucionalidade, 14.7
  denominação, 14.1
  distinção, 14.3
  fonte, 14.5
  fundamento da exigência, 14.6
  igualdade, 14.9
  natureza jurídica, 14.4
  oposição, 14.8
  prescrição, 14.11
contribuição confederativa, 6.9

* A numeração refere-se ao item.

autoaplicabilidade, 9
cânon de negociação, 7.2.3
conceito, 7.1
contribuição classista, 6.6
contribuição corporativa, 6.5
contribuição de assembleia, 6.8
contribuição de solidariedade, 7.2.1
contribuição federativa, 6.7
contribuição social, 7.2.6
contribuintes, 12.1
denominação, 6
desconto, 12.4
exigência de não associados 12.2
fixação, 11
não associados, 12.2
natureza jurídica, 8
objeto, 10.1
oposição, 12.3
prescrição, 13
sujeito ativo, 10.2
taxa confederativa, 6.4
taxa de reversão, 6.3
Cuba, 4.2.7

E

Espanha, 4.2.8
Estados Unidos, 4.2.9

F

França, 4.2.10

H

histórico, 1

I

Itália, 4.2.11

M

México, 4.2.12
mensalidade sindical, 15

N

Nova Zelândia, 4.2.13

O

OIT, 4.1.1
Orçamento sindical, 3.2

P

Portugal, 4.2.14

R

receitas sindicais, 3
classificação 3.3.1
Reino Unido, 4.2.15

S

Suíça, 4.2.16